Flor Schmidt

Wüstenregen

Durch deine Trauer zu neuer Lebendigkeit
Hilfreiche Erfahrungen und Tools

Mit einem Vorwort von Sabine Mehne

Patmos Verlag

Wichtiger Hinweis: Die Informationen, Hinweise und Übungen in diesem Buch und auf der Homepage der Autorin, auf die mittels QR-Codes verwiesen wird, wurden nach bestem Wissen der Autorin recherchiert, geprüft und beschrieben. Sie ersetzen jedoch nicht den persönlich eingeholten (psycho-)therapeutischen oder medizinischen Rat. Verlag und Autorin können für Irrtümer oder etwaige Schäden, die aus der Anwendung der dargestellten Informationen, Hinweise oder Übungen resultieren, keine Haftung übernehmen. Deren Nutzung bzw. Durchführung erfolgt auf eigene Verantwortung der Leser*innen.

Die Verlagsgruppe Patmos ist sich ihrer Verantwortung gegenüber unserer Umwelt bewusst. Wir folgen dem Prinzip der Nachhaltigkeit und streben den Einklang von wirtschaftlicher Entwicklung, sozialer Sicherheit und Erhaltung unserer natürlichen Lebensgrundlagen an. Näheres zur Nachhaltigkeitsstrategie der Verlagsgruppe Patmos auf unserer Website www.verlagsgruppe-patmos.de/nachhaltig-gut-leben

Verlagsgruppe Patmos in der Schwabenverlag AG, Ostfildern
www.verlagsgruppe-patmos.de

Umschlaggestaltung: Finken & Bumiller, Stuttgart,
unter Verwendung von Illustrationen von Laura Feuerfliege, Freiburg
Fotos: Flor Schmidt, Freiburg, www.flor-schmidt.de
Illustrationen: Laura Feuerfliege, Freiburg, www.feuerfliege.com
Gestaltung, Satz und Repro: Schwabenverlag AG, Ostfildern
Druck: Finidr s.r.o., Český Těšín
Hergestellt in der Tschechischen Republik
ISBN 978-3-8436-1445-0

Inhalt

Wüstenregen

Die Wüste des Lebens steckt in mir und in dir.
Willst du sie durchqueren, dann komm mit und folge – wir,
durch Wüsten wandernd auf den entlegensten Wegen,
graben nach Mut, nach Vertrauen und Segen.

Und auch wenn die Welt droht unterzugehen
und nichts mehr hilft, kein Weinen, kein Flehen,
dann lass uns unter dem Wüstenregen tanzen
und einen Funken Hoffnung in unsre Herzen pflanzen.

Wenn wir uns nach ein klein wenig Wüstenglück sehnen,
lassen wir hier alles zurück, unsere Ängste, unsere Tränen.
Wir gehen weiter, wie Helden das tun,
sind umgeben von Sand und Dünen
und ganz in der Ferne am Horizont nun,
da öffnen sich plötzlich die Türen.

Uns offenbart sich ein Land, das sprießt und blüht,
aus Trauer und Tränen einst benetzt und begossen,
so verwandelt sich auch unser düster' Gemüt,
die Wüste, wir haben sie endlich erschlossen,
zeigt sich immer im buntem Gewand,
in Verbindung mit Wasser, das ist doch bekannt.

Wir sammeln unser Herz ein, den Mut und die Träume
und beschreiten einfach andere Räume.
Kommt doch mit, haltet zusammen und schwört,
wir gehen dort weiter, wo wir dachten, dass die Welt aufhört.

Wir holen tief Luft, atmen alles aus und Neues ein,
wir fühlen uns groß und manchmal auch klein,
weil wir wissen, das ist das Leben,
ganz schrecklich schön, so ist es eben.

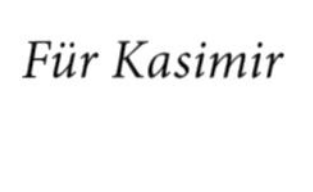

Für Kasimir

Vorwort von Sabine Mehne

Flor Schmidt lernte ich 2018 in Bremen auf der Messe »Leben und Tod« kennen. Ihr wacher und offener Blick bei einem längeren Gespräch riefen bei mir dieses gewisse Gefühl für ihre Wahrhaftigkeit hervor. Was sie erzählte, war so klar und tief, dass ich zu ahnen begann, dass sie in ihrer Trauer um ihren geliebten Sohn Nico gewachsen war.

Flor Schmidt hat viele Bereiche der Trauer sehr bewusst durchdrungen. In diesem Buch zeigt sie uns ihr großes Wissen. Sie möchte mithelfen, die Trauer aus dem toten Winkel zu befreien. Dort erwischt die Trauer die Menschen hinterrücks, wenn sie nicht aufpassen und den Blick weiten. Im toten Winkel sitzt nämlich auch ein Schatz: unsere Spiritualität. Keine weiß diesen Schatz so gut zu beschreiben wie Flor Schmidt – und das Tolle ist, dass sie diesen Schatz mit den weltlichen Dingen um uns herum zu verbinden weiß. In diesem Buch zeigt sie mit verschiedenen Tools – energetisches Heilen, Meditation, Atmung, EFT und vielem mehr –, wie sehr die Verbindung mit unserem spirituellen Potenzial zu heilen vermag. Ich bin sicher, dass es ihr gelingt, die Leser*innen behutsam und verständnisvoll aus dem toten Winkel wieder ganz ins Leben zu begleiten.

Flor Schmidt hat trotz des leiblichen Todes ihres Sohnes Nico eine tiefe und bleibende Verbindung zu ihm; unsere hiesige Welt und die andere Dimension erlebt sie als verbunden und durchlässig. Diese Erfahrung verbindet sie mit Menschen, die ein Nahtoderlebnis hatten; diese Erfahrung verbindet sie mit mir; denn ich bin eine von den Nahtoderfahrenen.

Was haben Trauer und Nahtoderfahrung gemeinsam? Auf den ersten Blick verstehen wir Trauer ja als Reaktion auf einen eingetretenen Tod. Nahtoderfahrenen eröffnet sich ein zweiter Blick: Sie sind dem Tod gerade nochmal von der Schippe gesprungen, sie tragen ihn schon mit sich im Gepäck und betrachten es letztlich als ein Geschenk, noch nicht gestorben zu sein. Deshalb können sie, wagen wir den dritten Blick, den Trauernden viel Gutes berichten. Trauernde und Nahtoderfahrene können sich gegenseitig im Heilwerden unterstützen.

Mehr noch. Ich bin überzeugt, dass – vierter Blick – echte Gemeinsamkeiten zwischen Trauernden und Nahtoderfahrenen bestehen: Beide sterben ein Stück mit und beide kennen die Sehnsucht nach der anderen

Dimension. Nahtoderfahrene erleben einen massiven Trauerprozess, weil sie von dieser irren Schönheit, diesem »Licht ohne Schatten«, das sie schauen durften, Abschied nehmen müssen. Viele befällt immer wieder eine reißende Sehnsucht, die sie nur wenigen mitteilen können. Auch viele Trauernde tragen diese Sehnsucht in ihrem Herzen, da sie sich beim Verlust eines geliebten Menschen nach einer Verbindung in diese Dimension sehnen. Allein mit dieser Sehnsucht, fallen sowohl Nahtoderfahrene als auch Trauernde oft in eine spirituelle Krise, weil das bisherige Weltbild zerbrochen und ein neues noch nicht in Sicht ist. Wenn sie Pech haben und an die falschen Zuhörenden geraten, kann es sein, dass sie für krank oder verrückt erklärt werden, Tabletten futtern oder in der Psychiatrie landen.
In diesem Zustand, ob als trauernde oder als nahtoderfahrene Menschen, gilt es, langsam und behutsam zu begreifen, dass es sich lohnt, wieder ganz in das eigene Leben zurückzukehren und aus dem tiefen Leid etwas Schönes für sich und die Welt erwachsen zu lassen. Diesen Weg sind wir beide gegangen und deshalb freue ich mich, für dieses Buch ein kurzes Vorwort schreiben zu dürfen.
Dank ihrer Erfahrung und Kompetenz bietet Flor Schmidt mit »Wüstenregen« Trauernden eine hilfreiche Wegbegleitung an. Mit ihrem Buch leistet sie zugleich einen wichtigen gesellschaftlichen Beitrag, der so nötig ist, weil uns im 21. Jahrhundert die vielen Möglichkeiten im Außen bisweilen den Blick auf Tiefendimensionen verstellen. Wieder ganz im Leben anzukommen, braucht den eigenen, individuellen Weg, das Sortieren und den klaren Blick, wenn die Tränen getrocknet sind.
Ich wünsche »Wüstenregen« viele neugierige Leser*innen, damit auch sie erfahren, dass hinter allem, was uns das Leben an Schwerem auftischt, ein tieferer Sinn verborgen ist, den es zu entdecken gilt.

Darmstadt, im September 2022

Prolog

Während du genüsslich an einer Tasse Kaffee nippst, wird im selben Moment einem anderen Menschen tiefes Leid zuteil. Jemand stirbt. Jemand verliert einen geliebten Menschen. Jemand schreit: »Nein!« Du trinkst den nächsten Schluck, ohne etwas davon zu ahnen.
Wer zieht jetzt gerade das Los, das in diesem Fall leider keine Glückszahl, sondern Kummer und Leid ausspuckt, die wie zufällig irgendwo über eine Menschenseele kommen? Wer wird heute gewinnen, wer verlieren im Lotteriespiel des Lebens? Und wer ist es, der die Lose verteilt?
Wir wissen es nicht. Aber was viele von uns schon erlebt haben: Auf dem Weg durch die Wüste des Lebens – die Trauer – ahnen wir, dass vielleicht doch nicht alles Zufall gewesen ist. Dass es kein Lotteriespiel war, bei dem wir Pech hatten, sondern dass dies alles genau so zum Leben, zu unserem Leben, gehört. Bestellt und erworben bei der Entscheidung, einen Fuß auf diesen blauen Planeten zu setzen.
Wir erkennen, dass eine leidvolle Erfahrung nie eine Einzellieferung ist, sondern dass sie immer in einem Gesamtpaket enthalten und mitgeliefert wird, das aus vielen Einzelteilen besteht. Hast du den Schmerz gezogen? Dann schau nach, was noch alles im Päckchen zu finden ist!
Bestimmt kennst du solche Momente, die sich anfühlen, als würde dir der Boden unter den Füßen weggezogen werden. Dachtest du nicht gerade noch, dass dich die Erde verlässlich trägt? Ja, sie tut es. Nach wie vor. Das ist ein Naturgesetz. In Situationen, in denen uns sonst alles verlässt, in Zeiten, in denen uns der Mut abhandenkommt, die Hoffnung schrumpft und die Zuversicht flüchtet, hält uns die Erde. Sie ist dabei nicht nur Untergrund und verlässliche Substanz, sie ist uns auch ein Gegenüber. Seit Urzeiten verbindet uns ein stiller Vertrag: Wir dürfen auf die Erde zählen. Aber auch sie ist darauf angewiesen, wie wir mit ihr umgehen, ob wir sie achten und zu schätzen wissen. Zusätzlich sind wir, die wir uns auf dieser Erde angesiedelt haben, voneinander abhängig. Menschen brauchen einander, um sich auszutauschen und sich zu vernetzen. Kein Mensch ist ein unabhängiges Individuum. Wir alle benötigen besonders in Krisensituationen andere, um gut überleben zu können. Wenn wir jung sind, krank sind, entwurzelt, einsam oder in Trauer, schaffen wir nicht alles allein.

Wir brauchen das Gegenüber, um uns selbst neu zu finden. Im Außen spiegelt sich oft, was innen vorgeht. Ein Blick nach rechts oder links kann uns zusätzlich dabei helfen, unsere Sicht zu weiten. Dieses Buch will dir ein Gegenüber, ein Gesprächspartner sein. Es hält dir immer wieder den Spiegel vor und fragt: Kennst du das auch? Zugleich gibt es dir viele Impulse. Manche von ihnen sind dir vermutlich neu. Lass sie auf dich wirken und suche dir die aus, die dir am meisten entsprechen.

Ehe es inhaltlich losgeht, einige Worte zu mir: Ich selbst bin eine Mutter, die ihren Sohn verloren hat. Ich weiß, was es bedeutet, zu trauern – und auch, was es heißt, die Trauer anzunehmen und sie in das Leben zu integrieren. Seit dem Jahr 2015 begleite und unterstütze ich im Gesprächskreis JugendLichter andere verwaiste Eltern jugendlicher Kinder auf ihrem Weg durch die Trauer. Im Schwarzwald biete ich Wochenendseminare an, um nach der ersten Zeit der Trauer noch tiefer in die Themen rund um Leben und Tod einzusteigen. Außerdem begleite ich im seelsorgerischen Bereich traumatisierte und in sonstiger Weise aus dem Lot geratene Menschen ein Stück ihres Weges.

Das, was ich selbst damals in meinem eigenen Umfeld an Unterstützung, Aufmerksamkeit und Liebe bekommen habe, kann ich jetzt weitergeben, nicht immer an dieselben Menschen, die mir und meiner Familie beigestanden haben, aber an andere, die momentan der Unterstützung bedürfen. Wenn auch sie später ihre Erfahrungen weitertragen, geht diese Resonanz um die Welt.

Noch ein Hinweis zur Bildsprache dieses Buches: Als Metapher für die Trauer habe ich das Bild der Wüste gewählt. Auch wenn du die reale Wüste als wunderschön bezeichnen würdest, steht sie im Buch mit ihrer kargen und unwirtlichen Seite symbolisch für deine Trauer. Du musst die Wüste erst betreten, sie kennenlernen und durchqueren, um ihre wahre Schönheit erkennen zu können.

Einleitung

Ich hatte das Glück, noch vor dem ersten Corona-Lockdown in die Wüste Afrikas zu reisen: nach M'hamid in Marokko. Dieser Ort wirkte auf mich wie das Ende der Welt, denn M'hamid ist das letzte Dorf am Rande der Sahara.

Ich ritt auf meinem Dromedar an den Häusern vorbei. Es wankte ziemlich, denn diese Tiere bewegen sich im sogenannten Passgang, das heißt, sie setzen abwechselnd jeweils beide rechten und beide linken Füße auf den Boden. An diesen Gang musste ich mich erst einmal gewöhnen. Allerdings fühlte es sich gleichzeitig sehr sanft und wie gepolstert an, denn das große Tier, das bis zu zweieinhalb Meter hoch werden kann, setzt seine Sohlen, die mit federnden Schwielen ausgestattet sind, Schritt für Schritt sehr bedacht auf den Boden. Die einzigen bunten Farbkleckse im Dorf am Ende der Welt waren die in allen Farben angebotenen Tücher. Sie flatterten mir in diesem ansonsten saharabraunen Ort lebendig im Wind entgegen. Ich habe mir vor der Reise eines dieser Tücher gekauft. In einer bestimmten Wickeltechnik, die ich von einem Berber erlernte, schlang ich es um den Kopf, um mich vor Sonne und Wind zu schützen.

Erhaben schritt ich mit meinem Dromedar am Zügel durch das unsichtbare Tor, das uns in die Wüste entließ. Nur vereinzelte Ruinen, die am Anfang des Wegs noch verstreut in der Landschaft standen, erzählten vom Werden und Vergehen, dem Prinzip der Schöpfung. Diese Wüste offenbarte mir eine andere, unbekannte Welt, deren Reichtum ich erst erkennen konnte, als ich mich ganz auf ihren Rhythmus einließ und mit ihm schwang.

Im Laufe dieses Buches wirst du die Landschaft der Wüste und ihre Symbolik besser kennenlernen. Wenn du ab und zu ein paar Steine umdrehst, im Sand buddelst oder vom Dromedar aus deine Perspektive zu wechseln wagst, dann wird sie dir ihre Fülle zeigen, ihre Schönheit offenbaren und dein Herz berühren. Spätestens dann wirst du ahnen, dass der beschwerliche Ritt durch diese Landschaft sich lohnen kann.

Kommst du mit? Bist du bereit, mit mir und diesem Buch durch die Wüstenregionen deines Lebens zu wandern? Alles, was du brauchst, sind ein bisschen Mut, Offenheit – und den Glauben daran, dass sich zu jedem Zeitpunkt etwas verändern kann. Denn die allernächste Zukunft ist nur einen Atemzug weit entfernt.

Was dich in diesem Buch erwartet

Jedes Kapitel ist in mehrere Abschnitte unterteilt.

Es beginnt jeweils mit dem Bereich »Gedanken schöpfen«, als Inspiration und Einstimmung für deine Überlegungen und deinen Geist. Das kleine Beduinenzelt am Beginn bietet symbolisch den Raum dafür.

Dann folgt jeweils der Abschnitt »Die Wüstenseele«. Er spricht – gemeinsam mit den anschließenden Impulsfragen – deine Seele an. Er ist immer mit einem Dromedar versehen.

Anschließend geht es in den einzelnen Tools um deinen Körper: Du bekommst Techniken und Werkzeuge an die Hand, um das Thema des Kapitels zu verankern und in deinen Alltag zu integrieren. Vor diesem Abschnitt ist jeweils eine kleine Sonne zu sehen.

Das vorliegende Buch enthält auch persönliche Erzählungen und Berichte. Diese setzen sich jeweils aus verschiedenen Geschichten zusammen. Das heißt, Ereignisse werden nicht genau so erzählt, wie sie stattgefunden haben, sondern sind verfremdet oder gemischt, um ein Thema anschaulich illustrieren zu können.

Die Geschichten anderer sind auch dazu da, dir Mut zu machen. Du wirst erkennen: Selbst der tiefste Schmerz kann sich verändern. Aus offenen Wunden werden allmählich Narben. Diese Narben können auch nach vielen Jahren, wenn sie berührt werden, noch ordentlich schmerzen. Aber wir können lernen, damit umzugehen und den Schmerz einzuordnen, Schritt für Schritt.

Hauptsächlich in der Arbeit mit den JugendLichter-Eltern durfte ich erfahren, dass die Themen und Ansätze dieses Buchs tatsächlich verinner-

licht werden können. Anfangs mag es schwer sein, aber es wird immer leichter. Bei den Eltern in meinen Gruppen darf ich Zeugin dieser kleinen Veränderungen werden. Zuerst sind es kurze Augenblicke, vorsichtige Ausflüge in Momente, die das Herz wärmen. Nicht anhaltend, aber lang genug, um sie einzuatmen und aufzusaugen. Auf diese Weise können Trauernde damit beginnen, wieder Verantwortung für ihr Leben zu übernehmen, indem sie die Atemzüge des Wohlseins bewusst in sich aufnehmen. Die jeweiligen Situationen können sie nicht festhalten: Mit dem Ausatmen müssen sie diese wieder loslassen, und es folgen andere Situationen. Aber das dadurch hervorgerufene Wohlbehagen, die Liebe, können sie manchmal irgendwo tief in sich speichern, an einem Ort, an dem nichts verloren gehen kann. So gelingt es ihnen nach und nach, in dieser kleinen Schatzkiste schöne Eindrücke zu sammeln und aufzubewahren. Einige davon möchte ich hier nun wieder freigeben, damit sie auch in andere Schatzkisten Einzug halten mögen.
Die Eltern, die in meine Gruppen kommen, wollen wieder zu leben lernen. Sie wollen nicht nur durchhalten oder aushalten, sondern irgendwann wieder lebendig sein. Am Ende unseres Prozesses stehen sie manchmal wieder mittendrin in dieser Welt, die ihnen so viel Schmerz zugefügt hat – und die gleichzeitig so wundervoll und schön sein kann.

Zu den Übungen in diesem Buch

Sie sind als Werkzeuge gedacht, die du nutzen kannst. Vielleicht möchtest du in der Wüste nach der Quelle suchen, die deinen Durst stillt, oder nach dem Sinn des Lebens graben. Wenn du nur einen Spaten zur Hand hast, wirst du nicht weit kommen, denn du wirst den Sinn vermutlich nicht im Außen, sondern nur in dir selbst finden können. Es gibt andere, bessere Hilfsmittel – beispielsweise das ABC-Modell, den Skillkoffer oder das innere Team –, die deine Suche erleichtern können. Diese und andere stelle ich dir im letzten Abschnitt »Wie du dir selbst helfen kannst« eines jeden Kapitels vor. Dort werde ich über bestimmte Techniken sprechen, die dich in schwierigen Momenten der Trauer unterstützen können. Ein weiteres Werkzeug ist beispielsweise die Meditation. Sie kann sich auf dein körperliches und seelisches Wohlbefinden auswirken und dich im täglichen Handeln unterstützen. Regelmäßige Meditation kann helfen, deine Selbstheilungskräfte anzuregen und deine Trauer zu lindern. Sie kann auch dazu dienen, zu entspannen, von quälenden Gedanken loszukommen – und den Fokus auf andere Inhalte zu richten.

In meinen Seminaren beginne ich deshalb oft mit einer Meditation. Mit Hilfe dieser Praxis können die Eltern, die meist direkt aus ihrem Alltag zu mir kommen, zur Ruhe finden und sich auf Themen einlassen, die wir in den Treffen besprechen. Diese Praxis gibt auch mir die Kraft, Trauerarbeit zu praktizieren.

Aber auch andere Methoden, beispielsweise EFT (Emotional Freedom Techniques), Atemübungen, Teppichgespräche oder energetisches Heilen, werden in diesem Buch ausführlich vorgestellt. In jedem Kapitel schlage ich eine Technik vor, die zum jeweiligen Thema passt. Du kannst dir unter den Angeboten diejenigen aussuchen, die dir entsprechen und die du in deine tägliche Praxis einbinden möchtest. Hab nicht den Anspruch, alles zu übernehmen und in dein Leben zu integrieren. Suche dir einige Praktiken aus, die dir guttun, vielleicht auch nur eine, wenn sie die richtige für dich ist.

Bei einigen Methoden, beispielsweise der Meditation, der Traumreise oder der EFT-Übung, findest du einen QR-Code, der dich zu der passenden Stelle auf meiner Web-Seite www.flor-schmidt.de führt. Dort sind die im Buch vorgestellten Anwendungen als Audio- und Videodateien kostenlos abrufbar.

Noch ein wichtiger Hinweis: Die Gedanken und Empfehlungen in diesem Buch sind für Menschen gedacht, die aufgrund einer Krise oder eines schweren Erlebnisses trauern. Für Menschen, die mit einer schweren Depression oder sonstigen psychischen Krankheiten zu tun haben, kann dieses Buch hier und da eine Stütze sein, es ersetzt aber keine Therapie.

Was haben die Trauer und der Riese Tur Tur gemeinsam?

Können wir vor der Trauer davonlaufen? Was würde geschehen, wenn wir einfach ausstiegen, sie aus unserem Leben verbannten und die Tür zu unserem Inneren verriegelten?

Gedanken schöpfen 

Sophie erzählte mir an einem Wochenendseminar von ihrem Erlebnis: »Sieben Jahre nach dem Tod meines Sohnes fuhr ich an einen Ort, der für mich zu den schönsten der Welt gehört. Dort hatte ich vor langer Zeit, als junges Mädchen, zum ersten Mal das Meer gesehen: in Pénestin, so heißt das kleine Städtchen in der Nähe der Küste. Es gibt dort eine vorgelagerte Insel, auf der eine Vielzahl von Vögeln brütet. Ich weiß noch, wie ich damals als Jugendliche hinauslief, um mir das Treiben, das Geschrei und Gezeter aus der Nähe anzuschauen. Es war Ebbe und ich konnte trockenen Fußes bis zur Insel gelangen. Dann kam die Flut, schnell und unvorhersehbar, jedenfalls für mich. Der Rückweg zu Fuß war von einer Minute auf die andere unmöglich geworden. Es war Dezember und so kalt, dass ich nicht unbedingt schwimmen wollte. Es blieb mir aber nichts anderes übrig, denn ich musste ja wieder an Land. Aus heutiger Sicht kommt mir mein Verhalten sehr leichtsinnig vor. Heute weiß ich, dass sich vieles im Leben – die Gezeiten, das Wetter und vieles andere – sehr schnell verändern kann.«
Die Wellen schlagen mit Getöse gegen die Felsen. Sophie schaut aufs Meer hinaus. Sie ist glücklich. Sie liebt das Meer, den leichten Duft nach Algen, vermengt mit einer Brise Unendlichkeit. Der Wind fährt ihr durch die Haare, sie fühlt sich frei und leicht, verbunden mit Himmel und Erde, mit den Naturgewalten und dem festen Boden unter ihren Füßen. Sophie breitet ihre Arme aus und dreht sich im Wind, schneller, immer schneller, bis ihr schwindelig wird und sie stolpert: in den Sand, den Geschmack des Meeres im Mund. Sie setzt sich an den Strand, die Gischt kommt ihren Zehenspitzen

ziemlich nahe. Die Flut strömt schon. Wie damals.
»Aber diesmal war ich in Sicherheit«, sagt Sophie.
Sophies Blick sucht den Horizont. Sie fragt sich: Bist du dort, an einem Platz, den ich mit meinem Verstand nicht mehr denken kann? Bist du auf der Nimmerleins-Insel oder dem Ewigkeitsatoll? Sie nimmt eine Muschel auf, noch eine und noch eine – noch viele mehr. So viele, dass sie sie fast nicht mehr tragen kann. Dann steht sie auf und legt mit den Muscheln seinen Namen in den Sand: SERRUH.
Sophie spürt Traurigkeit aufsteigen. Sie schließt die Augen und stellt fest: Ich bin glücklich und traurig zugleich. Ich spüre unsere Verbundenheit und gleichzeitig ist mein Herz voll Sehnsucht nach dir, mein lieber Sohn.
Sie stellt sich vor, Serruh gerade jetzt an ihrer Seite zu haben, an dem Ort, der ihr als Jugendliche so viel bedeutet hat. Sie hält seine Hand und tollt mit ihm zusammen über den Sand. Sie werfen Steine ins Meer und lassen gemeinsam ihre nackten Füße von der schäumenden Gischt liebkosen.
»Irgendwann öffnete ich meine Augen und stand wieder allein da, tief eingegraben im Sand und bereits bis zu den Kniekehlen im Wasser. Deine Hand entgleitet mir und ich weine dicke Tränen. Trotz der Verbundenheit, die ich spüre, trotz des Glücks, das ich empfinde, tut es schrecklich weh.«
Sophie schnäuzt ihre Nase, sie schluchzt, während sie mir ihre Geschichte erzählt. Als sie sich beruhigt hat, überlegt sie, was passiert wäre, wenn sie ihre Gefühle dort am Strand unterdrückt hätte. Was würde es bedeuten, wenn sie sich bis heute nicht erlaubt hätte, sie zu fühlen?
»Irgendwo hätte sich die Trauer ja doch manifestiert«, sagt sie. »Sie löst sich nicht einfach auf wie eine Fata Morgana über dem Wüstensand.«
Ich bestätigte Sophies Gedanken. Ja, wir können vor der Trauer nicht davonlaufen. Wir mögen versuchen, sie im Alkohol oder in Drogen zu versenken, uns abzulenken oder in die Arbeit zu stürzen. Doch je mehr wir die Trauer wegschieben, desto fordernder und heftiger wird sie sich wieder melden – als würde sie es uns übelnehmen, wenn wir sie vernachlässigen.

Trauer trifft uns unterschiedlich hart. Manchmal geht sie an unserem Haus vorüber und streift uns nur, dann wird es uns leichter fallen, sie zu verdrängen. Ein anderes Mal steht sie direkt vor unserer Tür. In diesem Fall ist es gar nicht möglich, sich vor der Trauer zu verschließen.

Viele Trauernde erzählten mir, dass sie sich in der ersten Zeit gar nicht ablenken konnten. Wenn sie sich zum Beispiel einen Film anschauten, gab es keine Szene, die sie nicht an die verstorbene Person denken ließ. Sie waren so sehr verwundet, dass jede noch so kleine Sequenz Erinnerungen in ihnen wachrufen konnte. Ihr Gehirn war ständig damit beschäftigt, zu realisieren und zu verarbeiten, was längst geschehen war. Ihr erster Gedanke am Morgen war: »Unser Kind, mein Mann, meine Schwester oder meine Mutter ist tot!« Dieser Gedanke kreiste ständig in ihrem Kopf – und war doch unbegreiflich. Er war so irreal. In der ersten Zeit glaubten sie, fast verrückt zu werden, weil dieser Satz sie nicht in Ruhe ließ.

Aber auch wenn es uns gelingt, die Trauer zu verdrängen, ist sie dennoch gegenwärtig.

Deshalb ist die erste Lektion auf dem Weg durch die Wüste: sie auf uns wirken zu lassen, den Verlust zu begreifen und den Schmerz zuzulassen. Es hilft, wenn wir uns erlauben, ganz individuell zu trauern, uns keinem Schema zu unterwerfen, ganz wir selbst zu sein.

Unabhängig davon, wie heftig unsere Trauer gerade ist, sie will beachtet werden. Sie braucht uns als Gegenüber, vielleicht nur kurz, vielleicht für eine längere Zeit. Aber wir müssen uns nicht vor ihr fürchten. Ich denke an den Scheinriesen Tur Tur in Michael Endes Kinderbuch »Jim Knopf und Lukas der Lokomotivführer«: Anfangs rennen sie vor diesem Riesen weg, als er plötzlich in der Wüste auftaucht, weil er so groß erscheint. Mit der Zeit verstehen sie jedoch, dass er kleiner wird, je näher er kommt. Verhält es sich mit der Trauer nicht ähnlich?

Als ich selbst noch tief trauerte, sagte eine Trauerbegleiterin zu mir, dass Trauer ein ganz natürlicher Prozess sei, eine normale Reaktion unseres Organismus und eine Gelegenheit, Abschiede, Verluste und Trennungen zu verarbeiten und zu bewältigen. Sie fügte noch hinzu, dass es nichts Schlimmeres und Schmerzhafteres gäbe, als Gefühle nicht zuzulassen. Trauer sei keine Krankheit. Es sei wichtig, der Trauer den ihr gebührenden Platz einzuräumen, denn der einzige Weg, um wieder heilen zu können, ginge mitten durch den Schmerz. Würden wir das verweigern,

könnten wir taub werden – taub für den Schmerz, taub für das Mitgefühl und taub für all das andere um uns herum, im schlimmsten Fall: auch taub für die Liebe. Depressionen, Persönlichkeitsstörungen und Beziehungsschwierigkeiten könnten die Folge sein.
Sollten wir uns gar bei der Trauer entschuldigen? Was würden wir ihr dann sagen? Etwa dies: »Liebe Trauer, verzeih uns, wenn wir dich missverstehen. Wie oft bietest du deine Hilfe an – und wie häufig wirst du zurückgewiesen, weil wir dich nicht bei uns haben möchten, weil wir dich nicht aushalten wollen? Wir dürfen lernen, uns auf dich einzulassen, mit jeder Faser des Herzens. Das könnte erst einmal bedeuten: zu schreien, zu hadern, Gott, die Welt, den Tod, den Schmerz anzuklagen.«
Trauern mit Haut und Haar? Ganz eindringen, eintauchen in Schmerz und Leid? Ja: Wüstenwandernde zu werden ist nicht einfach. Ein kleiner Trost mag sein, dass wir niemals allein dort unterwegs sein werden, in der Wüste des Lebens. Aber wird das genügen? Werden wir, wenn wir uns unseren Gefühlen stellen, irgendwann aus dieser Wüste des Lebens herausfinden können?
Was würde die Trauer sagen, wenn wir sie fragten, was sie eigentlich von uns will? Vielleicht lautete ihre Antwort so: »Ich will, dass du ehrlich, wach und mutig genug sein wirst, mich anzuschauen. Ja, es braucht Mut, sich auf mich einzulassen. Ich schmerze fürchterlich. Wenn du es dennoch tust und für Erkenntnisse offenbleibst, mit denen du nicht rechnest, wirst du erfahren, wer ich wirklich bin. Du wirst spüren, dass auch ich zwei Seiten habe und tiefen Schmerz verwandeln kann, dass ich, deine Trauer, gleichzeitig deine Chance bin.«
Ist das die zweite Lektion: Dass wir uns mit der Trauer auch noch auseinandersetzen müssen?
Viele Menschen erleben, dass Sie sich plötzlich und unerwartet in der Wüste wiederfinden. Niemand von uns hat sich ausreichend gut auf diese Reise vorbereiten können. Wir alle müssen versuchen, erst einmal mit dem zurechtzukommen, was wir mitgebracht haben: All das, was wir bereits vorher über den Tod und das Trauern gelernt haben. Das ist gut – für den Anfang.
Obwohl die Vergänglichkeit überall präsent ist, obwohl sie sich in der nicht-menschlichen Natur und auch im menschlichen Leben ständig irgendwo zeigt, erwischt es uns doch, wenn etwas vorübergeht, das uns betrifft. Wir sollten es doch wissen: Das Einzige, was beständig ist, ist

der Wandel. Ohne Vergänglichkeit gäbe es keine Veränderung, und doch hängen wir dem Vergangenen wehmütig nach. Wir trauern um verlorengegangene Pläne, aber auch um Zukunftsvisionen, um Vorstellungen, die nicht mehr erfüllt werden können. Wir trauern um unsere Verstorbenen und auch für sie, die so vieles auf dieser Erde nicht mehr erleben konnten. In die Wüste können wir uns erst einmal zurückziehen, unseren Schmerz spüren und all unser Weh.

Nach diesem Innehalten – und erst dann – können wir bewusst den weiteren Weg wählen und jedes Sandkorn, jeden Stein von mehreren Seiten aus betrachten, uns damit beschäftigen. Manchen können wir wegschaffen, damit wir nicht erneut darüber stolpern.

Wenn über die Mittagszeit die Sonne unerträglich wird, werden wir uns vielleicht ein Tuch um den Kopf schlingen, um uns vor der sengenden Hitze zu schützen. Danach können wir wieder kleine Entdeckungstouren unternehmen. Stop and go, Rückzug und Öffnung, den Blick nach innen richten und dann wieder nach außen gehen. Als Wandernde in der Wüste müssen wir achtsam sein, was der Moment von uns verlangt. So werden wir uns, unsere Autorität, unser Potenzial und unsere Trauer immer besser kennenlernen und langsam verändern, uns nicht länger als Opfer der Umstände erfahren, sondern als Schöpfer*in unseres eigenen Lebens. Wir werden uns völlig neu erleben, uns verändern, wie alles um uns herum, denn besonders die Wege der Lebenswüste können Wege der Wandlung sein.

> Wenn uns etwas fortgenommen wird,
> womit wir tief und wunderbar zusammenhängen,
> so ist viel von uns selbst fortgenommen.
> Gott aber will, dass wir uns wiederfinden,
> reicher um alles Verlorene und vermehrt um jenen
> unendlichen Schmerz.
> *Rainer Maria Rilke**

Die Wüstenseele 

Alles in mir schmerzt, als ich plötzlich in dieser Wüste sitze. Eine unermessliche Sehnsucht erfüllt mein Herz und das Wortspiel »Vermissung« kommt mir in den Sinn. Es ist leer und sinnlos ohne dich. Ich spüre, wie ein Teil von mir stirbt, zusammen mit dir sich langsam auflöst im großen Kummer, einem Weltenschmerz, der weit mehr ist als das, was ich fassen und aushalten kann. In meiner Vorstellung gibt es erst einmal nichts, was diesen Mangel wieder füllen könnte und doch zieht es mich genau dort hin, zu dieser Leere und ich versuche, diesem Vakuum nachzuspüren, das entstanden ist. Dann, ganz plötzlich, lasse ich mich auf die Wüste ein. Der feste Boden unter meinen Füßen gibt nach, ich gehe unter. Mit letzter Kraft strample ich mich wieder ein Stück nach oben. Mein Blick schweift in die Ferne. Endlos erstrecken sich die sandigen Hügel in alle Richtungen.

Ich kann noch immer nicht fassen, was geschehen ist. Ich brauche Zeit, um zu begreifen, dass ich mich jetzt in der Wüste befinde. Ich brauche Zeit, um zu verstehen, dass es die Wüste für mich und in meinem Leben überhaupt gibt. Sowohl mein Verstand als auch meine Gefühle arbeiten unablässig daran, mir diese neue Situation vor Augen zu führen. Aber das, was für mich zu dieser neuen Dimension, dieser Realität geworden ist, kann ich nur ganz langsam, nach und nach zulassen.

Ich sehe und spüre diese karge, monotone Wüste um mich herum und ich habe das Gefühl, nie wieder hier herauszufinden. Manchmal sinke ich tief in den Sand ein und der nächste Schritt fühlt sich qualvoll und mühsam an. Wie durch ein Wunder gelingt es mir an manchen Tagen aber doch, wieder besser voranzukommen. Ich hangle mich an Sträuchern entlang und setze ganz vorsichtig einen Fuß nach dem anderen in den heißen Sand. Zu meiner Verwunderung stelle ich fest, dass er mich zeitweise trägt, bis ich nach einigen Metern wieder einsinke und mutlos verharre. Dann schickt mich eine mir unbekannte Kraft wieder weiter, weist mich an, Hügel um Hügel, Düne um Düne zu erkunden.

Nach etlichen Tagen, in denen ich abwechselnd Hoffnung und Verzweiflung spüre, weiß ich endlich, weshalb ich in dieser Wüste bin: Alles, was in meinem Inneren ist, spiegelt sich im Außen wider. Gehe ich im Außen weiter, vermag ich das auch innerlich zu tun und umgekehrt. Die Wüste des Lebens – sie ist keine Strafe, kein Exil. Sie ist meine Chance, mich meinen Aufgaben zu stellen, mit allem, was dazu gehört, alles zuzulassen und weiterzugehen. Nicht nur im Glück, sondern auch in der Not und im Schmerz.

Aus Fragen wird man klug

- Wie wäre es, dich auf deine Wüste des Lebens einzulassen?
- Kannst du darauf vertrauen, dass du nicht stirbst?
- Wirst du dich trotz deines Schmerzes öffnen, dich deinem Weg ganz hingeben und weiter atmen?
- Was wäre, wenn die Wüste die Aufgabe hätte, dich am Leben zu halten – dir sogar helfen könnte, deinen Schmerz kennenzulernen, ihn auszuhalten und zu verwandeln?
- Ist es dir bereits möglich, darin ein Potenzial zu erkennen?

Wie du dir selbst helfen kannst: Meditation

Die Anleitung zu dieser Übung findest du als Audiodatei auf meiner Website www.flor-schmidt.de.

Vorbereitung: Du brauchst eine Sitzunterlage, ein Yogakissen oder einen Stuhl.

Nach der Einstimmung in die Meditation hörst du einen Gong. Bleibe danach fünf Minuten lang in der Stille. Nach dem zweiten Gong werde ich dich aus der Meditation herausführen.

Anleitung zur Meditation

Finde eine bequeme Position auf deiner Unterlage und schließe die Augen für einen Moment. Spüre die Erde unter dir. Sie ist verlässlich. Sie ist immer da, solange du existierst. Du kannst deine Füße auf den Boden aufstellen und spüren, dass er real ist – und dass die Erde dich trägt.

Atme tief durch die Nase ein und durch den Mund wieder aus.

Stelle dir vor, dass du aus der Komfortzone deines Meditationsortes herausgezogen wirst und plötzlich in der Wüste bist. Die Wüste ist sandig, die Wüste ist heiß, die Wüste wirkt verlassen und karg. Der Sand unter deinen Füßen fühlt sich ungewohnt weich und beweglich an. Er erwärmt sich immer mehr und deine Fußsohlen drohen zu verbrennen. Du befindest dich jetzt auf unsicherem Terrain. Du schaust dich um: Alles, was du siehst, was du wahrnehmen kannst, sind Dünen, Unendlichkeit – und eine Sonne, die ungefiltert vom Himmel scheint. Der Sand ist überall. Du schmeckst ihn im Mund, er brennt in deinen Augen und reibt unter der Kleidung auf deiner Haut. Alles, was du dir wünschst, ist, die Wüste zu verlassen. Aber das ist momentan nicht möglich. Versuche nun, deine Aufmerksamkeit noch mehr auf deine Empfindungen zu lenken. Was kannst du fühlen? Traurigkeit? Sehnsucht? Schmerz? Vielleicht auch Widerstand? Denn du möchtest all dies nicht haben, nicht spüren … Du willst nicht diesen Gefühlen ausgeliefert sein, die dich schier überwältigen.

Versuche jetzt einmal herauszufinden, wo im Körper sich diese Wahrnehmungen widerspiegeln: vielleicht in deinem Herzen, in deiner Brust, im Hals, im Bauch? Atme genau dorthin. Atme tief ein und wieder aus und noch einmal tief ein. Lass mit der Ausatmung all dein Unglück, deinen Schmerz hinaus. Spucke ihn aus, in den Sand, in die Dünen.

Lass alles geschehen, die Hitze, die schwere Atmung, das klebrige Gefühl überall an dir. Atme. Und gehe einen Schritt weiter. Mache dir bewusst, dass du bei jeder Einatmung neu wählen kannst, weiter mutig durch die Wüste zu gehen. Ein Atemzug, eine Entscheidung, ein Weg. Gib dich hin.

Versenke dich in dich selbst und sei bereit.

Ein Gong ertönt.

Bleibe in diesem Zustand noch fünf Minuten.

Ein zweiter Gong ertönt.

Atme noch einmal ein und wieder aus. Selbst wenn der Weg mühevoll ist, du immer wieder einsinkst und glaubst, nicht weiterzukommen, kannst du dich jeden Morgen neu für den Gang durch die Wüste entscheiden. Du kannst beschließen, die Wüste kennenzulernen, so wie sie wirklich ist: beschwerlich und schmerzhaft, lehrreich und wunderschön. Richte deinen Fokus auf deinen Atem, denn er steht dir bei jedem neuen Schritt durch die Wüste deines Lebens zur Verfügung.

Dann komme langsam wieder zurück. Bewege Arme und Beine, strecke dich. Öffne langsam die Augen. Sei wieder ganz im Hier und Jetzt.

Akzeptanz – eine Zumutung mit großem Potenzial

Wer hat gesagt, dass das Leben einfach sei? Es gibt viele Aufgaben, die es für uns bereithält. Der Tod eines geliebten Menschen, Verlust der Heimat, Krankheit – all das gehört dazu. Das zu akzeptieren, erscheint uns anfangs unmöglich, mehr noch: eine Zumutung zu sein.

Gedanken schöpfen 

Leo erzählte an einem Wochenendseminar im Schwarzwald von dem Treffen mit einem Freund aus der Jugendzeit: »Als ich letztes Jahr meinen alten Kumpel aus Kindertagen wieder getroffen habe, wurde mir klar, dass das Leben mit seinen Aufgaben und Themen nicht nur mich bedachte, sondern dass es seine Portionen auf der ganzen Welt verteilt. Ja, diese Begegnung hat mir gezeigt, dass ich nicht der einzige bin, den das Schicksal streift.«

Autounfall, Querschnittslähmung, Rollstuhl. Leos Freund wird nie wieder gehen können. Er, der immer so abenteuerlustig war und eine Menge Einfälle hatte, um die Welt auf den Kopf zu stellen. Er, mit dem Leo so viel erlebt hatte, der auf den Händen genauso laufen konnte wie auf seinen Beinen. Mit einer gewissen Demut konnte Leo sehen, dass sein Freund sich genau diese Fähigkeiten zunutze machte, denn heute jongliert er mit dem Rollstuhl wie ein Einradfahrer in der Manege.

»Irgendwann am Abend, als wir zusammen bei einem Glas Wein saßen und einander unsere Lebensgeschichten erzählten, sagte mein Freund etwas, das mich sehr beeindruckte: Er meinte, dass er früher unendlich viele Möglichkeiten hatte, sein Leben zu gestalten – heute blieben ihm nur noch an die 100 übrig, aber diese würde er jetzt nutzen.«

Leo meinte, er hätte im Gespräch mit seinem Freund, für sich selbst und seine eigene Trauer sehr viel gelernt: »Wir haben nur die Chance, das Leben so anzunehmen, wie es ist. In seiner Ganzheit, sowohl im Glück als auch im Leid. Wir haben nur die Chance, nie-

mals aufzuhören Ja zu sagen. Ja zu jedem einzelnen noch so trüben und verzweifelten Tag, um das zu akzeptieren, was wir nicht mehr ändern können, auch wenn es nicht unseren Erwartungen und Vorstellungen entspricht.«

Wir haben über nichts Gewissheit. Wir wissen nicht, ob wir gesund bleiben. Wir wissen nicht, ob wir immer ein schönes und einfaches Leben haben werden. Wir wissen nicht, ob unsere Kinder uns überleben. Und das in unserer Welt, wo es für so viele Dinge Versicherungen gibt: Hausratversicherungen, Fahrradversicherungen, Gebäudeversicherungen, Krankenversicherungen, Katastrophenversicherungen ... ja, sogar Lebensversicherungen. Sie können uns finanziell absichern, aber sie schützen uns nicht vor den schweren Aufgaben des Lebens. Oder wer versichert unsere Seele – und wer unser Herz?

Da Schmerz, Trauer und Leid allesamt einen unsichtbaren Feind darstellen, mit dem sich nicht verhandeln lässt, beginnen wir gegen ihn zu kämpfen. Wir befinden uns fortan im Widerstand, auch wenn wir manchmal spüren, dass dies nur mehr Leid erzeugen wird. Wir gehen in eine Falle, aus der wir uns nicht so schnell wieder befreien können. Am Ende klagen wir etwas viel Größeres an, das für unser Schicksal verantwortlich ist. Aber wer oder was ist das bloß? Wie mögen wir die Adresse ausfindig machen, an die wir uns wenden können?

Da wir auf diese Frage keine Antwort bekommen, kämpfen wir weiter gegen Tatsachen, die wir nicht einsehen wollen. Wenn wir innehalten würden, könnten wir vielleicht verstehen, dass wir selbst es sind, an die wir uns wenden müssen. Dass unsere Wut, unsere Anklage, gegen uns selbst gerichtet ist. Denn sind es nicht wir allein, die diese Situation von innen heraus verwandeln und den Widerstand aufgeben könnten? Wäre es am Ende sogar heilsam, wenn wir unsere verbliebene Kraft anderweitig investieren, also nicht in den Widerstand?

Braucht es also diese Annahme, von der Leo sprach, um irgendwann wieder ins Leben zu finden? Eins steht wohl fest: Dafür benötigen wir Zeit, die für jeden Betroffenen unterschiedlich lang sein mag. Es ist ein Prozess, ein Weg mit Höhen und Tiefen. Akzeptanz können wir nicht einfach beschließen, sodass sie dann fortwährend wirkt. Wir werden uns anfangs immer wieder darin üben müssen, unser Schicksal anzunehmen. Es ist ein Teil unseres Weges durch die Trauer. Wir können nur

achtsam dabei mit uns umgehen und versuchen, die Akzeptanz nicht aus den Augen zu verlieren.
Wir alle haben sicher schon einmal die Erfahrung im Leben gemacht, dass es nicht gelingen kann, ein schlimmes Ereignis sofort zu akzeptieren. Oft sind hierfür sehr viele kleine Schritte erforderlich. Es ist wichtig, dass wir immer wieder erfahren, mittendrin zu sein im Leben, mit all seinen Herausforderungen und seiner Schwere auf der einen Seite – und seinen Berührungen und der Lebendigkeit auf der anderen. Könnten wir dann auch spüren, dass das Leben grundsätzlich nicht gegen uns ist, sondern uns Erfahrungen bietet, die uns wachsen lassen? Könnte es uns am Ende gelingen, eine unabwendbare Situation mit der Zeit anzunehmen, auch wenn wir sie nicht verstehen?
Je mehr Erfahrungen wir darin sammeln können, desto mehr mag es uns gelingen. Denn manchmal dürfen wir auch erleben, dass sich nachträglich etwas als stimmig anfühlt, was zur Jetztzeit eine Katastrophe für uns bedeutet. Vielleicht haben uns Schmerzen ausgebremst, als wir mitten im Rennen waren – und natürlich passte uns das gar nicht, wenn wir einen Gang herunterschalten mussten. Wir wissen zu diesem Zeitpunkt aber nicht, ob wir durch das erzwungene Innehalten vielleicht auch eine wichtige Lektion für unser Leben erhalten haben.
Es kann sich weiterhin schrecklich anfühlen und furchtbar wehtun. Denn Tod, Verlust oder Krankheit anzunehmen, heißt ja nicht, dass dann alles wieder gut ist. Aber nicht zu akzeptieren, birgt die Gefahr, dass wir steckenbleiben, stumpf, kraftlos und verbittert werden – Opfer unseres Schicksals, das es nicht gut mit uns meint. Wir könnten uns ausgeliefert fühlen, unfähig, etwas zu verändern.
Vielleicht gelingt es uns mit der Zeit, unseren Widerstand gegen eine unabwendbare Tatsache zu entschärfen, um eine zarte Hoffnung in uns keimen zu lassen? Eine Hoffnung, die zusammen mit der Akzeptanz entstehen darf. Die Hoffnung auf einen guten Weg, auch wenn er sich in diesem Leben nicht als französische Allee zeigen mag, sondern als steiler, steiniger Pfad.
Ein Leben mit seelischen oder physischen Schmerzen bedeutet manchmal auch, sich auf eine feine Gratwanderung zwischen Annahme und Hoffnung einzulassen, dass sich immer noch etwas verändern kann. Manchmal mag es vielleicht auch nur eine andere Einstellung sein, die uns mit dem Schmerz anders umgehen lässt. Ist es also vielleicht gerade

unsere Haltung, die es zu verändern gilt? Denn genauso, wie es für Leos Freund niemals wieder möglich sein wird, zu laufen, ist es ja auch nicht möglich, geliebte verstorbene Menschen in diesem Leben physisch wieder an der Seite zu haben.

Leos Freund hatte sich irgendwann zwischen den Dingen, für die es sich lohnt zu ringen und denen, die er nicht mehr ändern konnte, entschieden. Er investierte von nun an seine Kraft in Möglichkeiten, mit seinem jetzigen Leben so gut als möglich zurechtzukommen.

Meister Eckehart, ein Theologe und Philosoph des späten Mittelalters, sagte einmal: »Kein Unglück ist ohne Glück, kein Verlust bloß Verlust. Gott und die Natur lassen es nicht zu, dass es ein schlechthin Böses gibt.« Würde das bedeuten, dass wir nicht nur Schmerz erleben müssen, wenn wir um einen Menschen oder um die Gesundheit trauern, sondern dass sich gleichzeitig auch etwas anderes zeigen kann?

Dann hätten wir also die Möglichkeit, unseren Blick auf unser Schicksal zu regulieren. Würde das vielleicht sogar bedeuten: Je mehr Aufmerksamkeit wir einer Situation geben, die wir nicht mehr verändern können, desto mehr Macht wird sie letzten Endes über uns haben?

Im Einklang zu sein mit dem großen Weltenplan, das hört sich fantastisch an. Aber es bedeutet leider auch, sich einzulassen auf alles, was sich zeigt. Erst dann können wir nicht mehr nur die Wüste mit all ihren Entbehrungen sehen, sondern vielleicht auch einen Brunnen erkennen oder eine Oase am Ende des Weges.

Werden wir also weiter gehen und zwischendurch auch wieder staunen und uns frei fühlen können? Dürfen wir irgendwann auch wieder an das Glück glauben und unbekümmert sein, soweit wir es eben vermögen? Können wir dann gut genug für uns sorgen und wenn der Widerstand sich wieder meldet, ihn liebevoll umarmen? Könnten wir dann in manchen Momenten wieder dankbar sein, für das, was noch möglich ist, vielleicht für die hundert Dinge von tausenden und werden wir sie nutzen?

Heutzutage gibt es glücklicherweise eine Menge Angebote, die Unterstützung bieten, um wieder in die Aktivität zu kommen. Aber den ersten kleinen Schritt müssen wir allein gehen – und er ist wieder nur einen Atemzug weit entfernt.

Wie geht frei sein nochmal? Wie fühlt es sich an, unbekümmert zu sein? Wie schmeckt das Glück?

Im richtigen Moment den Griff zu lockern, gibt uns den Freiraum, weiterzugehen, weil uns nichts mehr in der Vergangenheit hält und wir den Blick auf das Jetzt und unsere Schritte in Richtung Zukunft wenden können. Diesen Weg werden wir erst mit der Zeit und aufgrund all der Erfahrungen gehen, die durch Protest und Abwehr schmerzlich immer wieder erlebbar werden, bis wir vielleicht zu einer neuen Haltung dem Leben gegenüber finden, die uns hilft, immer wieder einen Schritt weiter durch die Wüste unseres Lebens zu gehen, eine Haltung, die eingebettet und integriert ist, in das große Ganze. Nur die Schöpfung allein kennt die Liebe, die hinter all dem steht.

Die Wüstenseele

An dieser Stelle möchte ich die Geschichte eines kleinen Wüstenfalken erzählen. Er liebte nichts mehr als das Fliegen. In der Luft war er glücklich und frei. Unter ihm erstreckten sich die Klippen, die Wüste und das Meer. Er sah, wie bunt und abwechslungsreich sich die Welt unter ihm erstreckte. Einmal flog der Falke ein wenig weiter über die Wüste, als plötzlich ein heftiger Sandsturm über die Landschaft fegte und den Falken mit sich riss. Die Turbulenzen schleuderten ihn zu Boden und so sehr er sich auch mühte, er konnte nicht gegen den Sturm anfliegen und landete nach wenigen Flügelschlägen immer wieder am Boden. Der Sturm dauerte fort und der Wüstenfalke kauerte sich Schutz suchend unter einen ausgetrockneten knorrigen Busch.

Nach einer Weile fand er sich mit der neuen Situation in der Wüste ab und suchte Wege, um zu überleben. Er baute sich einen sicheren Unterschlupf und immer, wenn der Sturm etwas nachließ, machte er sich auf, um nach Nahrung zu suchen. Sobald er etwas gefangen hatte, zog er sich wieder in sein Versteck zurück, auch dann noch, als der Sturm bereits vorüber war. Er saß so eine lange Zeit – ein kleiner Falke in der großen Wüste – und manchmal, da träumte er vom Himmel und vom Meer.

Eines Tages vernahm er die schrillen Rufe eines anderen Falken. Er reckte seinen Hals, um in den Himmel zu sehen und tatsächlich sah er dort einen Vogel kreisen. Wie gern hätte er sich zu ihm gesellt, um mit ihm um die Wette zu fliegen. Aber die Wüstensturmerfahrung hatte ihn ja gelehrt, dass er nicht mehr fliegen konnte. Deshalb ließ er sein Gefieder

hängen und war in diesem Moment bestimmt der unglücklichste Vogel der Welt.
Nur der Hunger trieb ihn immer wieder aus seinem Versteck. Flink wie er war, fing er ein Insekt und noch eins, denn sein scharfer Blick erspähte die Beute, bevor diese sich in Sicherheit bringen konnte. Der kleine Falke kämpfte tapfer um sein Leben und machte sich mehr und mehr mit der Wüste vertraut. Er begann seine Lage anzunehmen, entdeckte neue wohlschmeckende Beutetiere und übte eine Technik, um noch besser jagen zu können. So lernte er, selbst hier zu überleben.
Mit der Zeit wagte er sich öfter aus seinem Versteck und wurde immer kesser, wenn er jagte. Manchmal hob er wieder leicht vom Boden ab, flatterte hoch und höher ... und eines Tages, da flog er einfach wieder los. Es ging so leicht, als hätte er nie etwas anderes getan. Übermütig flog er bis unter den Himmel, so hoch hinaus, dass alles unter ihm winzig klein erschien.
Seine Erfahrung am Boden aber, die trug er mit sich, die blieb drinnen in seinem kleinen Vogelherzen. So wurde er der mutigste unter den Wüstenfalken, denn in ihm lag nun alles: Himmel, Wüste und das Meer.

Aus Fragen wird man klug

- Gibt es jemanden, den du für dein Schicksal verantwortlich machst?
- Wenn ja: Meinst du, diese Person lässt mit sich reden?
- Magst du einmal überprüfen, wohin deine Kraft geht, die du für den Widerstand aufbringst?
- Kannst du dich auf die Aussage einlassen, dass die Vergangenheit nicht mehr zu verändern ist?
- Was wäre, wenn die Akzeptanz die Aufgabe hätte, deine Kräfte umzulenken und sie auf die Gegenwart und die Zukunft zu richten? Ginge dir dabei etwas verloren? Oder würde es dich stärken?
- Bist Du bereit, den Griff etwas zu lockern und in der Wüste weiterzugehen?

Wie du dir selbst helfen kannst: Mudras 

Mudras sind spezielle Finger- und Handhaltungen. Sie sind Teil der Yoga-Praxis und fließen wie selbstverständlich in die einzelnen Übungen mit ein. Sequenzen, in denen man explizit auf bestimmte Finger- und Handhaltungen achtet, werden als Finger-Yoga oder eben als Mudras bezeichnet.

Wenn man das Wort Mudra aus dem Sanskrit übersetzt, bedeutet mud »glücklich« und ra »geben«. Mudra bedeutet also umgangssprachlich gesagt in etwa »das, was Freude bringt«.

In Indien haben Mudras eine lange Tradition. Viele Gottheiten sind mit einer bestimmten Handhaltung dargestellt, und die indischen Tempeltänzerinnen verwenden Mudras in jeder Choreografie. Aber man findet Mudras auch in zahlreichen anderen Kulturen. Überall auf der Welt werden sie bei religiösen Ritualen verwendet.

Schon vor über 4.000 Jahren waren Menschen in Indien davon überzeugt, dass Mudras heilend und stärkend auf den gesamten Organismus wirken, auf die Stimmung und die Energien des Körpers. Die Handhaltungen spielen auch im Ayurveda – was übersetzt so viel wie »Wissen vom Leben« heißt – eine wichtige Rolle.

Vielleicht kannst auch du durch den Einsatz von Mudras die Energieströme deines Körpers positiv beeinflussen. Wendest du ein entsprechendes Mudra während einer Meditation an, kann sich deren Wirkung noch stärker entfalten. Üblicherweise werden Mudras mit beiden Händen eingenommen, um noch kraftvoller zu wirken.

Das Akzeptanz-Mudra

In meinem Yoga-Kurs, den ich seit vielen Jahren besuche, wurde ich einst zur Auseinandersetzung mit einigen Mudra-Übungen angeregt. Mudras haben unterschiedliche Wirkungsweisen: Energie, Stabilität und Sicherheit, Geduld, Selbstvertrauen, Gelassenheit, Zuversicht, Intuition und Gefühl, Konzentration und Klarheit und Akzeptanz. Ich möchte dir hier das Akzeptanz-Mudra vorstellen.

Der linke Zeigefinger ist zusammengerollt und ruht in der Daumenkuhle. Die äußere rechte Seite des Daumennagels berührt die innere Nagelseite des kleinen Fingers.

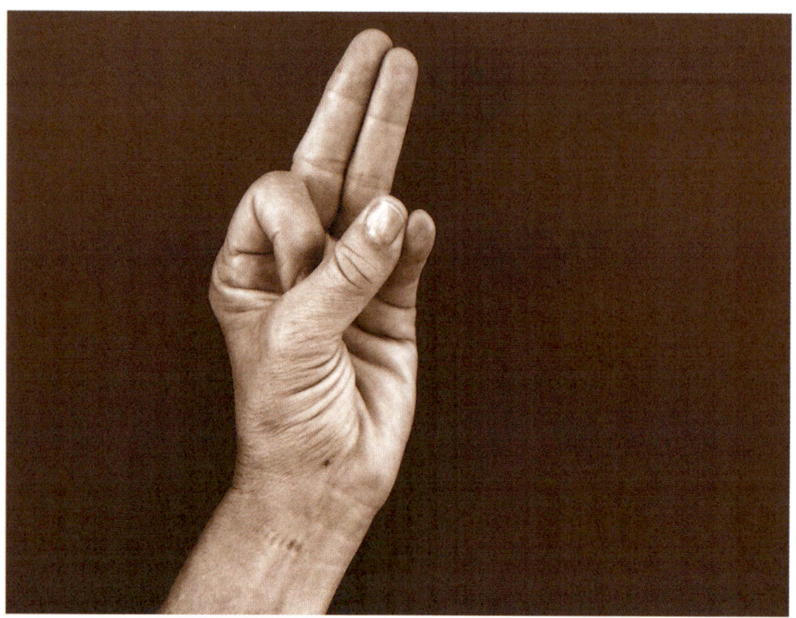

Dieses Mudra eignet sich in Verbindung mit einer Meditation hervorragend, um Traurigkeit und Widerstand gegen eine unveränderbare Situation zu überwinden. Die Übung kann dir helfen, leichter in die Akzeptanz zu finden.

Halt finden – inmitten der Wüste ankern

Woran denkst du, wenn du das Wort »Anker« hörst? Vermutlich an ein Eisengestänge, das Wasserfahrzeuge aller Art am Meeresgrund befestigt, damit sie nicht durch Wind, Wellen und Strömungen weggerissen oder abgetrieben werden. Aber was kann ein Anker noch? Könnte er im übertragenen Sinne auch dazu beitragen uns zu schützen, damit wir nicht vom Wüstensturm mitgerissen werden? Damit unsere heftigen Emotionen uns nicht den Boden unter den Füßen entziehen? Kann ein Anker uns erden, damit wir uns nicht verlieren in den Gewässern eines riesigen Weltenmeeres – oder in den großen Dünen einer unendlichen Wüste?

Gedanken schöpfen 

Eine Katastrophe geschieht oft wie aus dem Nichts. Plötzlich ist sie da und mit ihr unser ganzer Weltenschmerz. Natürlich sind wir dann nicht sofort in der Lage, nach einem Anker zu suchen. Das braucht Zeit. Aber irgendwann werden wir damit beginnen. Was könnte dann impulsgebend sein?

Lilly verlor ihre Hündin Mila. Als sie bei mir anrief, traute sie sich kaum auszusprechen, dass sie deswegen in großer Trauer war. »Sie war dauernd an meiner Seite und das, was ich ihr anvertraute, war dann so gut verwahrt wie in einer Schatztruhe. Ich lebe allein. Meine Hündin Mila war meine ganze Familie«, erzählte sie.
Als ich Lilly fragte, ob sie eine Ahnung hätte, was sie jetzt stützen könnte, fiel ihr erst nichts dazu ein. Nach einigen Wochen rief sie mich wieder an: »Als ich es fast nicht mehr ausgehalten habe, bin ich einfach ins Tierheim gefahren. Die Hunde dort sahen alle sehr einsam aus, aber sie versuchten, das Beste aus ihrer Situation zu machen. Also nahm ich mir vor, es ihnen nachzutun. Einmal in der Woche besuche ich sie jetzt und gehe mit ein paar Fellnasen spazieren. Noch ist die Trauer zu groß, einen von ihnen zu adoptieren, aber wer weiß, vielleicht findet ja irgendwann wieder eine Hundedame den Zugang zu meinem Herzen.«

Die Tierheimbesuche sind Lillys Anker. Was gibt es noch für Anker? Könnte bei Trauer auch Yoga helfen oder sich anderweitig **sportlich** zu betätigen, um den eigenen Körper zu spüren, ihn als Ventil für aufgestaute Gefühle zu nutzen? Er ist unser individuelles Fahrzeug, das uns in dieser Welt zur Verfügung steht.

Auch Vorträge und Bücher können inspirierend und tröstend sein und unser Blickfeld weiten. Manchen hilft es, selbst zu **schreiben,** ob nun ein ganzes Buch, das private Tagebuch oder Briefe und Gedichte an vertraute Menschen.

Manchmal können wir unsere Gedanken in gemeinsamen **Gesprächen** ordnen, zusammen mit Freunden, in Selbsthilfegruppen (die fast für jedes Thema in größeren Städten angeboten werden) oder bei therapeutisch ausgebildeten Menschen.

Vielleicht entdecken wir unsere **kreative Seite** und beginnen Engel zu gestalten, Mandalas und Bilder zu malen oder Lampen zu kreieren.

Auch der **Zusammenhalt** in einer Gruppe, das Verständnis und das Mitgefühl der anderen Teilnehmenden können ein Anker sein.

Haustiere sind geduldige Zuhörer. Sie schenken uns ihre Zeit und Aufmerksamkeit.

Die **Natur** lebt uns vieles vor, sie ist weise und klug. Sie gibt niemals auf und schenkt uns täglich neues Leben auf diesem Planeten. Rumi, ein Mystiker und Dichter des Sufismus, schrieb einmal folgenden wundervollen Satz: »Nach all dieser Zeit sagte die Sonne niemals zur Erde: Du schuldest mir etwas. Stellen Sie sich vor, was so eine Liebe bewirken kann.«

Auch **Spiritualität** kann ein Anker sein. Wenn wir uns mit dem Tod befassen, forschen wir unweigerlich nach dem Dahinter, nach der Unendlichkeit. Denn an der Grenze des Aushaltbaren öffnet sich oft eine andere Dimension. Trauernde wollen in den meisten Fällen wissen, was geschieht, wenn ein Mensch stirbt. Sie wollen wissen, wie sie sich die geistige Welt vorstellen können, ob es eine Seele gibt, die weiterlebt und eine Göttlichkeit, die alles durchwebt und sie wünschen sich eine Verbindung zur geistigen Welt, zu ihren Liebsten. Einige können diese Verbindung spüren und bekommen durch die weltliche Trennung eine Ahnung von weitaus größeren Verkettungen, die sie davor nie für möglich gehalten hätten.

Zu wissen, was uns stützt und stärkt, wenn wir in der Wüste unseres Lebens zu versinken drohen, zu wissen, dass wir einen Anker haben, den

wir auswerfen können, sodass wir die Orientierung nicht verlieren, das bedeutet Trost und ist ein kleiner Samen, der in unseren Herzen aufgehen kann. Manchmal stellen wir fest, dass wir ganz viele Anker haben, an denen wir uns festhalten können. Vielleicht fallen euch noch andere Anker ein. Nur zu, teilt sie gern mit der Welt, denn es ist wichtig, so viele Anker als möglich zusammenzutragen und anderen zugänglich zu machen.

Die Wüstenseele

In der äußeren Wüste habe ich viel über meine innere Wüste gelernt. Ich war mit meinem Mann und zwei Freunden in der Wüste bei M'hamid, südlich von Marrakesch. Wir wurden von drei Guides begleitet – zwei Berbern und einem Araber –, die fünf Dromedare mit sich führten. Ich hatte viel darüber gelesen, Filme angeschaut … und am Ende glaubte ich, bereits Bescheid zu wissen, über ein fremdes Land, das ich doch erst selbst erfahren musste, um darüber schreiben zu können. Es ist die Einfachheit, die so wohltuend ist und auf die man auch in der Trauer wieder zurückgeworfen wird. Entscheidend ist immer nur der nächste Schritt und wichtig ist, passende Schuhe dabei zu haben, um Blasen zu vermeiden. Worauf es dann noch ankommt, sind viele kleine Anker: der nächste Rastplatz, genügend Essen und Trinken, am Abend ein Sternenhimmel, ein geschützter Lagerplatz für die Nacht mit einem Feuer, das wärmt und einen Sonnenaufgang, wenn leise der nächste Tag beginnt. Da gibt es keine Gedanken an all das, was noch zu erledigen wäre, keinen Stress, um rechtzeitig zum nächsten Meeting zu hetzen, keine Verpflichtungen und keinen Kalender, der bis zum Jahresende gefüllt ist mit Terminen, die nicht dafür geschaffen sind, mich zu stützen und zu stärken auf meinem Weg durch die Wüste des Lebens.

Die Wüste ist still, vollkommen still. Lange liege ich wach, nachts in meinem Schlafsack im Sand und vernehme kein einziges Geräusch. Fast glaube ich, man hat der Welt den Ton abgedreht. Intuitiv versuche ich, doch etwas zu hören und es fühlt sich ein bisschen schmerzhaft an, der Stille zu lauschen. Eine gefühlt endlose Zeit lang liege ich da, noch immer bemüht, meiner Umgebung einen Laut zu entlocken. Nichts geschieht, kein Ton ist zu hören. Ängstlich richte ich mich auf. Haltsu-

chend greife ich in den Sand, doch er rinnt sogleich durch meine Finger. Bei dem Versuch, mich irgendwo festzuhalten, einen Anker zu finden, mich sicherer zu fühlen, bleibt mir am Ende nichts als meine leeren Hände und ein Sandhäufchen am Boden, das sich zu einem kleinen Hügel aufgetürmt hat. Irgendwann lasse ich mich einhüllen von diesem geräuschlosen Nichts, das mich beharrlich liebkosend umfängt.
Ich gebe mich hin, in diese Stille, vertrauensvoll und ruhig.
Ganz plötzlich merke ich, wie sie sich wieder füllt. Sie füllt sich mit der Freiheit, nicht abhängig zu sein, vom Außen. Sie füllt sich mit Abenteuerlust, weil es so wunderschön ist, unter dem Himmelsdach zu schlafen und von den Sternen bedeckt zu sein. Sie füllt sich mit dem tiefen Verstehen, eins zu sein, mit dem Sand, dem Wind und der Erde und einem Universum, dessen Größe mich erschauern lässt. In diesem einzigartigen Augenblick bekomme ich eine Ahnung davon, dass das, was alles zusammenhält und allem einen Sinn verleiht, immer Liebe ist. Diese Liebe spüre ich von da an auch in meinem Herzen und so habe ich unerwartet ausgerechnet in der Wüste des Lebens meinen größten Anker gefunden.

Aus Fragen wird man klug

- Kennst du deine Anker, weißt du, was dir Halt geben könnte?
- Gibt es eine Erfahrung, aus der du noch immer Kraft schöpfen kannst?
- Hast du eine Lebenseinstellung mitbekommen, die dir jetzt zugutekommen kann?
- Kannst du dich auf die Idee einlassen, gedanklich kurz in die Vergangenheit zurückzukehren, um zu schauen, wer dir eine positive Einstellung oder ein Instrument für schwerere Zeiten an die Hand gegeben hat?
- Wen könntest du da benennen?
- Gibt es mehrere Menschen, die dich positiv geprägt haben oder nur einen?

Wie du dir selbst helfen kannst: Deine innere Crew

Neben all den bereits aufgeführten Ankern gibt es eine individuelle innere Resilienz, die uns, ähnlich wie ein Anker, unterstützt und hält. Sie rührt von den Erfahrungen und Begegnungen her, die wir im Laufe unseres Lebens erworben haben. Da kein Leben dem anderen gleicht, ist es nicht verwunderlich, dass wir Menschen unterschiedlich widerstandsfähig sind. Es kann hilfreich sein, sich mit der eigenen Resilienz zu beschäftigen, denn wenn sich uns die Quelle erschließt, können wir sie in Krisenzeiten gezielt nutzen. Die Arbeit mit deiner inneren Crew, zu der ich in einer meiner Supervisionssitzungen inspiriert wurde, könnte helfen, näher zu ergründen, welche Erfahrungen uns stärkten und welche Menschen unsere größten Lehrmeister gewesen sind.

Die Anleitung zu dieser Übung findest du als Audiodatei auf meiner Website www.flor-schmidt.de.

Vorbereitung: Mache es dir bequem und schau, in welcher Position du am ehesten verweilen kannst. Wenn du soweit bist, schließe deine Augen und richte deine Aufmerksamkeit auf deinen Atem.

Die Arbeit mit der inneren Crew

Stelle dir nun eine kleine Oase in der Wüste vor. Hier kannst du Wasser trinken, rasten und auftanken. Du siehst ein kleines Waschhäuschen, das mit einem alten Kanister und einer kleinen Schüssel ausgestattet ist. Es gibt ein größeres Küchenzelt und ein kleines Beduinenzelt, in dem du dich ausruhen kannst. Du machst es dir auf einer der bunten Matratzen bequem.

Deine Gedanken schweifen zu den Menschen, die dich positiv geprägt haben, die dir im Leben wichtig waren oder es noch immer sind. Vielleicht gab es auch Verbindungen, die nicht immer einfach, aber notwendig waren, damit du in dir eine Kompetenz entwickeln konntest, die dir jetzt hilft, besser in der Wüste deines Lebens zurechtzukommen?

Du greifst zu deinem Rucksack und kramst fieberhaft darin, bis du das kleine Büchlein findest, das du vor der Abreise noch schnell eingesteckt

hast, um Notizen zu machen. Du trennst einige leere Seiten heraus und überlegst sorgfältig, welche Namen du aufschreiben würdest.
Welche Menschen fallen dir spontan ein, die für dich in deinem Leben (Kindheit, Jugendalter, Erwachsenenalter) prägend waren, in einer Weise, dass dies heute noch immer wirkt und greifen kann, egal wie turbulent und schmerzhaft es in der Wüste deines Lebens gerade ist?
War es ein einzelner Mensch oder eine Gemeinschaft? Es kann sein, dass du jetzt gewisse Namen notieren möchtest, die du vor einigen Jahren nicht auf deinen Zettel geschrieben hättest. Lass das zu. Es darf sich verändern. Vielleicht wäre beispielsweise der Name deines Vaters vor zehn Jahren noch nicht dafür in Frage gekommen, heute aber notierst du ihn – und versiehst ihn vielleicht sogar mit einem kleinen Herzchen?
Wer hat dich geprägt, wer hat dich fürs Leben gestärkt? Hat der Mensch dich eine Wegstrecke oder ein ganzes Leben begleitet? Ist er bereits verstorben oder noch am Leben? Fallen dir vielleicht eher berühmte Persönlichkeiten ein, die in deinem Leben eine Orientierungshilfe waren? Verbinde dich innerlich mit diesen Menschen. Welche Schätze hast du von ihnen mitbekommen, die für dich auch jetzt, inmitten der Wüste, nicht verloren sind? Welche Aspekte haben dir diese Menschen vermittelt, Blickwinkel, Fähigkeiten, die dich jetzt in deiner Trauer stützen und stärken? Lass innere Bilder in dir aufsteigen.
Wenn du bereit bist, komm langsam wieder zurück. Bewege Arme und Beine, strecke dich. Öffne langsam die Augen. Sei wieder ganz im Hier und Jetzt.
Schreibe nun auf jedes einzelne Blatt Papier einen Namen. Dann breite die Zettel um dich herum großflächig aus. Vielleicht ist ja fast eine kleine oder große Crew entstanden, die du auf diesen Blättern für dich festhalten konntest.
Wenn du magst, teile danach deine Gedanken mit einer Person deines Vertrauens.
Immer dann, wenn du mal wieder einen Anker brauchst, kannst du dich an deine Wüstencrew oder an einzelne Personen erinnern. Bitte diese Menschen, dich weiterhin zu unterstützen und zu begleiten.

Jahrestage und Rituale – Fluch und Segen zugleich

Gehörst du auch zu den trauernden Menschen, die sich schon lange vor einem bestimmten Datum – dem Geburts- oder Todestag oder einem anderen Feiertag – den Kopf zerbrechen, wie sie ihn überstehen sollen? Oder wirst du immer wieder von solchen Anlässen überrascht? Vielleicht gehörst du auch zu denen, die versuchen, diese Zeiten zu ignorieren, und so tun, als gäbe es gar keine besonderen Tage mehr.

Gedanken schöpfen 

Der Geburtstag verstorbener Menschen und vor allem ihr Todestag sind, so erzählen mir viele Trauernde, besonders schwierig, gefolgt von den Festen rund ums Jahr: Weihnachten, Silvester, Ostern. Auch Taufen, Hochzeiten, all die Zusammenkünfte in der Familie oder mit engen Freunden, die früher wertvoll und wichtig für uns waren, werden nach einem Verlust oft zur Tortur, weil genau an diesen Tagen umso schmerzlicher bewusst wird, dass jemand fehlt.

Eines steht fest: Solange wir leben, werden diese Feste wiederkehren. Denn so sicher es den Jahreskreislauf gibt, der Frühling, Sommer, Herbst und Winter einschließt, wird es auch die entsprechenden Feste geben.

Die Welt um uns dreht sich weiter, auch wenn wir das manchmal nicht begreifen können. So sind wir immer wieder aufgefordert mitzugehen. Das Rad der Zeit lässt sich nicht anhalten oder entschleunigen, auch wenn wir es uns manchmal von Herzen wünschen.

Wir können uns entscheiden, ob wir all die Festivitäten einfach auf uns zukommen lassen oder ob wir bei der Gestaltung mitreden wollen. Wie halten wir den besonderen Tag am besten aus?

Wenn wir spüren, dass es besser ist, uns zurückzuziehen und zu warten, dass der Tag vorübergeht, dann kann es hilfreich sein, einen schönen Ort aufzusuchen, der uns Sicherheit und Stabilität geben kann.

Wir können uns aber auch aktiv einbringen und uns überlegen, ob und wie wir diesen Tag mitgestalten möchten und mit wem wir das Fest, den Gedenktag begehen wollen.

Wenn wir uns für die aktive Gestaltung entscheiden, ist es wichtig, uns im ersten Schritt darüber klar zu werden, was wir wollen. Der zweite Schritt bestünde darin, unser Bedürfnis den Menschen mitzuteilen, die uns an diesem Tag begleiten. Der dritte Schritt könnte sein, ein passendes Ritual zu finden, das zum Tag und zum Anlass, aber auch zu unseren Gefühlen und Bedürfnissen passt.

Rituale bestimmen von Geburt an unser Leben. Geburtstage, Feste, Jubiläen sind für die meisten von uns mit bestimmten Abläufen verbunden. Vieles wiederholt sich verlässlich jedes Jahr. Wenn sich nun im Leben etwas verändert, kann es wichtig sein, die Rituale zu modellieren und an die neue Situation anzupassen.

Am Geburtstag eines verstorbenen Kindes mögen wir vielleicht keine leckere Geburtstagstorte mehr backen, aber wir könnten etwas anderes finden, das der neuen Situation gerechter werden kann: vielleicht Muffins, auf die wir mit einem kleinen Spieß beschriebene Zettel pinnen? Dann könnten wir beispielsweise am Morgen noch die Traurigkeit aufessen, uns am Nachmittag mit der Hoffnung anfreunden und uns am Abend über die Königin hermachen, weil wir so stolz sind, den Tag gut gemeistert zu haben.

Lotte, eine Frau, die ich begleiten durfte, hatte immer Gedichte geschrieben. Während wir miteinander skypten, sagte sie einmal: »Nach dem Tod meines Lebenspartners Peter war plötzlich alles weg, der Stift lag monatelang auf dem leeren Blatt Papier. Als ich mir aber zu Weihnachten Gedanken machte, wie ich diesen Abend in meiner Familie überstehen könnte, floss es plötzlich nur so aus mir heraus. Ich spürte, wie wichtig es mir war, Peter, meine große Liebe, mithilfe dieser Zeilen mitten in den Kreis der Familie zu holen. Weihnachten ist doch das Fest der Liebe und für mich war es wichtig, alle geliebten Menschen um mich herum zu versammeln, eben auch meinen verstorbenen Partner. Danach konnte ich mich dann auch wieder anderen Themen zuwenden. Hätte dies gefehlt, wäre es für mich nicht auszuhalten gewesen.«

Es kann aber auch sein, dass es uns zu sehr schmerzt, wenn wir von unserem verstorbenen Menschen sprechen. Vielleicht überfordert es uns, die Festtage zu gestalten. Dann könnten wir einen Freund oder eine

Freundin bitten, mit uns zusammen mögliche Optionen durchzugehen und anschließend Verwandte oder den Freundeskreis über unsere Wünsche zu informieren.

Bisher habe ich von Ritualen im Zusammenhang mit Festen und Feiertagen gesprochen. Doch es gibt auch andere Rituale: tägliche kleine Handlungen, die immer gleich ablaufen – morgens, untertags, abends vor dem Schlafengehen.

Am Anfang eines Trauerprozesses können uns Handlungen, die wir zu Ritualen machen, **Sicherheit** geben. Rituale unterscheiden sich von Gewohnheiten, denn sie laufen nicht unbewusst ab, sondern folgen einem Schema: Wir können ihnen eine Bedeutung geben. Bewusst gewählte Rituale geben unserem Alltag Struktur – und uns das Gefühl, unser Leben (und sei es nur im Kleinen) selbst mitgestalten zu können.

Manches wird uns erst in der Regelmäßigkeit zum vertrauten Ritual, etwa wenn uns Freunde regelmäßig immer freitags zum Essen einladen oder wir nach dem Joggen immer zusammen Eis essen gehen.

Rituale können heilend auf uns wirken. Alles was wir in unseren Tagesablauf einbauen, sei es eine Atemübung am Morgen, ein Gebet am Abend oder eine Tasse Tee in der Pause, wirkt auf unseren Körper, unseren Geist und unsere Seele. Wenn wir nur einmal meditieren oder Yoga machen, wird das nichts verändern. Aber wenn wir es regelmäßig tun, kann es sein, dass wir uns mit der Zeit besser fühlen und leichter durch den Tag gehen. Ein Ritual kann uns so zur wertvollen **Stütze** werden und uns eine Auszeit gewähren, wenn alles über uns einzustürzen droht. Es ist etwas, das wir nur für uns tun, uns zuliebe und so können wir auch durch regelmäßig praktizierende Rituale wieder mehr zur Selbstliebe finden.

Rituale können uns auch eine **Struktur** geben, die uns in der Trauer helfen kann, den Alltag besser zu organisieren. Am besten ist es, Pausen mit positiven Handlungen zu füllen, um den Kopf freizubekommen und das Herz zu wärmen. Ein schönes Ritual könnte sein, dass sich Ehepaare immer zu einer bestimmten Uhrzeit oder wenn sie von der Arbeit nach Hause kommen zu einer Tasse Kaffee zusammenfinden.

Rituale stärken die soziale Zusammengehörigkeit, das **Wir-Gefühl.** Auch in den JugendLichter-Gruppen gibt es bestimmte Rituale, mit denen sich die Eltern identifizieren können: die Meditation zu Beginn

der jeweiligen Stunde, bestimmte Verhaltensregeln, die Struktur und der Aufbau der Stunden oder die Wertschätzung der Einzelnen.
Rituale fördern auch unsere **Herzensgesundheit.** Wenn wir beispielsweise versuchen, abends in unser Tagebuch mindestens drei Dinge zu schreiben, die uns positiv aufgefallen sind (das Lächeln eines Menschen, eine Hand, die sich uns entgegenstreckt oder ein Spatz auf dem Dach), schlafen wir besser. Nach und nach richtet sich unsere Wahrnehmung immer öfter auf lebensbejahende Momente der Freude aus.
Am Ende dieser Aufzählung möchte ich noch auf eine andere Art Ritual zu sprechen kommen: Rituale, die sich nicht regelmäßig wiederholen, sondern die die Qualität einzigartiger Momente symbolisch unterstützen. Vielleicht geplant, vielleicht aus dem Moment heraus. Ein Beispiel dafür ist noch einmal die Geschichte von Lotte.
In der Nacht, in der Lottes Mann Peter seine Organe spendete (er hatte einen Spenderausweis bei sich, als er starb), musste sie sich von ihrem Mann verabschieden und die Klinik verlassen. Als sie nach Hause kam, waren alle da, Familie und Freunde. In der Mitte des Wohnzimmers lag Peters Handballtrikot auf dem Boden. Am kommenden Tag hätte er wieder ein wichtiges Turnier gehabt.

Lotte erzählte: »Mir war ganz flau im Magen, aber dankbar setzte ich mich mit in den Kreis, in dem alle saßen. Sie hielten Kerzen in den Händen, zündeten sie an und sangen gemeinsam ein kraftvolles Lied. Inmitten dieser Zusammenkunft voller Traurigkeit und Schmerz spürte ich plötzlich eine neue Energie. Der Raum schien sich zu weiten. Liebe erfüllte meinen Körper. Da entkoppelte sich meine Seele und schwebte hinaus, an den Ort, an dem Peter jetzt war, begleitend und liebend, haltend und hoffend und innig verbunden – ein irdisch himmlisches Paar, umgeben von Licht. Von da an wusste ich, dass ich dem Band der Liebe, das uns miteinander verknüpft, vertrauen kann, dass es durch seinen irdischen Tod nicht abreißt, dass es immer da ist – wenn ich schreibe, tanze, weine, singe und auch, wenn ich fröhlich bin.«
Am Ende ihrer Erzählung flüsterte Lotte damals noch leise in den Raum: »Wir haben uns für diese Verbindung entschieden und auch wenn du jetzt gehst, ist es die Liebe, die bleibt.«

Egal, ob wir einzelne Rituale aus dem Moment heraus entwickeln, ob wir uns symbolische Handlungen im Alltag angewöhnen oder beschließen, wie wir Feste und Feiertage verbringen wollen: Wir dürfen entscheiden, was für uns passt. Und wir müssen an keinem Ritual auf immer und ewig festhalten. Wir dürfen alles immer wieder überprüfen, ob es für unsere jeweilige Lebenssituation noch stimmig ist, ob es uns Kraft und Freude spendet – oder ob vielleicht ein neues Ritual darauf wartet, erfunden zu werden.

Die Wüstenseele 

Ich schlafe wunderbar in den Nächten unter dem sternenreichen Himmelsdach, und zwar so gut und fest, dass ich sicher erst aufgewacht wäre, sobald mich ein Sonnenstrahl an der Nase kitzelt. Doch gerade die Sonne will ich anders begrüßen. Weil ich also weiß, dass meine innere Uhr leider nicht funktioniert, lasse ich mich notgedrungen jeden Morgen von meinem Handy wecken. Es ist verlässlich und diese frühen Morgenstunden sind mir zu kostbar, als dass ich nur einen Sonnenaufgang verpassen will. Die einzige Überwindung liegt darin, mich aus meinem gemütlichen und warmen Schlafsack zu schälen. Aber ich muss nur meine Augen aufschlagen, da sehe ich schon die Silhouette eines Dromedars und die unregelmäßigen Furchen, die der Wind über Nacht in den Sand gezeichnet hat und es juckt mich unter den Füßen.

Sofort verlasse ich meine warme Lagerstätte. Die Luft umfängt kühl meinen Körper. Aus dem kleinen Eimerchen, den die Wüstenführer für uns hingestellt haben, spritze ich mir ein paar Tropfen Wasser in mein von der Sonne schon leicht gebräuntes Gesicht, dann ziehe ich mir schnell meine warmen Sachen an. Ich nehme meinen Schesch, ein großes buntes Tuch, das man in der Wüste als Schutz gegen die Sonne in einer bestimmten Wickeltechnik um den Kopf trägt, und laufe los, auf die höchste Düne, die von unserem Schlafplatz aus zu erreichen ist. Diesmal muss der Schesch als Sitzunterlage herhalten und meine Füße noch ein bisschen verhüllen und wärmen, denn hier beginnt die Kälte erst gegen halb sechs in der Früh und dauert an, bis die Sonne wieder wärmt.

Dann sitze ich da und warte. Gebannt schaue ich zum Horizont. Rechts vor mir kann ich die algerische Grenze sehen. In einiger Entfernung

grasen unsere Dromedare, als gäbe es nichts Aufregenderes im Leben als ein Büschel hartes, kaum grünes Gewächs. Dann ist es so weit: Der Feuerball kündigt sich an und schickt etwas Licht voraus. Der Himmel und die Oberfläche der Dünen werden plötzlich in ein unendlich warmes Gelborange getaucht, als hätte jemand einen riesigen Pinselstrich einmal über das ganze Bild geführt.
Ich atme tief ein und wieder aus. Meine Erwartung vermischt sich mit der Freude an diesem Farbenspiel und Stimmungsbild und plötzlich ist sie da: Erst ist sie nur als kleiner leuchtender Klecks zu sehen. Dann wird das Gesamtbild heller, sodass ich schützend meine Hände über die Augen legen muss. Jetzt zeigt sich die Sonne ganz, in ihrer unendlichen Größe und Vollkommenheit.
Dieses Ritual zum Sonnenaufgang vollziehe ich jeden Morgen neu, denn hier in der Wüste fällt es mir leicht, es zu praktizieren. Ich beschließe, diesen Brauch zu Hause fortzusetzen. Natürlich würde ich nicht in aller Frühe einen Berg besteigen, um die Sonne zu begrüßen, die in unserem Land ohnehin nicht täglich scheint. Aber ich beschließe während meines letzten Sonnengrußes auf der Düne, in Zukunft zu Hause den Tag mit Kerzenlicht und Meditation zu beginnen. Vielleicht wird es mir mit dieser abgeänderten rituellen Handlung gelingen, die Kraft und Erfüllung beizubehalten, die ich eine Woche lang in der Wüste gefunden habe.

Aus Fragen wird man klug

- Was hältst du von Ritualen?
- Kannst du dich auf die Idee einlassen, jeden Morgen mit einem Ritual zu beginnen?
- Kannst du dir vorstellen, zusammen mit anderen Menschen ein Ritual zu praktizieren?
- Was wäre, wenn du dir in der Trauer eine Struktur gibst?
- Bist du bereit, dich auf etwas Neues einzulassen?

Wie du dir selbst helfen kannst: EFT (emotional freedom techniques)

Wenn ein existenzielles Ereignis das Leben bedroht, reagieren wir Menschen mit Kampf oder Flucht, im Englischen *fight or flight* genannt. Diese Beschreibung wurde 1915 von Walter Cannon geprägt. Die Reaktionen sind Formen der schnellen körperlichen und seelischen Anpassung von Lebewesen, die in eine Gefahrensituation kommen: Impulse des Sympathikus sorgen dafür, dass Adrenalin ausgeschüttet wird, das für den Kampf oder die Flucht nötig ist. Wenn wir mit einer Situation konfrontiert werden (Tod eines Menschen, Krankheit etc.), der wir weder entfliehen noch dagegen ankämpfen können, kommen wir in Not: Wir können uns wie gelähmt fühlen und schlimmstenfalls in unserer Angst gefangen bleiben, weil wir keine Möglichkeit sehen, damit umzugehen.

Beim EFT wird die sensorische Körpererfahrung mit unserer Trauer (oder einem anderen existenziellen Thema) gekoppelt. Daraus entsteht eine neue Information, denn das Klopfen kann beruhigend auf das Nervensystem wirken. Wir werden im besten Fall darin bestärkt, dass wir selbst in unserer Not etwas tun können. Wir bekommen eine neue Handlungsoption, die wir zuvor nicht hatten. Das heißt, die neue Verknüpfung – zum Beispiel »Trauer und Klopfen« – kann uns aus der Erstarrung herausholen und uns handlungsfähig machen. Wir sind also nicht mehr nur Opfer der Umstände.

EFT (*emotional freedom techniques*) ist eine bestimmte Klopftechnik, die von Gary Craig entwickelt wurde, einem US-amerikanischen Ingenieur. Craig geht davon aus, dass im Körper verschiedene Meridiane verlaufen, durch die Energie fließt. Diese können durch traumatische Erlebnisse blockiert und gestört werden. Craig meint, dass durch das Klopfen und Stimulieren bestimmter Punkte diese Blockaden aufgelöst werden können.

In wissenschaftlichen Untersuchungen zu neuronalen Prozessen wurde aufgezeigt, dass durch die Aktivierung der Punkte neue synaptische Verbindungen entwickelt oder verstärkt werden, die beispielsweise beide Gehirnhälften (links/rechts) und das limbische System mit dem Neokortex (innen/außen) verbinden.

Beim EFT werden zwei Heilungsmechanismen zusammengelegt, indem Craig das Klopfen mit bestimmten Sätzen kombiniert. Dadurch sollen

einschränkende Glaubenssätze aufgelöst, negative Gefühle verwandelt und soll die Selbstakzeptanz erhöht werden.
Diese Methode kann als tief therapeutisches Setting genutzt und auch als Notfallprophylaxe eingesetzt werden. Da in der Anfangsrunde erst einmal in die Trauer hinein gespürt wird, solltest du dir zuvor überlegen, ob du bereits stabil genug bist, diese Übung allein zu praktizieren. Ansonsten rate ich dringend dazu, sie erst einmal zusammen mit einer dafür ausgebildeten Person oder in Begleitung durchzuführen, da in seltenen Fällen Angstattacken oder Ähnliches hervorgerufen werden können.

EFT – So gehst du vor

Bevor ich dir eine praktische Anleitung gebe, möchte ich kurz den grundlegenden Ablauf einer EFT-Anwendung erläutern:

1. Es gibt jeweils drei Runden, in denen du Meridiane klopfst und in jeder Runde bestimmte Sätze dazu sprichst. Plane für den gesamten Ablauf 15 bis 20 Minuten Zeit ein.

2. Bevor du beginnst, legst du das Thema fest, das du bearbeiten möchtest. Ich wähle für meine Anleitung die Trauer, die du auch durch Begriffe wie Angst, Wut oder ein anderes Wort ersetzen kannst.

3. Spüre in deinen wunden Punkt (er befindet sich auf deiner linken Seite, wenn du von der Mitte deines linken Schlüsselbeins eine Linie schräg zur Brustwarze ziehst und auf halber Strecke innehältst, in der Höhe der Thymusdrüse). Es handelt sich um einen neurolymphatischen Reflexpunkt, durch den viele Nerven laufen und der für die Beseitigung von Blockaden zuständig ist. Fühle deine Trauer. Wie stark ist sie? Wo spürst du sie?

4. Lege dann deinen SUD (aus dem Englischen: *Subjective Units Of Distress/Disturbance*) fest. Gemeint ist die »Subjektive Stressbestimmung«, die du auf einer Skala von null bis zehn einsortieren kannst. Null bedeutet in diesem Fall, dass gar keine Trauer spürbar ist, zehn heißt, dass ganz viel Trauer vorhanden ist.

Runde 1

Mit den Sätzen, die du in der ersten Runde beim Klopfen der einzelnen Punkte sprichst, drückst du immer den »Ist-Zustand« aus. Du beschreibst also, wie du dich gerade fühlst – und gleichzeitig bekräftigst du, dass du akzeptierst, dass es so ist. (Beispiel: »Ich bin traurig, aber ich nehme mich so an, wie ich bin, mit meiner ganzen Trauer.«) Kämpfe nicht dagegen an, lasse deine Tränen fließen, wenn sie kommen. Die Trauer gehört zu dir und hilft dir, das schlimme Ereignis, diesen Verlust, zu verarbeiten. Es ist wichtig, deine Trauer zu spüren und sie zuzulassen.

Runde 2

Spüre vor der zweiten Runde wieder nach und bestimme erneut deinen SUD. Vielleicht hat sich bereits etwas verändert? Füge nun den begleitenden Sätzen in der zweiten Runde eine bejahende Haltung zu deinen Gefühlen hinzu. Es geht darum, die Emotion Trauer liebevoll anzunehmen, dankbar zu sein, dass du trauern kannst. (Beispiel »Es ist okay, dass ich traurig bin, und ich achte mich so, wie ich bin.«) Die weiteren Sätze in dieser Runde werden entsprechend angepasst.

Runde 3

Spüre nochmals nach, ob sich etwas verändert hat, und bestimme wieder deinen SUD. Vielleicht kannst du bereits spüren, dass die Intensität der Trauer abgenommen hat und dein SUD von anfangs neun oder zehn auf fünf, sechs oder sieben gesunken ist.

In der dritten Runde geht es um Bestärkung und Affirmation, darum, bejahende Gefühle hervorzuheben. Das heißt, du aktivierst deine Ressourcen und formulierst die begleitenden Sätze positiv, um dich energetisch mit einer neuen positiven Energie aufzuladen. (Beispiel: »Alles, was ich brauche, ist in mir, und ich fühle mich verbunden.«)

In dieser letzten und dritten Runde kannst du alle Meridiane noch einmal durchklopfen oder nur noch die Mittellinie klopfen, die ich zusammen mit den Meridianen im Folgenden beschreiben werde. Du kannst die Sätze, wenn du magst, etwas variieren, aber die Grundaussagen in jeder Runde sollten beibehalten werden.

Hinweis: Bevor es zur praktischen Anleitung der EFT-Übung geht, möchte ich darauf hinweisen, dass bei psychischen Erkrankungen EFT nur in Absprache mit dem behandelnden ärztlichen Dienst durchgeführt werden sollte. Eine Selbstbehandlung ist nur zu empfehlen, wenn du in der Lage bist, die vollständige Verantwortung für dein emotionales und körperliches Wohlbefinden zu übernehmen und bei Überforderung eine Unterstützung an deine Seite zu holen.

Die praktische Anleitung von EFT

Die Anleitung zu dieser Übung findest du als Videodatei auf meiner Website www.flor-schmidt.de. Hier werden die oben genannten Punkte noch einmal ausführlich erklärt.

1. Lege dein Thema fest. Ich werde in dieser Übung als Beispiel das Thema Trauer wählen.
2. Schließe die Augen und spüre in dich hinein. Wo in deinem Körper spürst du deine Trauer? Spüre in deinen wunden Punkt.
3. Bestimme jetzt deinen SUD auf der Skala von null bis zehn. Merke dir diese Zahl und öffne deine Augen.

Runde 1

Die Punkte bitte jeweils mehrmals klopfen und den zugehörigen Satz öfter hintereinander laut aussprechen. Der Satz bei einem Punkt kann leicht variiert werden.

Punkt 1 befindet sich an der Außenkante einer deiner Hände.
An welcher der beiden Hände du den Punkt klopfst, ist nicht wichtig. Wesentlich ist, dass du das Gefühl deiner Trauer jetzt gerade zulässt.
»Ich bin traurig, aber ich nehme mich so an, wie ich bin, mit meiner ganzen Trauer.«
Punkt 2 findest du auf dem Scheitel, in der Mitte deines Kopfes. Es spielt keine Rolle, mit welcher Hand du diesen Punkt klopfst.
»Ich bin so traurig, so unglaublich traurig.«
Punkt 3 liegt am inneren Ende der Augenbraue. Es ist nicht wichtig, mit welcher Hand du diese Stelle klopfst, du kannst pro Runde auch wechseln.
»Ich trauere so sehr und ich spüre meine Trauer in … (nenne die Stelle

im Körper, an der du deine Trauer spürst), aber ich nehme mich so, wie ich bin.«

Punkt 4 liegt einen Zentimeter neben dem äußeren seitlichen Augenrand. Hier kannst du, wenn du magst, beide Seiten rechts und links gleichzeitig klopfen.

»Ich bin traurig.«

Punkt 5 befindet sich unter dem Auge auf dem Jochbein, bei geradem Blick nach vorn, unterhalb der Pupille. Es können wieder beide Seiten zugleich geklopft werden.

»Diese Traurigkeit lähmt mich, aber ich nehme mich so, wie ich bin.«

Punkt 6 ist zentral unter der Nase und oberhalb der Lippe.

»Ich bin so traurig und spüre diese Traurigkeit in meinem ganzen Körper.«

Punkt 7 ist in der Vertiefung unterhalb der Unterlippe.

»Auch in meiner Trauer liebe und schätze ich mich so, wie ich bin.«

Punkt 8 ist dort, wo das Schlüsselbein auf das Brustbein stößt. Ab hier können wieder beide Seiten gleichzeitig geklopft werden. Du kannst aber auch einseitig weitermachen oder die Seiten abwechselnd klopfen.

»Ich bin so sehr traurig.«

Punkt 9 ist am seitlichen Brustkorb auf der Mittelachse, etwa zehn Zentimeter unter der Achselhöhe, ungefähr auf der Höhe der Brustwarzen, bei Frauen an der BH-Linie.

»Ich liebe und schätze mich auch mit meiner Traurigkeit.«

SUD-Bestimmung

Schließe noch einmal deine Augen und spüre in dich hinein, ob sich das Gefühl der Trauer verändert hat. Spüre in deinen wunden Punkt und bestimme den SUD auf einer Skala von null bis zehn: Wie stark fühlst du dein Gefühl der Trauer jetzt noch in dir?

Runde 2

Punkt 1: Außenkante Hand

»Es ist okay, dass ich traurig bin, und ich achte mich so, wie ich bin.«

Punkt 2: Scheitel-Chakra

»Ich bin dankbar für die Trauer, sie hilft mir, mit dem Schmerz zurechtzukommen.«

Punkt 3: am inneren Ende der Augenbraue

»Ich öffne mich für die Unterstützung der Trauer in meinem Leben.«

Punkt 4: äußerer seitlicher Augenrand
»Ich danke meiner Traurigkeit. Danke, dass du mir helfen möchtest.«
Punkt 5: auf dem Jochbein
»Ich weiß, dass die Trauer wichtig für mich ist.«
Punkt 6: zentral unter der Nase und oberhalb der Lippe
»Danke, Traurigkeit, dass du da bist.«
Punkt 7: oberhalb des Kinns
»Es ist okay, dass ich traurig bin, und ich achte mich so, wie ich bin.«
Punkt 8: am Schlüsselbein
»Ich bin dankbar für die Trauer, sie hilft mir, mit dem Schmerz zurecht zu kommen.«
Punkt 9: am seitlichen Brustkorb
»Es ist okay, dass ich traurig bin, und ich achte mich so, wie ich bin.«
Entspannungsübung: Die liegende Acht (bei Bedarf)
Stelle dir eine liegende Acht in Augenhöhe vor und zeichne diese sechsmal nur mit deinen Augenbewegungen nach.
SUD-Bestimmung
Spüre nochmals in dich hinein und schaue auf einer Skala von null bis zehn: Wo ordnest du deine Trauer jetzt ein?

Runde 3 – Ressourcenaktivierung

Punkt 1: Kopfzentrum (auch Kronen- oder Scheitel-Chakra genannt) auf der Mitte des Kopfes
»Alles, was ich brauche, ist in mir.«
Punkt 2: das Ajnazentrum (auch Stirn-Chakra oder drittes Auge genannt) auf der Mitte der Stirn
»Ich bin dankbar.«
Punkt 3: zentral unter der Nase und oberhalb der Lippe
»Ich gebe auf mich acht und fühle mich beschützt.«
Punkt 4: oberhalb des Kinns
»Ich bin verbunden.«
Punkt 5: Thymusdrüse
»Ich bin Liebe.«
SUD-Bestimmung
Wie geht es dir jetzt? Spüre noch ein letztes Mal in deinen wunden Punkt. Wo auf der Skala von null bis zehn befindest du dich jetzt? Wenn möglich, bleibe noch eine Weile in dieser Energie.

Wenn du magst, kannst du die letzten zwei Sätze als Affirmation mit in den Tag nehmen: Ich bin verbunden – ich bin Liebe.
Natürlich wird deine Trauer nach diesem einen Durchlauf nicht gleich verflogen sein, aber vielleicht fühlst du dich etwas besser, das ist schon viel. Wenn du diese Übung in deine tägliche Morgenroutine eingliederst, kann deine Traurigkeit mit der Zeit an Gewicht verlieren.

Kann ein kaputtes Familiengefüge repariert werden?

Ich vergleiche eine Familie gern mit einem Mobile. Wir alle kennen dieses Gebilde, das sich leicht und freihängend an feinen Fäden im Gleichgewicht befindet, immer in Bewegung ist und bei jedem Luftzug zu tänzeln beginnt. Wenn ein Faden abgeschnitten wird, verliert es die Balance. Um diese wieder herzustellen, muss an der Leerstelle etwas anderes angebracht oder die Anordnung der einzelnen Teile sollten neu strukturiert werden.

Gedanken schöpfen 

Auf dem Schreibtisch ein Blatt Papier, der Stift daneben. Der Laptop noch an. Das Batterielämpchen blinkt und warnt vor dem Ende. Akku leer – schwarzes Bild – alles tot. Alles. Auch du.

Die Interaktionen und Beziehungen innerhalb unserer Familien sind hoch komplex. Jeder von uns nimmt seinen eigenen Platz innerhalb dieser Gemeinschaft ein – und wir alle sind miteinander verbunden. Wenn nun ein Familienmitglied stirbt, fällt diese Struktur erst einmal in sich zusammen. Nicht nur das eigene Seelenleben ist dann gefährdet, sondern auch die Ordnung innerhalb unserer Familie. Manchmal übernimmt auch ein Familienmitglied etwas von dem Fehlenden, weil der Platz und die Kapazität hierfür frei geworden sind. Wenn wir uns als Familie in der Beziehung zueinander wiederfinden wollen, muss jedes einzelne Mitglied erst einmal zu einer neuen Stabilität finden. Das ist nicht einfach. Denn es verlangt von uns, flexibel zu sein, was wir gerade in Zeiten der Trauer anfangs nicht sind. Und doch müssen wir uns alle nach einer gewissen Zeit wieder neu ausrichten. Nur so kann ein neues Miteinander möglich werden. Diese innere Arbeit, verbunden mit dem Neuaufbau des Familiensystems, kann sehr tiefgreifende Veränderungen mit sich bringen. Manchmal geht eine Gemeinschaft dennoch auseinander, weil man erkennt, dass es sinnvoller ist, eigene Wege zu gehen. Wichtig ist, dass diese Entscheidung bewusst und nicht überstürzt getroffen wird. Gegenseitiges Zuhören kann maßgeblich helfen, um die kleine Gemeinschaft innerhalb einer Kernfamilie, aber auch den erweiterten Kreis von Freunden und entfernteren Verwandten, in neuer Weise verstehen und annehmen zu können.

In meinen Trauergruppen erlebe ich oft, dass die lebenden Kinder der betroffenen Familien gerade mit der eigenen Identitätssuche beschäftigt sind. Doch nach dem Tod eines Geschwisterkindes haben sie dafür meist wenig Zeit, da sie sich nun erst einmal mit ihrer Trauer und ihren Ängsten befassen müssen. Dazu kommt, dass sie häufig von ihrem Umfeld als diejenigen, deren Bruder oder Schwester gestorben ist, gesehen werden, was keinesfalls der Rolle eines Jugendlichen auf dem Weg zur Selbstfindung entspricht. Oft verlieren die Kinder in dieser Situation schlagartig ihre unbeschwerte Kindheit und werden allzu früh erwachsen. Sie trauern nicht nur um Bruder oder Schwester, sondern auch um die Eltern, die sie einmal hatten und die sie nun in einer unbekannten und oft auch bedrohlichen Verfassung erleben, die sie nicht einschätzen können. Oft befürchten sie deshalb, zusätzlich auch die Eltern zu verlieren – und all das, was ihnen bisher Beständigkeit im Leben gab. Entweder sie versuchen, aus dieser Situation zu flüchten, weil sie diese nicht ertragen können, oder sie tun alles, um die familiäre Gemeinschaft täglich mit Lebendigkeit und Schönheit zu bereichern. Dann kann es geschehen, dass sie ihre eigene Trauer zurückdrängen, um für ihre Eltern da zu sein.

Es wird auch beschrieben, dass trauernden Eltern die Kraft fehle, sich noch um ihre lebenden Kinder zu kümmern. Diese Kinder werden dann als »Schattenkinder« bezeichnet. Das mag in Einzelfällen so sein, aber in den JugendLichter-Gruppen, die ich jetzt schon mehr als acht Jahre begleite, habe ich es erst einmal erlebt. Ich habe bis heute meist die gegenteilige Erfahrung gemacht: dass die verbliebenen Kinder für trauernde Eltern sehr wichtig sind, Glückskinder also, die häufig erst einmal ein Grund dafür sind, am Leben zu bleiben. Natürlich kann auch das in der extremen Ausrichtung problematisch sein, dann nämlich, wenn die Kinder nicht mehr sich selbst leben können, sondern sich nur noch den Eltern verpflichtet fühlen und das in einer Phase, in der eigentlich die Abnabelung vom Elternhaus stattfinden sollte. Manchmal tut es beiden – Eltern und Kindern – gut, sich eine Zeit lang wieder enger miteinander zu verbinden, als es vielleicht in diesem Alter üblich wäre. Natürlich ist es wichtig, eine Balance zu finden: das Kind in seiner Trauer wahrzunehmen und nicht die eigene Trauer über alles zu setzen, um dem lebenden Kind nicht das Gefühl zu geben, es müsse jetzt auch noch das verstorbene Geschwisterkind ersetzen. Gleichzeitig ist es für Eltern wichtig, an der eigenen Trauer zu arbeiten und sich auch um sich selbst zu kümmern, um wieder Stabilität zu finden. Wenn sie sich in der Wüste befinden, müssen sie auch selbst Wasser trinken, um nicht zu verdursten. Sonst können sie sich auch nicht um ihre Schutzbefohlenen kümmern.

Wenn ein Kind stirbt, ist es deshalb für uns Eltern geboten, immer wieder miteinander zu kommunizieren und etwas für die Partnerschaft zu tun, denn wir brauchen einander in der Trauer. Doch oft trauern wir auf unterschiedliche Weise. Es ist deshalb wichtig, dass wir uns immer wieder austauschen, um unseren Partner besser verstehen zu können. Wir Eltern bilden den Rahmen, die Basis einer Familie. Das ist der Job, den wir bei der Gründung dieses Familienmodels einzunehmen gewillt waren. Nun müssen wir erst einmal lernen, uns zu stärken, bevor wir den anderen Familienmitgliedern wieder effektiv zur Seite stehen können. Deshalb ist eine Pflege- und Seelenhygiene unter uns Eheleuten so wichtig wie das tägliche Zähneputzen oder eine regelmäßige Dusche.

Es ist oft hilfreich, mit Angehörigen über den Verlust im Gespräch zu bleiben, auch beim Verlust anderer Familienmitglieder als der Kinder: Wie kann sich eine Großfamilie weiterhin formieren, wenn die Spitze neu besetzt werden muss? Kann es hierzu regelmäßige Treffen geben? Die Abstände und die Zeit, die wir für diesen Prozess benötigen, können wir immer selbst bestimmen.

Wenn wir uns in der Wüste unseres Lebens verlaufen, ist es manchmal auch sinnvoll, psychologische oder spirituelle Begleitung in Anspruch zu nehmen. Ein kompetenter Wegweiser könnte uns helfen, wieder auf den Weg zurückzufinden. Menschen, die nicht von diesem Schmerz betroffen sind, können uns in dieser Situation gelegentlich Dinge aufzeigen, an denen wir allein vorbeigeschaut hätten – eine kleine Blume im Sand, einen Hoffnungsschimmer vielleicht – weil unser Blick gerade aufgrund der großen Trauer in eine andere Richtung geht.

Auch der Besuch einer Trauergruppe kann helfen, denn es sind oft die gemeinsamen Erfahrungen und die Gespräche in der Gruppe, die den Schmerz im Herzen eines jeden Einzelnen fühlbar, erlebbar und verständlich werden lassen. Dort kann man lernen und darauf vertrauen, seine Gefühle auszudrücken, um das dann in der eigenen Familie unter Umständen besser zu kommunizieren.

Davon abgesehen halte ich es für wichtig, dass alle Trauernden einen eigenen Raum finden, ihre Trauer zu verarbeiten. Denn auch wenn es immer Trauer ist, so fühlt sie sich doch sehr unterschiedlich an: die Trauer um den Partner, die Partnerin, um ein Kind, um ein Geschwisterkind, um Mutter oder Vater, Oma oder Opa, Freund oder Freundin. Jeden Menschen berührt die Trauer auf unterschiedliche Art und Weise in seinem Lebenskonzept. Aus diesem Grunde habe ich die JugendLichter-Gruppen für die verwaisten Eltern jugendlicher Kinder gegründet. Geschwisterkindern empfehle ich Trauergruppen für Kinder oder junge Erwachsene. Hier können sich die jungen Menschen untereinander finden, in gleicher Weise wie in den JugendLichter-Gruppen die Eltern, um in der eigenen Altersklasse Gehör zu finden, verstanden zu werden und einmal nicht auf die anderen Familienmitglieder Rücksicht nehmen zu müssen. Die äußere, alltägliche Welt vermag das meist nicht zu leisten.

Der stille Matthis, der wenig von sich selbst erzählte, setzte sich an einem JugendLichter-Abend plötzlich kerzengerade auf. Das Thema Familiengefüge hatte ihn aufgewühlt. Plötzlich brachen seine Gefühle aus ihm heraus: Er erzählte davon, wie schwer es ihm falle, all die Gefühle der anderen aufzufangen. Er erzählte, dass er innerlich zerrissen sei, weil er seine Familie so gern unterstützen wolle und doch selbst das Gefühl hatte, das nicht leisten zu können. Er erzählte, dass er gar kein Fels sei, wie alle glaubten, sondern eher ein Baum, der zwar den anderen Schutz gäbe, sich selbst aber oft so schutzlos fühle und eigentlich auch jemanden bräuchte, an den er sich manchmal anlehnen könnte.

Wir sprachen lange über unterschiedliche Trauertypen, darüber, was wir selbst brauchen, was andere von uns erwarten und wie wir uns nach außen hin darstellen. Als Matthis an diesem Abend nach Hause ging, beschloss er, mit seiner Frau offen darüber zu reden. Die beiden entschieden, von nun an ehrlich zu sich selbst und zueinander zu sein. Die folgenden gemeinsamen Schritte waren nicht einfach. Aber sie veränderten ihr Leben. Heute gehen die beiden regelmäßig Salsa tanzen und danach zu zweit in ein Lokal, um Ruhe zu haben, sich auszutauschen und immer wieder neu zu erfahren, wo der andere gerade steht.

Nicht jeder Trauernde benötigt eine Begleitung. Aber erst wenn wir selbst wieder einigermaßen belastbar sind, können wir uns anderen Aufgaben zuwenden.
Die Trauer lässt sich nicht einfach aus unserem Leben ausradieren. Könnte es ein Ziel sein, sie als tragenden und substanziellen Teil für jeden unserer Schritte und Ereignisse in die Zukunft zu integrieren? Vielleicht entwickelt sich dadurch sogar mehr Wachstum und Stabilität in unserer Partnerschaft und in sonstigen Beziehungen?
Um wieder ein ausbalanciertes Mobile zu werden, ein mögliches verändertes Miteinander im Familiengefüge finden zu können, ist es wichtig, einen feinen Sinn für einen neuen Gleichklang zu erspüren und sowohl auf die eigene innere Stimme zu hören als auch auf die der anderen, mit ihren individuellen Bedürfnissen und Wünschen.

Die Wüstenseele 

Ich befinde mich in der Wüste südlich von M'hamid. Auch wenn ich die algerischen Berge in der Ferne sehen kann, kann ich mich nicht orientieren. Alles ist anders als gewohnt: die Gegend, das Wetter, die Weggefährten. Was mache ich hier, inmitten von Hitze und Sand? Wie werden meine Tage aussehen? Wie die Nächte?
Trotzdem gehe ich. Ich gehe Schritt um Schritt den Dromedaren hinterher. Nach ein paar Stunden werde ich müde. Meine Zehen schmerzen, weil die Schuhe sich plötzlich viel zu klein anfühlen. Der feine Sand füllt so geschickt die kleinsten Fugen darin aus, als wollte er seine Fähigkeit als Dichtungsmasse unter Beweis stellen. Es ist unmöglich, alles wieder aus dem Schuh herauszubekommen.
Ich darf auf einem dieser großen Tiere reiten und fühle mich anfangs erleichtert. Doch auf dem Rücken des Dromedars werde ich heftig durchgerüttelt. Die rhythmischen Bewegungen des Tieres entsprechen so gar nicht den meinen und so spüre ich bei jedem Schritt einen Stoß, der durch den Rücken die Wirbelsäule entlang bis in meinen Nacken fährt. Der schwankende Gang der Tiere verunsichert mich. Ich muss eine neue Haltung finden, wenn ich weiter durch die Wüste reiten will. Vielleicht gelingt es mir, etwas von diesen großen und starken Tieren abzuschauen? Sie sind energiegeladen, trotz der Lasten, die sie täglich auf ihrem

Rücken tragen. Wie machen sie das? Woher nehmen sie diese Kraft und Stärke? Sie können sich nur von einigen harten kümmerlichen Sträuchern ernähren und von ein paar Körnern, die ihnen die Männer abends zu fressen geben.

Ich versuche, mich auf dem Sattel zurechtzurücken. Das ist gar nicht so einfach, weil alles so wackelt. Ich ziehe die Beine an und suche Halt in einer der riesigen Tragetaschen, die seitlich zum Transport der Gepäckstücke angebracht sind. Aber auch das ist nicht bequem. Für einen Moment überlege ich, ob ich zu Fuß weitergehen soll. Ich schaue zu meinen Füßen hinunter und bemerke, dass meine mittleren Zehen bereits blau unterlaufen sind. Unter meiner noch nicht sand- und wüstenerprobten Haut bildet sich schon ein Bluterguss. Ich seufze und weiß nicht, ob ich lachen oder weinen soll. Einer der Tuaregs, mit dem ich mich verständigen kann, weil er fließend Französisch spricht, kommt zu mir: »Du musst versuchen, dich mit dem Dromedar zu verbinden, seine Bewegungen zu erspüren und in seinen Rhythmus zu finden.« Er deutet schlangenförmige Bewegungen an. Da ich keine Alternative weiß, versuche ich anfangs noch sehr unbeholfen, es ihm nachzutun. Dann schließe ich meine Augen, probiere, den inneren Takt des Tieres zu erspüren und meine Bewegungen mit den seinen zu einem Tanz zu choreographieren. Es gelingt nach und nach, auch das Tier scheint es zu spüren.

Ich fühle mich plötzlich verbunden: mit dem Dromedar, seinen wippenden Schrittfolgen und dem Weg, der noch vor uns liegt. Am Abend habe ich starken Muskelkater, aber ich kuschle mich zufrieden und froh in meinen Schlafsack. Bevor ich in das Reich der Träume hinübergleite, tänzle ich in Gedanken noch ein letztes Mal mit dem Dromedar im Einklang über den Wüstensand.

Aus Fragen wird man klug

- Kannst du die Idee des Mobiles nachvollziehen?
- Kannst du dir vorstellen, dich Menschen anzuvertrauen, die dich in deiner Trauer unterstützen können?
- Kannst du dich auf die Idee einlassen, gemeinsam mit deinem Partner, deiner Partnerin Hilfe zu suchen?
- Bist du bereit, dich zu verändern?

- Kannst du anerkennen, dass Kommunikation ein wesentlicher Gesichtspunkt für ein partnerschaftliches Miteinander oder in der Großfamilie sein könnte?

Wie du dir selbst helfen kannst: Teppich- und Kissengespräche

Welche Voraussetzungen braucht es, um gerade in schwierigen Situationen gute Gespräche führen zu können und in Beziehung mit dir selbst und deinem Gegenüber zu sein? Gesprächstechniken können dabei helfen, in einen guten zwischenmenschlichen Kontakt zu finden. Gemeint sind hier Kommunikationsregeln, die bei einem Gespräch beide Parteien befolgen.

Ein Beispiel für eine solche Gesprächsführung, die erlernt werden kann, ist die gewaltfreie Kommunikation (GFK). Bei Gewalt denken wir gleich an körperliche Einwirkungen. Es gibt aber auch die Macht der Worte. Und es sind nicht nur die Kraftausdrücke, die wir als gewaltsam empfinden. Oft sind es die subtilen Anschuldigungen und Vorwürfe, die uns schmerzen. Der US-amerikanische Psychologe und Mediator Dr. Marshall B. Rosenberg hat die Gewaltfreie Kommunikation (GFK) entwickelt, gelehrt und praktiziert. Rosenberg sah in der GFK eine Möglichkeit, das zwischenmenschliche Miteinander zu verbessern. Geprägt wurde er von seinem Lehrer, dem Psychologen und Psychotherapeuten Carl Rogers, und dessen klientenzentrierter Gesprächstherapie, sowie von Mahatma Gandhi mit seiner Haltung zur Gewaltlosigkeit. 1984 gründete Rosenberg das *Center for Nonviolent Communication* in Texas, wo er seine Ideen zur GFK lehrte.

Sein Grundmodell der GFK umfasst vier Schritte, die nacheinander angewandt werden sollten:

1. Beobachten, ohne zu bewerten.
2. Gefühle ausdrücken.
3. Bedürfnisse benennen, ohne sie an konkrete Handlungen oder Personen zu binden.
4. Eine Bitte formulieren – aufgrund der eigenen Gefühle und Bedürfnisse um eine bestimmte Handlung bitten.

Diese vier Schritte sollten in eine empathische und wechselseitige Kommunikation eingebunden werden.
Ziel der GFK ist es, auch in schwierigen Situationen, anderen Menschen empathisch und würdigend entgegenzutreten und gewünschte Veränderungen friedlich und menschlich zu kommunizieren.

Teppich- oder Kissengespräche in der Wüste

Stelle dir eine Sitzgelegenheit in der Wüste vor, vielleicht einen roten Teppich oder einige bunte Kissen, auf denen du zusammen mit deinem Partner oder deiner Partnerin gut sitzen kannst.
Da Männer und Frauen meist sehr unterschiedlich trauern, kann es hilfreich sein, sich eine halbe Stunde am Tag für ein gemeinsames Teppich- oder Kissengespräch zu reservieren, um im Austausch zu bleiben und gemeinsam neue Fäden zu weben, damit eines Tages euer Mobile wieder einigermaßen stabil in Balance hängen kann.

1. Beginne das Gespräch mit deinem Gegenüber damit, erst einmal neutral und ohne Bewertung zu beschreiben, was du in letzter Zeit beobachtet hast, zum Beispiel: »Ich habe bemerkt, dass ich viele Dinge alleine erledige oder erlebe.« Wichtig ist, diese Feststellung ohne Kritik, Vorwürfe oder Beschuldigung auszusprechen, also nicht: »Du machst gar nichts mehr mit mir, du bist immer nur noch mit anderen Menschen unterwegs.« Beschreibe neutral, was du wahrgenommen hast, ungefähr so, wie du die Dromedare in der Wüste beschreiben würdest, wenn sie vorbeiziehen.
2. Danach kannst du die Gefühle ausdrücken, die du empfindest. Ich beschreibe das wieder anhand einer Wüstenerfahrung: Wenn du schon einmal auf einem Dromedar geritten bist, weißt du, wie empfindlich so ein Tier auf all deine Bewegungen reagiert. Übertrage diese Erfahrung auf deinen Teppich- oder Kissengespräch. Sei behutsam und achtsam. Wenn du Sätze mit »du-Botschaften« formulierst, können sie vom Gegenüber schnell als Vorwurf aufgefasst werden, daher bleibe bei deiner Wahrnehmung: »Ich fühle mich einsam« statt »an deiner Seite vereinsame ich«.
3. Um ein Dromedar dazu zu bewegen, in eine bestimmte Richtung zu gehen, musst du klar sein und deine Absicht eindeutig signalisieren.

Übertragen auf den Umgang mit deinem Gesprächspartner heißt das, deine Bedürfnisse zu formulieren: »Ich habe das Bedürfnis nach Verbundenheit und Nähe.« Vermeide Verallgemeinerungen wie: »Du interessierst dich nie für mich, du unterhältst dich immer nur mit anderen Menschen. Das ist so typisch für dich.« Die verallgemeinernden Worte »nie« und »immer« rufen sofort eine Abwehrreaktion hervor. Und wenn dann noch ein versteckter Vorwurf in die Formulierung gepackt wird (du interessierst dich nur für die anderen), gepaart mit einer negativen Eigenschaft (das ist so typisch für dich), ist das Gespräch schnell vorüber oder endet in fruchtlosem Schlagabtausch.

4. Am Ende des Gesprächs kannst du dein Gegenüber darum bitten, dir deinen Wunsch zu erfüllen, indem du ihn präzise formulierst, etwa: »Könntest du dir vorstellen, morgen mit mir zusammen zum Sonnenuntergang auf eine Düne zu gehen?« So weiß der oder die andere sofort, was du dir wünschst, und kann darauf antworten.

Diese vier aufgeführten Kommunikationsregeln kann die andere Person positiv unterstützen, indem sie entsprechende Signale und unterstützende Gesten aussendet, die Interesse an deinen Äußerungen bekundet, beispielsweise immer im Blickkontakt zu bleiben, zwischendurch leicht zu nicken, und indem sie eine interessierte, dir zugewandte Körperhaltung zeigt.

Danach kann die zuhörende Person zusammenfassen, was sie verstanden hat. Am besten skizziert sie das in kurzen Sätzen wie: »Ich habe verstanden, dass du dich einsam fühlst und du dir wünschst, dass wir mehr zusammen unternehmen und du mich deshalb bittest, mit dir morgen zum Sonnenuntergang auf eine Düne zu gehen, stimmt das?«

An dieser Stelle besteht die Möglichkeit, dass du korrigierst, wenn du das Gefühl hast, dass du noch nicht gänzlich verstanden wurdest. Dein Gegenüber kann wiederum mit offenen Fragen reagieren, um nachzuhaken, wenn er oder sie noch nicht alles versteht. Zum Beispiel: »Woran machst du das fest?« Keiner von beiden sollte jedoch mit einem Vorwurf kontern wie: »Du hättest doch sehen müssen, dass ich mich einsam fühle.«

Wichtig ist, immer die gegenseitige positive Haltung und Wertschätzung zu zeigen, mit dem Wunsch, ein gutes Gespräch zu führen. Dabei kann auch Lob eine bedeutende Rolle spielen, wie: »Ich finde es gut, dass du so klar und ehrlich zu mir bist, jetzt weiß ich, was in dir vorgeht.«

Du kannst vielleicht nicht immer Verständnis dafür aufbringen, was dein Gegenüber äußert; dann ist es wichtig, authentisch zu bleiben. Wesentlich ist aber, den Respekt beizubehalten. »Das überrascht mich« oder »Ich bin verletzt, das tut mir weh.« Wenig hilfreich wären Sätze wie: »Das entspricht nicht der Wahrheit«, »das kann jetzt nicht dein Ernst sein«, »das kann ja jeder behaupten«.

Wenn du mit deinem Anliegen oder deinen Erzählungen fertig bist, werden die Rollen getauscht.

Du wirst sehen, dass die Kommunikation anders als sonst verlaufen wird, wenn ihr beide euch bemüht, euch an diese Regeln zu halten.

Heilung kann dann geschehen, wenn du dich auf einen tiefen Kontakt einlassen kannst und es dir gelingt, deinen Partner, deine Partnerin in diese Art der Kommunikation einzubinden. Dann werdet ihr euch beide in der Tiefe verstanden und angenommen fühlen.

In einer Krise wirst du nicht nur gespitzte Ohren finden

Was wäre, wenn Themen wie Trauer, Tod und der Umgang mit Trauernden Platz in unserem Leben bekämen? Was würde geschehen, wenn diese Themen nicht nur in schulische Bildungspläne integriert wären, sondern auch im leistungsorientierten Berufsleben ihren berechtigten Platz einnehmen dürften, wenn Trauernde selbstverständlicher darüber berichten könnten, wie sie sich fühlen, was sie sich wünschen und was eben nicht?

Gedanken schöpfen 

Leider sind wir von der Umsetzung dieser Vorstellung noch sehr weit entfernt. Noch immer werden Verlust, Trauer oder sonstige schwere Themen gern ausgeklammert. Deshalb ist es für Menschen, die mit diesen Aufgaben konfrontiert werden, so schwierig, sich wieder in eine Gesellschaft einzugliedern.

> *Sue erzählte an einem Trauerwochenende von einer Erfahrung, die sie noch immer beschäftigte: »Ich war auf eine Party eingeladen. Es waren viele Menschen dort. Ich schaute mich um und fühlte mich fremd. Die meisten kannte ich nicht. Ich war schon lange nicht mehr auf einem größeren Fest gewesen und es fühlte sich sonderbar an. Irgendwie war mir die Leichtigkeit abhandengekommen. Ich wusste nicht so recht, was ich tun sollte. Um das entstehende Gefühl der Leere zu überbrücken, holte ich mir ein Glas Sekt und nippte daran. Da stand plötzlich eine sympathisch aussehende Frau neben mir. Es entstand ein Gespräch, zunächst sehr unterhaltsam, angenehm, inspirierend, aber mit der Zeit wurde ich immer unruhiger. Während ich noch damit beschäftigt war, die Unterhaltung in eine andere Richtung zu lenken, versuchte die Frau weiterhin, unseren gemeinsamen Rahmen abzustecken und so rückte die persönliche Frage nach den eigenen Kindern immer mehr in den Fokus. Da stand sie plötzlich auch schon im Raum, die Frage, die jedem bisher neuen*

Gespräch immer eine andere Wende gab: ›Wie viele Kinder hast denn du?‹

Kurz überlegte ich, ob es wohl legitim sei, einfach mal in eine ganz andere Rolle zu schlüpfen, mir eine fremde Identität überzustülpen. Für den Bruchteil einer Sekunde spürte ich Erleichterung. Aber eine Zehntelsekunde danach dachte ich wieder, dass mir diese Lebensaufgabe nicht die Option ließ, sie spielerisch zu verändern. Da stand plötzlich mein Mann neben mir, er spürte meine Zerrissenheit. Ich antwortete nicht. Die Frau schaute daraufhin fragend meinen Mann an. ›Wir haben ein Kind‹, hörte ich ihn antworten. Ich schaute ihn verwundert an, sagte aber nichts. Erleichterung und Unwohlsein mischten sich in meinem Bauch. Das Gespräch dümpelte jetzt nur noch vor sich hin, was auch mir geschuldet war, denn ich war nicht mehr aufmerksam dabei. Dann hielt ich es nicht mehr aus und zog meinen Mann unter einem Vorwand in eine Ecke, in der wir ungestört reden konnten.

›Weshalb sagst du so etwas‹, zischte ich und schaute ihn vorwurfsvoll an. ›Wir können doch unseren Sohn nicht verleugnen!‹

›Hör mal, Sue‹, sagte er mit gesenkter Stimme, sodass keiner unseren Disput mitbekommen konnte. ›Ich habe dieser Frau angesehen, dass sie mit der ehrlichen Antwort nicht gut umgehen kann. Ich bin jetzt aber auf dieser Party und mag einfach ein wenig unbeschwert sein. Ich trage unseren Sohn im Herzen und würde jederzeit für ihn einstehen. Das heißt aber nicht, dass ich jedem, dem ich ansehe, dass er nicht mit Trauer und Tod umgehen kann, etwas über ihn erzählen muss.‹

Ich schwieg. Irgendwie fand ich es absurd, dass mein Mann das Szenario, das ich einige Minuten zuvor nur kurz zu denken wagte, sofort in die Tat umgesetzt hatte.«

Das Fest ging weiter, doch Sue hing noch immer in der Vergangenheit fest. Es gab gutes Essen und sie plauderten über belanglose Dinge. Sue war erleichtert und hütete sich davor, noch einmal in ein Gespräch einzusteigen. Plötzlich stand die Frau von vorhin wieder neben ihr. Und dann geschah es eben doch. Ein Freund ihres Mannes erwähnte unerwartet ihren verstorbenen Sohn.

»Plötzlich waren alle still. Ich bebte innerlich, weil ich nicht wusste, was kommen würde. ›Oh Gott, oh Gott, oh Gott!‹, rief die Frau von

vorhin in die Stille hinein, schlug sich die Hand vor den Mund und starrte uns fassungslos an. Gleich war ich versucht, sie zu trösten und etwas zu sagen wie: ›Hey, wir leben schon länger damit, ich kann verstehen, dass dich das jetzt bedrückt, wenn du magst, können wir darüber sprechen?‹ Aber die Frau schüttelte entsetzt den Kopf, hielt noch immer die Hände vors Gesicht, als müsse sie sich schützen und brachte dann mit gepresster Stimme hervor, dass es ein Glück sei, dass sie so etwas Schreckliches bisher noch nicht erleben musste. Ich war traurig, erschüttert und mutlos und wusste nicht, was besser zu ertragen war: die Lüge auszuhalten oder die Wahrheit zu sagen? Der Abend war jedenfalls gelaufen, wir gingen bedrückt nach Hause und ich nahm mir vor, so schnell kein Fest mehr zu besuchen.«

Nachdem Sue zu Ende erzählt hatte, nickten einige andere aus dem Kreis. Viele konnten dies bestätigen. Oft fühlten sie sich Reaktionen im Außen ausgesetzt, die sie verletzten. Sie wussten zwar auch von vielen guten Unterhaltungen zu berichten, es gab verständnisvolle Gespräche und sie durften viel Mitgefühl erfahren. Doch sie berichteten auch davon, dass Bekannte ihnen aus dem Weg gingen und sogar die Straßenseite wechselten und so taten, als hätten sie sie nicht gesehen.

»Aber es ist doch die Sprachlosigkeit, die so oft Barrieren erzeugt und Schranken aufbaut zwischen uns Menschen, nicht wahr?« Sue schaute in die Runde. Viele nickten wieder.

»Wir wissen«, sagte sie weiter, »dass es die Trauer und den Schmerz für jeden von uns gibt, aber selbst beim Abschied von meinem Bruder vor vielen Jahren habe ich noch alles dafür getan, den Tod zu verdrängen. Heute, nach dem Tod meines eigenen Kindes, kommt mir das absurd vor. Aber nun, viele Jahre später, nachdem ich einen anderen, für mich besseren Weg gefunden habe, bemerke ich, dass dieses Thema noch immer tabuisiert wird und viele Menschen anhaltend Schwierigkeiten haben, auf einen Verlust hilfreich und angemessen zu reagieren und aus Angst, etwas Falsches zu sagen, Themen totgeschwiegen werden. Aber nur ich selbst kann etwas an dieser Sprachlosigkeit verändern«, meinte Sue dann. »Auch ich hatte damals keinen Ausdruck für all das, was geschehen war. So spiegelte die äußere Welt mein inneres Erleben.«

Es war aber nicht nur die Sprachlosigkeit, die die Gruppe beschäftigte. Alle kannten floskelhafte Kommentare wie: »Die Zeit heilt alle Wunden, alles wird gut« oder verständnislose: »Was, du trauerst noch immer, es ist doch schon zwei Jahre her?« Oder ichbezogene Aussagen wie: »Zum Glück wurde meine Familie bisher davor bewahrt.«
Tobi meinte: »Vielleicht können manche Menschen sich ja auch nur aus dem heraus mitteilen, was sie an Erfahrungen und Erlebnissen bereits selbst durchgemacht haben.«
Allen fielen Themen ein, bei denen es sich ähnlich zugetragen hatte. »Wir müssen uns aber auch eingestehen, dass es sich vermutlich bei uns allen ähnlich verhält und auch wir nicht immer adäquat auf fremde Themen reagieren«, warf Tobi dann ein. Er überlegte kurz und fuhr fort: »Dieser Gedanke hilft mir jedenfalls, die Reaktionen anderer weniger persönlich zu nehmen. Ich könnte versuchen, in Zukunft nicht mehr so stark zu werten. Natürlich wird mir das nicht immer gelingen, aber ich kann ja jeden Tag neu üben.«

An diesem Abend wurde deutlich, dass der Grund für all die unpassenden Reaktionen und Kommentare wahrscheinlich Unsicherheit war. Unsicher fühlen wir uns alle immer dann, wenn wir uns mit einem schwierigen Thema noch nicht intensiv beschäftigt haben. Intuitiv spüren wir, dass jedes dieser »Tabu-Themen«, über die man nicht gern spricht, eigene Regeln hat, die wir nicht kennen. Wir alle müssen erst in diese Themen hineinwachsen, indem wir entweder betroffen sind oder uns intensiv damit beschäftigen.
Wenn wir ehrlich sind, war das bei den meisten von uns vor unserer eigenen Verlusterfahrung auch nicht anders. Auch wir wollten uns nicht gern mit Tod, Trauer, Krankheit, Sterben und vielen anderen schlimmen Dingen auseinandersetzen, aus Angst vor dem eigenen Schmerz, vor Kontrollverlust – und aus Unsicherheit. Wenn wir uns aber von unseren Ängsten leiten lassen, erwarten wir immer ein negatives Erleben, einen Schmerz, einen Verlust in der Zukunft.
Obwohl immer mehr Menschen über ihre Trauer sprechen, es bereits Bücher und Veranstaltungsangebote zu diesem Thema gibt, erreicht all das erst einen Bruchteil der Bevölkerung. Dabei sterben in jedem Augen-

blick Menschen und wir werden in den Nachrichten täglich über Dramen und Katastrophen unterrichtet!
Weshalb ist das so? Ängstigen Tod, Verlust und Trauer uns so sehr, dass wir uns lieber gar nicht damit beschäftigen möchten? Ist es nicht sogar hilfreich, zu all dem Elend unserer Welt eine innere Distanz zu wahren, weil es in uns automatisch ein Gefühl der Machtlosigkeit auslöst?
Wir können die Welt nicht retten. Wir können nicht alle Menschen vor Elend und Gewalt schützen und ihren Hunger stillen. Wir können auch nicht mit allen mitleiden, daran würden wir selbst vermutlich zerbrechen. Es ist natürlich, dass der Krieg in anderen Ländern oder das Schicksal von Menschen, mit denen wir in unserem Leben nicht in Berührung kommen und von denen wir nur in den Nachrichten hören, uns nicht so sehr zusetzen wie unser eigenes Kümmernis, zum Beispiel der Tod unserer geliebten Menschen. Denn dies ist unsere Geschichte, in der wir stecken, mit Haut und Haaren, mit unserem Körper, mit unserem Herzen und mit unserer Seele. Dennoch können wir lernen, mit all den Themen umzugehen, da zu sein, beizustehen, zu verstehen und mitzufühlen, ohne mitzuleiden.
Vor Ort können wir unsere Hilfe anbieten, in dem Rahmen, der für uns in unserer eigenen Situation möglich ist, und mit all den anderen Seelen in der Welt können wir uns mit den Herzen verbinden: Wir können sie in unsere Meditation mitnehmen, ihnen gute Energien und Gedanken schicken, wir können segnen und für sie beten.
Natürlich werden einige jetzt anmerken, dass dies die Situation dieser Menschen nicht verbessern wird, da sie immer noch hungern oder an der Gewalt zerbrechen. Wenn wir aber davon ausgehen, dass wir alle miteinander verbunden sind und es eine Energie gibt, die uns alle zusammen schwingen lässt, dann hilft es eben doch, auszuhalten, Mitgefühl zu entwickeln, für diese Seelen zu bitten, dass sie in einem größeren Bewusstsein gesegnet und beschützt sein mögen, in dem tiefen Glauben, dass der Tod nicht das Schlimmste und auch nicht das Ende unserer Aufgaben und Erfahrungen bedeutet.
Was wäre, wenn wir während der Nachrichten plötzlich aufgefordert werden würden, eine Minute innezuhalten, um ein bisschen Licht in die Krisengebiete zu senden? Was wäre, wenn wir für die betroffenen Menschen, für die Verletzten, die Hinterbliebenen und für die Soldaten beteten? Was würde geschehen, wenn wir schon an Schulen einübten, Tod,

Trauer, Elend und Schmerz anzuschauen, sie anders zu bewerten und eine andere Haltung ihnen gegenüber einzunehmen?

Als unser Sohn gestorben war, sagte damals eine Mitschülerin der Kursstufe: »Uns wird in der Schule beigebracht, mit Zahlen zu rechnen und mit Worten zu jonglieren, aber wir lernen nicht, mit dem Tod umzugehen, obwohl er doch wesentlicher Teil unseres Lebens ist.«

Denn wir alle, die wir dieses Buch lesen und uns bereits mit dem Tod beschäftigt haben oder ihm schon begegnet sind, wir wissen, dass die Beschäftigung und die Begegnung mit dem Tod und mit dem Elend auch etwas mit einem intensiven Leben zu tun hat. Das Wissen, dass von einem Augenblick auf den anderen alles vorüber sein kann, misst dem Jetzt, dem Moment, in dem ich glücklich bin, in dem ich lebe, in dem ich mich spüre, einfach allem eine größere Tragweite, eine wertvollere Bedeutung zu. Es muss nicht nur ein großes Unglück bedeuten, wenn man mit dem Tod in Berührung kommt, sondern es verbirgt sich darin auch eine Chance: Eine Chance, das Leben in seiner Ganzheit kennenzulernen. Der Kontakt mit dem tiefsten Schmerz, befähigt uns im Gegenzug auch dazu, Glück und Lebendigkeit intensiver und dankbarer wahrzunehmen. So mag der Tod unserer Liebsten unser Leben grundsätzlich verändern.

Eine Möglichkeit ist, innere Einkehr zu halten, in uns zu gehen und Schmerz und Trauer in unserem Inneren zu bewegen – und wenn es uns möglich ist, sie auch zu verändern. Die Sprache im Alltäglichen und unser sozialer Umgang keimen und entstehen zunächst immer in unserem eigenen Empfinden, in den Überzeugungen, die wir von uns selbst und den Mitmenschen haben. Damit begegnen wir der Welt im Außen und reagieren auf Aussagen und Äußerungen so, wie wir es aufgrund unserer inneren Werte und Vorstellungen vermögen. Innere Arbeit kann bedeuten, unsere Überzeugungen zu bedenken, Altes rauszuwerfen und Neues entstehen zu lassen. Ein paar Attribute, beispielsweise Mitgefühl und Empathie, können uns dabei helfen, die Welt aus einem anderen Blickwinkel heraus auf uns wirken zu lassen und besser zu verstehen.

Natürlich kann uns das nicht von Anfang an gelingen, denn erst einmal dürfen unsere eigene Trauer und unser Schmerz im Mittelpunkt stehen. Aber wenn wir uns nach einer Zeit wieder mehr in die Gesellschaft integrieren möchten, können wir mit der inneren Arbeit beginnen und in unsere Wüste, in die innere Einkehr gehen. Wir können die anderen nicht verändern, wir können uns natürlich wünschen, sie mögen sich

über die Trauer und das Elend ihrer Mitmenschen mehr Gedanken machen, aber verändern können wir immer nur uns selbst.
Wir können also versuchen, unsere innere Haltung zu modifizieren und inadäquate Äußerungen nicht persönlich zu nehmen, sondern als Unvermögen verbuchen, über solche Themen zu kommunizieren. Mangelnde Empathie ist dann nichts anderes als ein noch nicht erlebtes und noch nicht erlerntes Repertoire unseres Gegenübers und muss von uns bestenfalls nicht mehr bewertet werden. Wenn wir an unserer inneren Haltung arbeiten, dann können wir lernen, in den meisten Situationen mehr und mehr abzuschätzen, wann es sich sowohl für uns als auch für die anderen gut anfühlt, mit unserer Geschichte herauszukommen und wann nicht. Natürlich könnten wir auch den Standpunkt vertreten, dass wir doch schon den Schmerz und die Trauer haben und bitte doch die anderen auf uns Rücksicht nehmen und sich in uns einfühlen könnten. Dann hilft es vielleicht, darauf zu schauen, dass wir ihnen in dieser Sache immer einen Schritt voraus sind, weil es unser Thema ist, mit dem wir uns täglich beschäftigen müssen.

Bevor wir an diesem Abend nach Hause gingen, bat Sue darum, ihre Geschichte noch einmal anders erzählen zu dürfen, denn sie habe etwas Entscheidendes verstanden. Ihr Erleben schilderte sie nun folgendermaßen: »Ich war auf eine Party eingeladen. Es waren viele Menschen dort. Interessiert schaute ich mich um. Die meisten kannte ich gar nicht. Ich war schon lange nicht mehr auf einem größeren Fest gewesen. Es fühlte sich ein bisschen befremdlich an. Ich holte mir ein Glas Sekt und nippte daran. Da stand plötzlich eine sympathisch aussehende Frau neben mir und es entstand ein unterhaltsames, angenehmes und inspirierendes Gespräch. Es wurde persönlicher und ich versuchte, die Unterhaltung in eine andere Richtung zu lenken, aber es gelang mir nicht. Ich atmete tief durch und entspannte meine Schultern. Ich wusste, dass es nicht immer zu umgehen war. Als sich die Frau dann schließlich nach meinen Kindern erkundigte, schaute ich sie an und antwortete gefasst und ehrlich. Sie schlug die Hände vor den Mund.
›Oh Gott, oh Gott, oh Gott‹, rief sie aus. ›Ob er etwas damit zu tun hat, wissen wir nicht‹, entgegnete ich gefasst. Ich berührte sanft ihre Schulter und ging weiter.«

Sobald wir der Welt im Außen begegnen, gibt es also auch immer eine Berührung mit uns selbst, unserem Innern, unserem Schmerz und unserer Traurigkeit.
In der Trauer werden andere Fragen gestellt und es gibt neue Themen, mit denen wir uns auseinandersetzen müssen. Das kann manchmal anstrengend sein, aber es beinhaltet auch die Chance der inneren Entwicklung. In der Wüste unseres Lebens zu sein, bedeutet für uns, eine Zeit der inneren Einkehr zu erleben, den Schmerz in unserem Herzen zu tragen – und uns gleichzeitig zu öffnen für all das Neue, das uns umgibt. Intuitiv vermögen wir manchmal zu spüren, dass es zukünftig unsere Aufgabe sein könnte, unsere Empfindungen mit dem Jetzt, das uns begegnet, zu verbinden, um bei jedem Schritt einen neuen Umgang, einen neuen Weg schaffen zu können.

Die Wüstenseele

Bildlich gesehen bedeutet das, dass ich jeden Stein aufnehmen werde, über den ich in der Wüste stolpere, um ihn eingehend zu betrachten. Danach werde ich ihn an einem neuen Platz positionieren, damit er mir in Zukunft nicht mehr im Weg liegt und ich das nächste Mal ohne Blessuren darüber gehen kann. Das hört sich vermutlich erst einmal erschreckend an, denn wer schon einmal in der Wüste gewesen ist, weiß, dass dort unendlich viele Steine liegen. Allein die Vorstellung, sie alle anschauen zu müssen, könnte Stress auslösen. Deshalb werde ich mir für mein jetziges Leben einzig die Steine vornehmen, die mich am Weitergehen hindern könnten. Wer weiß schon, für welche Zeit, Bestimmung und Menschen es all die anderen Steine gibt – bestimmt sind nicht alle für mich gedacht. Das kann ich schon daran erkennen, dass mir unzählige nicht im Geringsten auffallen und keine Hindernisse auf meinem täglichen Weg darstellen. Ich gehe über sie hinweg wie über ein kleines Sandkorn in der Wüste.
Manchmal hilft es auch zu wissen, dass wir unsere Zeit niemals ganz allein in der Wüste verbringen. Es gibt dort auch andere Menschen, die einen ähnlichen Weg beschreiten und vielleicht genau vom selben Stein am Weitergehen gehindert werden. Dann kann es guttun, sich zusammen zu überlegen, wie man ihn am besten von der Stelle bewegt. Auch

vor mir waren bestimmt schon viele Menschen dort, und nach mir werden unendlich viele diese Schritte gehen.
Mit der Wüste meines Lebens in Berührung zu kommen, bedeutet für mich deshalb auch, Steine zu erforschen. Wenn ich mir selbst bei all dem, was auftaucht, Rede und Antwort stehen kann, dann schaffe ich das auch im Außen. Das ist ein Prozess und kann nicht auf Anhieb gelingen. Aber wenn ich mir jeden Stein, an dem ich mich stoße, im Nachhinein nochmals anschauen kann, werde ich vielleicht das nächste Mal schon darüber hinweg gehen können, ohne mich zu verletzen.

Aus Fragen wird man klug

- Bist du schon in eine Situation gekommen, in der die Reaktionen anderer Menschen dich schmerzten?
- Kannst du dir eine solche Situation noch einmal in Erinnerung rufen?
- Kannst du dir vorstellen, anders als bisher darauf zu reagieren?
- Was könnte dir dabei helfen?
- Wärst du bereit, deine alten Verhaltensweisen zu verändern und zu versuchen, beim nächsten Mal neue Gedanken und Verhaltensmuster auszuprobieren?

Wie du dir selbst helfen kannst: Traumreise

Zu einer Traumreise inspiriert wurde ich in einer meiner zahlreichen Supervisionen. Innerhalb einer Traumreise ist es möglich, an einen Ort zu gelangen, an dem du dich absolut sicher und geborgen fühlen kannst. Vielleicht möchtest du einmal unter Anleitung solch eine Traumreise erleben, um diese dann immer wieder in dein Gedächtnis zu rufen, wenn eine Herausforderung in deinem Leben ansteht, wie zum Beispiel wieder einmal auf ein Fest zu gehen.
Falls du noch keine eigene Traumreise unternommen hast, kannst du gern folgende, allgemein gehaltene Reise antreten. Verinnerliche alles, was du daraus verwenden kannst, um damit gestärkt deinen nächsten Schritt zurück ins Leben zu gehen.

Die Anleitung zu dieser Übung findest du als Audiodatei auf meiner Website www.flor-schmidt.de.

Vorbereitung: Suche dir einen bequemen Platz, vielleicht auf einer Decke, einem Kissen oder im Wüstensand. Nimm eine Position ein, in der du dich wohl fühlen und für eine Zeit verweilen kannst. Falls du im Liegen schnell einschläfst, ist es besser, diese Reise im Sitzen zu unternehmen.

Wenn du magst, schließe jetzt deine Augen. Lenke allmählich deine Aufmerksamkeit von außen nach innen, indem du deinen Fokus auf deinen Atem richtest. Werde still und finde zurück zu dir selbst. Es gibt nichts mehr zu tun.

Praktische Anleitung einer Traumreise

Ich lade dich ein, dich auf eine Reise zu begeben, die zu deinem inneren Tempel führt.

Spüre die Erde, die dich trägt. Bleibe bei deinem Atem. In einem regelmäßigen Rhythmus strömt er ein und wieder aus. Spüre gleichzeitig die Verbindung nach oben, zum Göttlichen, zu etwas, das größer ist als du selbst. Du bist zwischen Himmel und Erde aufgehoben und beschützt und Teil eines unendlichen Weltenplans.

In den nächsten Minuten halte ich den Rahmen für dich.

Spüre jetzt noch einmal in dich hinein. Kannst du deine Gedanken beobachten, die wie Wolken vorüberschweben? Du nimmst sie kurz wahr, wünschst ihnen eine gute Reise und lässt sie sogleich wieder ziehen. Lass alles los, Gedanken, Schultern und jegliche Anspannung in deinem Körper.

Du befindest dich im Herzen von Marrakesch, auf dem Platz *Djemaa el Fna*. Händler in bunten und langen Gewändern halten ihre Ware feil. Sie alle haben einen *Schesch,* den Turban der Berber, um den Kopf gewickelt. Der Eindruck fremdartiger Düfte, dir unbekannter Melodien und farbenfroher Waren vermischt sich zu einem Gefühl von Tausendundeiner Nacht. Du fühlst dich angezogen von der fremden Kultur und dem Gemenge auf dem Basar. Du gelangst in die legendären *Suks* und gehst tiefer, immer tiefer hinein. Mal folgst du einer Biegung nach rechts, mal nach links, mal gehst du geradeaus. Überall funkelt und leuchtet es. Es duftet und klingt. Fasziniert gehst du weiter, noch tiefer in die Gassen hinein.

Plötzlich weißt du nicht mehr, wo genau du dich befindest. Wie sollst du hier wieder hinausfinden? Es wird enger und immer enger. Du fragst nach dem Weg, aber niemand scheint dich zu verstehen. Sie alle zeigen nur auf ihre Ware, gestikulierend versuchen sie, dich in ihre kleinen Läden zu ziehen. Um dem Gedränge der Menschenmenge zu entkommen, weichst du einen Schritt zurück, kommst ins Straucheln und stößt beim Fallen einen Stapel prachtvoller Tücher um. Jetzt liegen sie alle durcheinander auf einem Haufen. Du richtest dich langsam wieder auf und schaust dich unsicher um. Ein alter Mann lächelt dich belustigt und geheimnisvoll an. Seine dunklen Augen fixieren dich. Er spricht zu dir, aber du verstehst ihn nicht. Er zeigt dir ein orange leuchtendes Tuch und bedeutet dir, es um deinen Kopf zu schlingen. Du versuchst abzuwehren, weil du keinen Stoff kaufen möchtest. Zwinkernd holt der alte Mann einen großen Spiegel zwischen all den Decken und Tüchern hervor und positioniert ihn so, dass du hineinschauen musst. Gerade in der Sekunde, in der du dich genervt umdrehen möchtest, nimmst du im Spiegel etwas wahr, das dich in den Bann zieht. Du kannst deinen Blick nicht mehr abwenden und gehst langsam darauf zu. Alles um dich verschwindet: der Lärm, die Gerüche, das geschäftige Treiben, die Rufe der Berber, die ihre Ware feilhalten … – all das existiert mit einem Male nicht mehr. Du streckst deine Hand aus, um das, was jetzt deine ganze Aufmerksamkeit beansprucht, zu ergreifen. Da spürst du plötzlich, dass die Konturen des Spiegels verschwimmen, er durchlässig wird und dir ermöglicht, hindurchzugehen. Du zögerst nur einen Moment. Dann gehst du einfach weiter, denn intuitiv spürst du, dass dieser Weg zu deinem inneren Tempel führt.
Vorsichtig machst du den ersten Schritt. Vor dir siehst du eine Treppe. Sie führt nach unten. Du bist bereit, hinabzugehen, weil du spürst, dass all das, was dich erwartet, zu deinem Wohle ist und du behütet und geschützt sein wirst. Du vernimmst eine Melodie, die dich tief berührt, eine Herzmelodie, hell und rein. Beschwingt gehst du weiter, du steigst Stufe um Stufe hinunter und plötzlich gelangst du an ein großes hölzernes Tor.
Du möchtest es öffnen, aber es ist verschlossen. Doch alles in dir drängt danach, weiterzugehen. Lass nun innere Bilder in dir aufsteigen, die dir den Weg weisen, dir zeigen, wie du durch dieses Tor gehen kannst. Vertraue deiner inneren Weisheit und deinem tiefen Wissen.

Nach einer Weile gelingt es dir, das riesige Tor zu öffnen. Du gehst hindurch. Zu deinem Erstaunen befindest du dich jetzt in einer kleinen Kammer. Auf einem Stuhl liegt ein farbenprächtiges Gewand und es sieht ganz danach aus, als sei es für dich zurechtgelegt. Freudig streifst du die alten Kleider ab und umhüllst dich mit den neuen. Schau dir die Muster, die Farben und die Beschaffenheit des Stoffes an! Alles ist maßgeschneidert und wie dafür gemacht, es in deinem inneren Tempel zu tragen. Deine Kleidung duftet nach Lavendel und Rosenholz.

Dann trittst du ein in deinen Tempel und du weißt, dass du zu Hause und ganz bei dir angekommen bist, im Frieden, in der Stille und der Leere: umhüllt von Weisheit und Liebe. Du saugst dich voll, du löschst deinen Durst und stillst deinen Hunger, bis du satt und zufrieden bist.

Eine weiße, strahlende Gestalt kommt auf dich zu und du spürst sofort, dass du mit diesem Wesen tief verbunden bist. Es überbringt dir eine Botschaft, die allein für dich bestimmt ist, und die Worte berühren dich tief. Sie unterstützen dich auf deinem weiteren Weg durch die Trauer.

Bevor das Wesen geht, überreicht es dir ein kleines Geschenk. Du betrachtest diese Gabe in deiner Hand, umschließt sie und führst sie an dein Herz. Du weißt sofort, dass du mithilfe dieses Geschenks immer zu deinem inneren Tempel zurückfinden wirst.

Mit einer dankbaren Geste nimmst du Abschied und machst dich bereit, den Rückweg anzutreten.

Plötzlich befindest du dich wieder inmitten des Getümmels im Basar. Der alte Mann mit den dunklen geheimnisvollen Augen nickt dir zu. Daraufhin öffnest du deine Hand, die noch immer das Geschenk umschlossen hält. Du erwiderst seine Geste und gehst langsam weiter. Diesmal hast du keine Mühe, aus dem Gewirr der Gassen herauszufinden.

Fortan weißt du um deinen inneren Tempel und dass du jederzeit dorthin zurückfinden wirst.

Wenn du bereit bist, löse dich aus dieser Traumreise, um ins Hier und Jetzt zurückzukehren. Du spürst den Boden unter dir und wenn du magst, kannst du mit den Zehen wackeln. Lasse dir die Zeit, die du brauchst, und öffne dann die Augen.

Traut euch zu trösten

Ja es stimmt, es ist überhaupt nicht einfach, mit uns Trauernden umzugehen. Es ist schon allein deshalb schwierig, weil wir uns selbst erst einmal in dieser neuen Situation zurechtfinden müssen. Dort, wo früher selbstverständliche Wege waren, klafft plötzlich ein riesiges Loch. Genau dort, wo früher unser Leben in Ordnung war, herrscht auf einmal Chaos.

Gedanken schöpfen 

Nach einer Kräuterwanderung im Schwarzwald, die ich für junge verwitwete Menschen gab, saßen wir noch im Kreis zusammen. Da verschränkte Kaia plötzlich die Arme. Ihr Gesichtsausdruck verhieß nichts Gutes. »Ich bin ganz schön wütend«, sagte sie. »Gestern hat mich meine Nachbarin gefragt, ob ich noch immer um meinen Mann trauern würde, es sei doch schließlich schon zwei Jahre her, dass er gestorben sei. Hat euch das auch schon mal jemand gefragt?«, wollte sie wissen und schaute erwartungsvoll in die Runde. Hanni nickte und antwortete: »Ich werde auch heute und immer wieder mit einem ›Ja‹ antworten. Ja, ich trauere beim Eintrag ins Gipfelbuch, wenn ich gerade überglücklich bin, beim Schwimmen im Meer, wenn ich mich mit meinem Mann verbunden fühle, beim Einschlafen und Aufwachen und am Beginn eines jeden neuen Tages. Auch wenn ich weiß, dass das Band der Liebe sich niemals auflösen wird und ich mit meinem Mann auf ewig verbunden bleibe und wir zusammen weitergehen, weiter als das Ende, bin ich doch auch so sehr menschlich und mir schmerzlich drüber bewusst, dass ich hier auf dieser Erde jeden einzelnen Schritt ohne ihn weitergehen werde. Denn er lebt nicht mehr hier bei mir in diesem Leben. Auch wenn ich mich mit ihm herzlich verbunden fühle, so bleibe ich doch auch eine sehnende Frau mit dem Wunsch nach gemeinsamen Gesprächen und physischem Beisammensein. Die Orientierung, die es bisher im Leben gab, gibt es plötzlich nicht mehr. Hinzu kommt, dass ich jetzt vieles allein entscheiden muss. Das ist oft schwierig, vor allem in Bezug auf die Kinder. Es schmerzt mich sehr, dass sie ohne ihn groß werden müssen.«

Das Gefühl, das der Tod auslöst, ist für die meisten schwer nachzuvollziehen, wenn sie es nicht selbst erleben. In unserem Kulturkreis sind die Menschen gewohnt, vieles über den Verstand zu regeln, aber uns Trauernden helfen keine Argumente oder Erklärungen, sondern allein mitfühlendes, sensibles oder empathisches Verhalten. Deshalb ist es auch so schwer, am Anfang mit uns rational zu sprechen.

Die Trauer ist wie eine große klaffende Wunde am Bein. Müssten wir damit auf die Straße gehen, würden wir diese Wunde schützen, sie verbinden und penibel darauf achten, dass sie mit nichts in Berührung käme, was auch nur annähernd erneute oder zusätzliche Schmerzen auslösen könnte. Wir würden sie von Wasser und Schmutz fernhalten und dafür sorgen, dass nicht das winzigste Teilchen hineingelangen kann. Jede Berührung wäre ein zusätzlicher Schmerz und jede Kontamination mit den kleinsten Partikeln könnte noch größere Probleme nach sich ziehen.

So ähnlich verhält es sich mit unserer Trauer. Wir Trauernden laufen anfangs mit einer großen klaffenden Wunde herum. Nur dass wir keinen Verband haben, kein Pflaster, das wir zum Schutz darauf kleben könnten. Schwierig ist auch, dass man uns beim ersten Blick oft nicht ansieht, wie verwundet wir sind. Deshalb wachsen uns feine Sensoren, die man sich wie zusätzliche Aufnahmeantennen vorstellen könnte. Wenn sie anschlagen, reagieren wir sofort und die Reaktion kann sehr unterschiedlich sein. Das ist der Grund, weshalb wir Trauernde oft als empfindlich, kompliziert und überaus anstrengend wahrgenommen werden.

Aber auch wenn der Umgang mit uns, die wir inmitten der Wüste unseres Lebens stecken, schwierig ist und jeder einzelne Schritt auf dem Trauerweg letzten Endes nur von uns selbst unternommen werden kann, benötigen wir Unterstützung von außen.

An diesem Tag nach der Wanderung im Schwarzwald haben wir Trauernden zusammengetragen, was wir uns von dir, lieber Mitmensch, wünschen und wie du uns am besten unterstützen könntest. Die folgenden Punkte beziehen sich auf das erste Trauerjahr und auf Menschen, die der trauernden Person sehr nahestehen. Es ist natürlich ein großer Unterschied, ob du ein enger Freund oder eine entfernte Bekannte bist, ob Chefin, Onkel oder Cousine. Hier muss im Einzelfall noch einmal differenziert werden.

Nachfragen, statt in Unsicherheit bleiben

Ich beobachte den Araber, einen unserer Guides. Er kommuniziert mit seinen Dromedaren auf besondere Weise. Er ist behutsam, leise, er flüstert ihnen ins Ohr, beobachtet genau. Jeder einzelne Kontakt wirkt überlegt.

Sei authentisch und ehrlich, überdecke deine Unsicherheit nicht mit Floskeln, sondern sprich aus, was dich bewegt. Frag einfach nach, ob der oder die Betroffene gerade darüber sprechen möchte und ob du helfen kannst. Manchmal sind die Reaktionen trauernder Menschen schwer zu deuten, vielleicht weil sie selbst noch nicht genau wissen, was sie gerade brauchen. Habe den Mut, dich nach einiger Zeit erneut zu melden. Oft sind Trauernde selbst unsicher, ob ihr Schmerz für andere auszuhalten ist, ob sie nicht zur Last werden. Niemand kann sich in allen Lebenslagen auskennen und immer das Richtige tun. Aber wenn du dranbleibst, spürt ein trauernder Mensch, dass dein Hilfsangebot ernst gemeint ist.

Die eigene Kapazität prüfen

Der Araber macht nichts, was ihm gefährlich werden könnte. Er arbeitet effektiv.

Bitte überprüfe erst einmal deine eigene Situation. Passt es gerade in dein Leben, jemanden im Schmerz zu begleiten? Hast du genügend Raum, Zeit und Kapazität, um ganz präsent zu sein? Vielleicht wird dein Leben momentan auch von Chaos oder Arbeit überflutet? Sollte dies der Fall sein, dann kann es helfen, dir das einzugestehen – und es auch zu kommunizieren. Selbstfürsorge muss vorgehen, denn wenn du gerade selbst nicht stabil bist, könnte dir dein Anspruch, eine intensive Begleitung leisten zu wollen, selbst zum Verhängnis werden. Eine liebevolle klare Kommunikation ist daher für alle Beteiligten besser, als dich von einem Verpflichtungsgefühl leiten zu lassen und dir etwas abzuverlangen, was du am Ende nicht erfüllen kannst. Das endet allzu oft in gegenseitigen und ungerechten Vorwürfen und könnte in eine allseitige Überforderung münden, die am Ende mehr Durcheinander anrichtet als hilfreich zu sein. Du musst dich aber auch nicht mit Erklärungen rechtfertigen. Das würde die Rollen tauschen und beim Trauernden rasch eine Überforderung auslösen. Eine hilfreiche Aussage wäre zum Beispiel: »Ich kann einmal in der Woche, am Mittwoch, für dich einkaufen gehen«, statt etwas wie: »Ich könnte leider nur einmal in der Woche für dich einkaufen, weil ich gerade so viel Arbeit habe und auch noch meinen Vater versorge, donnerstags immer Krankengymnastik habe und am Sonntag meine Enkelkinder kommen, auf die ich auch noch aufpassen muss.«

Regelmäßigkeit

Die Arbeit des jungen Mannes mit den Dromedaren wirkt routiniert. Die Tiere wissen, worauf sie sich verlassen können – Futter, Freiraum, Grenzen. Alles ist jeden Tag wieder gleich.

Trauernde benötigen Regelmäßigkeit, denn es ist sehr wichtig, dass sie sich noch auf etwas und jemanden verlassen können. Zu oft haben sie das Gefühl, dass gerade der Boden unter den Füßen schwindet. Überlege, was du anbieten kannst. Vielleicht, einmal in der Woche oder im Monat zu telefonieren oder zusammen mit anderen eine Zeitlang zu kochen? Wenn du kurz nach dem Verlust auftauchst, deine Hilfe anbietest, Fenster putzt oder die Küche aufräumst und danach nicht mehr wieder kommst, kann das bei trauernden Menschen ein erneutes Verlustgefühl oder auch ein Schuldgefühl hervorrufen.

Prüfe, ob du damit nicht nur dein eigenes Gewissen beruhigen willst. Dann ist es unter Umständen besser, es ganz zu lassen. Es ist verständlich, dass auch du betroffen bist und irgendetwas tun möchtest. Versuche aber, wenn es dir möglich ist, den Fokus auf den Menschen zu richten, den du gerade begleiten möchtest. Regelmäßigkeit bedeutet nicht, immer da sein zu müssen. Trauernde oder traumatisierte Menschen brauchen auch Pausen und das Alleinsein, um sich mit dem Schmerz, der Trauer und der Wüste auseinanderzusetzen. Es ist weniger wichtig, wieviel Zeit du hast – wesentlicher ist, dass du zuverlässig da bist. Ein regelmäßiger Termin kann wie ein Khaima sein, ein Berberzelt in der Wüste, das Schutz bietet, wenn draußen der Wüstensturm tobt und die Welt droht unterzugehen.

Statt Lösungen: aushalten können

An einem Abend hatte ein Dromedar starke Schmerzen und es schrie fürchterlich. Mitten in der Wüste konnten die Männer nichts tun, um sein Leid zu lindern. Der Araber ließ das Feuer in der Nacht nicht ausgehen und hielt Wache neben dem kranken Tier.

Es ist sehr schwierig, über einen längeren Zeitraum mit einem anderen Menschen etwas auszuhalten, ohne nach einer Lösung zu suchen. Aber Trauer muss erfahren und durchlebt werden, denn erst im Gehen tun

sich neue Wege auf. Auch Vergleiche kommen nicht gut an. Im akuten Trauerfall hilft es nicht, wenn du von anderen Problemen erzählst, etwas in Aussicht stellst oder kluge Ratschläge erteilst. Trauernde leben im Hier und Jetzt oder in der Vergangenheit. Von der Zukunft fühlen sie sich erst einmal abgeschnitten. Gut gemeinte Worte wie: »das wird schon wieder« oder »die Zeit heilt alle Wunden« können sie am Anfang nicht verstehen. Erst dann, wenn sich Trauernde zum Aufarbeiten in die Wüste begeben und Gefühle wieder reflektiert werden können, kann ein Weiter sichtbar werden.

Dranbleiben statt abwarten

Am nächsten Tag bot der Araber dem mächtigen Tier regelmäßig Wasser und Fressen an. Immer wieder wendete es seinen Kopf davon ab. Erst viele Stunden später, als es bereits dämmerte, nahm es das Angebot zögerlich, aber dankbar an.

Warte nicht ab, bis ein trauernder Mensch selbst auf dich zukommt. Das wird er in der Regel nicht tun. Trauernde haben oft einfach keine Kraft dazu. Wenn du jemandem helfen möchtest, dann frage lieber immer wieder erneut nach. Nimm eine Ablehnung, ein »Nein«, auf keinen Fall persönlich. Bleibe unaufdringlich, das heißt, signalisiere der trauernden Person, dass sie sich zu jeder Zeit wieder zurückzuziehen kann, auch dann, wenn sie zuvor bereits zugesagt hat. Das Pendel zwischen Bedürftigkeit und dem Wunsch, allein zu sein, schlägt sehr oft plötzlich von einem Extrem zum anderen und kann anfangs meist nicht beeinflusst werden.

Das Ego loslassen

An diesem Abend schien der Mann förmlich mit dem Dromedar zu verschmelzen. Er war einfach für das Tier da.

Lass dein Ego los. Versuche bitte, so gut du kannst, wirklich gar nichts persönlich zu nehmen. Das ist eine schöne Übung für Menschen, die allzu gern Reaktionen und Stimmungen anderer auf sich beziehen. Versuche nicht selbst bedürftig zu sein, sondern ganz uneigennützig zu unterstützen, ohne zu erwarten, irgendwann etwas zurückzubekommen. Es ist wichtig, auf keinen Dank zu hoffen. Hilfe kann unmerklich und ganz leise geschehen. Oft sind Trauernde so sehr im Leid verstrickt, dass sie erst einmal wenig drumherum bewusst wahrnehmen können.

Wenn du helfen willst, dann uneigennützig und bedingungslos. Einfach da zu sein, ist das schönste und größte Geschenk, das du einem trauernden Menschen geben kannst.

Stille aushalten

Stundenlang saß der junge Araber schweigend neben seinem Tier. Manchmal berührte er es sanft, streichelte es oder legte seinen Kopf vorsichtig auf seinen Bauch, um zu fühlen, ob es noch atmete.

Manchmal ist es auch wichtig, gemeinsam zu schweigen und die Stille auszuhalten. Ich habe Trauernde gefragt, was sie sich zu Anfang am meisten gewünscht hätten und sie waren sich alle einig. Es war der Satz: »Ich bin da!«

Reduziere deine Worte. Werde still und finde zu dir selbst. Aus diesem inneren Kontakt heraus wirst du geleitet und geführt, in der Begleitung verzweifelter und zutiefst trauernden Menschen.

Lachen erlaubt

Am darauffolgenden Abend saßen alle ums Feuer. Die Männer sangen abwechselnd. Sie lachten sich zu und nickten. Dann übernahm der nächste Text und Melodie.

Tod und Schmerz verbieten niemandem, zu lachen oder fröhlich zu sein. Das heißt nicht, dass trauernde Menschen den Verlust bereits überwunden haben, es ist lediglich eine gesunde Reaktion des Körpers. Trauer ist keine Krankheit und man stirbt auch nicht an diesem Schmerz. Der Schmerz kann neben dem Lachen stehen. Kein Mensch kann und darf über die Tränen oder die Freude eines anderen Menschen urteilen, schlimmer noch: dessen Trauer danach bewerten, wie fröhlich oder niedergeschlagen er wirkt.

Empathie und Mitgefühl

Trotz der angespannten Situation glitten die Männer durch die Zeit, waren traurig und lachten, fühlten mit und hatten gleichzeitig die nötige Distanz. Der Araber war immer zur Stelle und kümmerte sich rührend um das Tier.

Trauernde klagen immer wieder darüber, dass das Umfeld sie schnellstmöglich wieder normal sehen möchte. Sie spüren, dass es den Mitmenschen schwerfällt, mit dem Schmerz und der Trauer über einen längeren Zeitraum konfrontiert zu werden. Deshalb fühlen sich Trauernde oft

nicht verstanden. Wenn du einem trauernden Menschen beistehen möchtest, versuche möglichst nicht mit ihm zu leiden. Denn dann wirst du nicht helfen können. Es ist wichtig, Abstand zu wahren und nicht völlig mit dem Schmerz zu verschmelzen. Ziehe eine Linie zwischen Mitleid und Mitgefühl. Lass deine Themen und deinen Schmerz außen vor und versuche, nicht zu vergleichen. Nimm dich selbst nicht so wichtig und achte auf deine Worte, entschuldige dich, wenn es angebracht ist und versuche, stets emphatisch und mitfühlend zu sein.

Trauerst du noch immer?

Dieses Dromedar überlebte und alle waren sehr erleichtert, als es am nächsten Morgen wieder auf den Beinen stand, als sei nichts gewesen. Einer der Männer erzählte uns am Abend, dass es nicht immer so glimpflich ausginge und sie schon einige der prächtigen Tiere verloren hätten. Eines sei ihm besonders nahe gewesen, und um dieses Tier trauere er noch immer. Der letzte Abend hätte wieder alte Wunden aufgerissen. Traurig schaute er ins Feuer und die Tränen, die auf einmal seine Augen füllten, spiegelten sich darin.

Jede Trauer wird individuell empfunden, jeder Trauerweg ist unterschiedlich lang. Aus der offenen und klaffenden Wunde kann eine Narbe werden aber auch Narben können ordentlich schmerzen, je nachdem, wie man sie berührt. Der Tod eines geliebten und nahestehenden Menschen kann ein Leben verändern. Not befähigt dazu, sich als Teil von allem zu fühlen, die Unendlichkeit der Schöpfung zu spüren und gleichzeitig den tiefsten Schmerz der Welt. Der Verlust ist prägend und es besteht die Chance, sich noch spürbarer sowohl mit dem Himmel als auch mit der Erde zu verbinden und alles zu sein: stark und schwach, lachend und traurig, Berg und Tal, Wüste und Meer.

Die Wüstenseele

Jede Düne hat wie auch das Leben zwei Seiten. Die eine ist hart, die andere weich. Während man sich im Leben eher über die weiche Seite freut und die harte fürchtet, verhält es sich bei einer Düne genau umgekehrt: Ein geübter Wüstenläufer wird immer auf der harten Seite gehen, weil der Weg auf der anderen Seite nach oben nicht begehbar ist. Der Grat auf

dem Rücken der Düne trennt die eine Flanke von der anderen. Erst wenn ein trauernder Mensch sich besser in der Wüste zurechtfinden kann, wird es ihm möglich sein, auf einen Blick die tragfähigere Seite zu erkennen. Davor wird er erst einmal unzählige Male versuchen, wieder nach oben zu kommen und doch immer wieder im Sand versinken.
Begleitende werden den trauernden Menschen nie aus dem Blick verlieren. Wenn dieser bei Sonnenuntergang wieder einmal droht, sich zu verlaufen, kann die Silhouette der anderen ihm Halt und Anker sein. Beständig werden sie ihre bunten Tücher in den Wind halten, um eine mögliche Orientierung zu geben, aber niemals gleiten sie mit der trauernden Person zusammen hinunter ins Tal. Sie können sich einen Weitblick verschaffen, der sich ihnen oben auf den einzelnen Dünen zu zeigen vermag.

Aus Fragen wird man klug

- Was würde dir in dieser schweren Zeit helfen?
- Was könnte dich in deiner Trauer stützen?
- Wie kannst du dein inneres Gleichgewicht wieder finden?
- Worauf ist immer Verlass?
- Kannst du dir vorstellen, dass es dein Atem ist, der dich stützt und hält?

Wie du dir selbst helfen kannst: Der Atem

Selbst wenn es keine Worte mehr gibt, für das, was geschehen ist, so bleibt doch immer etwas, das dich nährt und am Leben hält: Es ist der Atem, der dich zwischen Geburt und Tod verlässlich begleitet. Die Luft zum Atmen steht dir wie selbstverständlich zur Verfügung. Du teilst sie mit der ganzen Welt und doch hast du nichts zu fürchten, denn noch ist für alle genügend davon da. Auch in der Wüste des Lebens atmest du immer weiter.
In den Momenten der Stille kannst du dich mit deinem Atem verbinden. Sobald du auf ihn achtest, kannst du dir bewusst machen, dass er in jedem neuen Augenblick durch deinen Körper strömt. Er ist Nahrung

für deine Seele, deinen Körper und deinen Geist. Erst er macht Leben möglich, da er alle Zellen deines Körpers speist. Dein Atem verankert dich im Jetzt. Atem holen findet nicht in der Vergangenheit oder Zukunft statt, sondern stets im jetzigen Moment.
Bei jeder Ausatmung hast du die Chance, alles loszulassen, was dich belastet und wenn du einatmest, lässt du deine Lungen ganz weit werden, um all das aufzunehmen, was dich stärkt, stützt und hält.
Es gibt viele Atemtechniken, die bei herausfordernden Situationen helfen können. Ich möchte an dieser Stelle die Wechselatmung vorstellen, die ich während meiner über 22-jährigen Yogapraxis schon häufig praktiziert habe. Die Atemübung stammt ursprünglich aus dem Hatha Yoga und wird auch Pranayama-Übung genannt. Prana wird als Energie und Ayama als Beobachtung übersetzt. Eine solche Atemübung kann helfen, den Atem wieder bewusster wahrzunehmen und zu steuern. Zu wissen, wie man gut und richtig atmet, kann in vielen Situationen hilfreich sein: während einer Geburt, in anderen anstrengenden Situationen – und ganz besonders, wenn man sich gerade in der Wüste seines Lebens befindet. Die Wechselatmung wirkt ausgleichend. Indem man durch das eine Nasenloch ein- und durch das andere ausatmet, werden die rechte und linke Gehirnhälfte wieder harmonisiert. In vielen fernöstlichen Traditionen verbindet man mit diesen Übungen Atem und Geist. Durch das Regulieren des Atems kann es gelingen, unser Bewusstsein, unseren Geist zu klären und somit besser in eine Meditation zu starten.

Die Wechselatmung

Finde einen bequemen Sitz und achte darauf, dass dein Atem frei fließen kann. Wenn du magst, kannst du dir vorher noch einmal die Nase schnäuzen, um dann mit der Wechselatmung zu beginnen.
Hierfür nimmst du deine rechte Hand zur Hilfe, klappst Zeige-, Mittel- und Ringfinger ein und hältst mit dem Daumen dein rechtes Nasenloch zu, indem du leicht von außen an die Nasenscheidewand drückst. Dann atmest du durch das linke Nasenloch langsam ein und zählst dabei bis zwei. Halte nun den Atem acht Sekunden lang an. Verschließe danach mit dem kleinen Finger das linke Nasenloch und atme durch das rechte auf vier aus und auf zwei wieder ein. Halte den Atem acht Sekunden, verschließe dann wieder das rechte Nasenloch und atme durch das linke

auf vier aus und auf zwei ein. Halte den Atem wieder acht Sekunden an und so weiter.
Wiederhole den Ablauf auf jeder Seite zehnmal.
Falls dir der Rhythmus zu kurz ist, kannst du stattdessen auch auf 4-16-8 einatmen, anhalten und ausatmen. Das Verhältnis sollte aber immer 1:4:2 sein.
Die Wechselatmung belebt die Energiebahnen, durch die die Lebensenergie fließen kann. Wenn du nervös und mit negativen Emotionen belastet bist, wütend oder angestrengt, dann kann dich diese Atmung zu mehr Gelassenheit bringen. Wenn du dich traurig und ohne Antrieb fühlst, kann sie dich aktivieren und dir neue Kraft, Energie und Antrieb schenken.
Wichtig ist es, diese Übung regelmäßig zu praktizieren. Integriere sie am besten in deine Morgenroutine.

Identitätssuche: Wer bin ich?

Kennst du das auch? Dass ein schlimmes Ereignis dein inneres Gleichgewicht so gehörig durcheinanderbringt, dass deine bisherigen Träume und Ziele plötzlich gar nicht mehr existieren? Dass dein Fokus und deine Wünsche jetzt auf etwas anderes gerichtet sind – oder du erst einmal gar nicht mehr weißt, was dir noch wichtig ist und wer du eigentlich bist?

Gedanken schöpfen 

Manchmal hilft reden oder schreiben. Leeres Papier ist geduldig und Stifte liegen allzeit bereit. Doch gelegentlich verschlägt es uns die Sprache. Wir haben keine Worte mehr und brauchen kein leeres Blatt Papier.

> *An einem Montagmorgen rief mich Liv an. Sie wohnt in der Nachbarschaft und hatte kürzlich ihre Mutter verloren. Ihre Verbindung war eng gewesen. Liv war sehr aufgeregt. »Alles ist plötzlich anders in meinem Leben«, erzählte sie. »Nichts fühlt sich mehr wie früher an und all das, was mir vorher wichtig war, ist jetzt bedeutungslos. Ich weiß gar nicht mehr, was ich will und was nicht! Ich stehe morgens auf und putze die Zähne. Das war's schon. Ich habe keinen Plan. Was mache ich jetzt bloß?«*

Auf einmal nehmen wir die Welt durch einen anderen Filter wahr: irgendwie klarer und reiner, fast so, als würde der Schmerz alles, was überflüssig ist, zur Seite wischen. Wer übernimmt jetzt die Führung im Wirrwarr der Gefühle? Unser Wille? Unsere Intuition? Unser Ego? Unser Herz? Was verändert sich? Hören wir auf zu kämpfen – oder kämpfen wir erst recht? Wofür oder wogegen setzen wir unsere Energie jetzt ein? Hadern wir mit dem, was geschehen ist oder richten wir unseren Blick auf das, was wir verändern können? Fest steht: Das Lebensnotwendige darf sich in dieser Zeit auf ein Minimum reduzieren. Im besten Falle erkennen wir in dieser Trauersituation, was gerade förderlich ist und was nicht. Folgende Fragen können uns sowohl in diesem schmerzlichen Moment als auch für unser künftiges Leben immer wieder den Weg weisen: Braucht es das wirklich? Weshalb tun wir das? Wem dient es? Wird es von der Liebe geleitet?

Durch diese Fragen können wir herausfinden, was jetzt wirklich wichtig ist. Bei diesem inneren Prozess, indem sich alles in uns frisch formt und sich das Weltbild anders gestaltet, kann es für uns hilfreich sein, Zeit zu haben, um diese Veränderungen zulassen zu können. Außerdem benötigen wir eine große Portion Mut, denn wir spüren schnell, wieviel Sicherheit uns Gewohnheit und Routine geben und wir doch gleichzeitig noch nicht wissen, wohin uns dieser neue Weg führt.

Aber wenn unsere alten Werte wegfallen, wenn wir uns nicht mehr über all das definieren, von dem wir dachten, es mache uns aus: Wer sind wir dann? Wenn wir uns nicht mehr nur über unsere Familie, unsere Arbeit, unsere Hobbys, unseren Erfolg und unsere Leistungen definieren, was macht uns dann noch aus? Was ist unsere Identität?

Nach vielen Begegnungen mit Menschen, die eine Nahtoderfahrung erlebten, wage ich heute zu sagen, dass uns genau diese Erfahrung verbindet. Die meisten Nahtoderfahrenen spürten nach diesem Erlebnis, dass manches, das sie zuvor verfolgten, nicht wirklich von Bedeutung war, sofern es einzig der Befriedigung ihres Egos diente.

Erfolgreich zu sein, ohne einen sinnerfüllten Auftrag im Herzen zu fühlen, kann einen fahlen Geschmack hinterlassen. Die eigenen Interessen zu verfolgen, ohne das Allgemeinwohl im Auge zu haben, mag dann auch nicht mehr befriedigen. Sobald aber eine Bestimmung dahintersteht, kann das unser Tun beflügeln und uns fortan unterstützen, antreiben und Mut machen. Dies erkennen wir oft nach einem schmerzhaften Erlebnis, einer Nahtod- oder Nachtoderfahrung.

Können wir dieses Bewusstsein irgendwie behalten? Vielleicht, indem wir uns immer wieder die folgenden Fragen stellen:

Braucht es das wirklich?
Weshalb tue ich das?
Wem dient es?
Wird es von der Liebe geleitet?

Wir könnten uns die Fragen notieren und immer wieder durchlesen, bevor wir zur Arbeit fahren, unter Menschen gehen und wieder mehr ins Leben eintauchen. Dann werden wir uns an die Wüste erinnern und an die Schätze, die wir bestenfalls darin gefunden haben.

Wir werden uns vermutlich auch fragen, wer wir überhaupt noch sind.

Denn meistens können wir unseren gewohnten Platz in der Gesellschaft nicht mehr einnehmen. Wir haben uns verändert. So oft fühlen wir uns unverstanden und mit Fragen und Aussagen konfrontiert, die uns schmerzen, hilflos und traurig machen. Wir haben regelmäßig das Gefühl, unser anderes Verhalten und unsere veränderte Wahrnehmung unseren Mitmenschen gegenüber erklären zu müssen und spüren doch, dass wir oft nicht verstanden werden. Stehen wir durch unser Schicksal schlagartig am Rande der Gesellschaft? Gehören wir jetzt einer Minderheit an, die sich nicht mehr als Teil dieser Gemeinschaft definieren kann, zu der wir uns eben noch zugehörig fühlten?

Ich erlebe in meinen JugendLichter-Kursen häufig, wie wohltuend es für verwaiste Eltern ist, sich in einer Gruppe wiederzufinden, in der alle dieselbe Erfahrung gemacht haben. Sie müssen sich nicht mehr erklären, denn es ist ein Verstehen mit wenigen Worten möglich. Das stärkt sie und gibt ihnen Bestätigung, in Ordnung zu sein, auch wenn sie sich von dem Großteil ihrer Umgebung nicht mehr verstanden fühlen.

Ein Kind zu verlieren, generell eine schwere Verlusterfahrung oder auch eine Nahtod- und Nachtoderfahrung kann also in vielen Fällen eine tiefe Identitätskrise auslösen, da so manches, mit dem man sich zuvor identifizieren konnte, plötzlich nicht mehr von Bedeutung ist. Ist also bei einem schlimmen Erlebnis die persönliche lebensgeschichtliche und ureigentliche Wesenseinheit gefährdet? Oder verändert man sich sowieso immer und in jedem Moment weiter? Gibt es etwas, das bleibt?

Identität erschließt sich aus unserer eigenen unverwechselbaren Individualität und gleichzeitig ist sie auch abhängig von der Gesellschaft, also davon, wie wir uns selbst in der Gemeinschaft wahrnehmen und welchen Platz wir darin haben. Somit entsteht Identität aus einer individuellen und sozialen Verbindung heraus. In einer Krise kann sich sowohl das eine als auch das andere verändern. Natürlich werden wir nicht grundsätzlich ein völlig anderer Mensch, aber häufig erfahren sich Trauernde plötzlich verändert und können sich erst einmal selbst in gewissen Situationen nicht wiedererkennen, und gleichzeitig verlieren sie auch erst einmal ihren angestammten Platz in der Gesellschaft.

Sollten wir also gleich damit beginnen, nach anderen Berufen, Möglichkeiten und Lebensformen zu suchen? Oder würde es ausreichen, wenn wir erst einmal die vier Fragen in unser Handgepäck legen, um sie bei jedem Schritt durch die Wüste des Lebens parat zu haben?

Möglicherweise reicht es völlig aus, unseren Fokus darauf zu richten und vielleicht geschieht das Folgende dann ganz von selbst?
Wir alle haben die Chance, durch Krisen mehr zu uns selbst zu finden und unser Umfeld, unsere Einstellungen und Glaubenssätze zu überdenken. Verluste, Trennungen, Krankheiten oder andere unerwartete Ereignisse können Krisen auslösen. Vielleicht kommt es auch gar nicht auf die jeweilige Aufgabe an, die das Leben von uns fordert, sondern darauf, wie wir damit umgehen und wie ehrlich und mutig jeder Einzelne damit verfahren kann.
Auch wenn sich jeder Mensch immerfort verändert, wird er doch niemals ein gänzlich anderer werden. Es gibt Prägungen und Charakterzüge, die bleiben, egal was geschieht. Aber eine Krise kann eine Verschiebung der Schwerpunkte auslösen und eigene Stärken und Schwächen bewusstmachen. Um ein Verständnis dafür zu entwickeln, was das mit uns macht und um all die Puzzleteile wieder zu einem einheitlichen Bild zusammenfügen zu können, werden wir uns auf eine andere, vielleicht höhere Ebene einlassen müssen.
Wir alle ahnen bereits, dass es die Krisen in unserem Leben sind, die uns ermöglichen, immer wieder ein Stück mehr unsere wahre Identität zu entdecken. Haben wir uns also früher über das »Was bin ich?« definiert – zum Beispiel: Mutter, Vater, Bruder, Schwester, Bäcker*in, Blumenverkäufer*in, Personen im ärztlichen Dienst –, können wir jetzt mehr über das »Wie« erfahren. Auf welche Weise finden wir unseren Ausdruck, und wie schauen wir auf die Welt. So formen wir einen noch eindeutigeren Charakter aus. Wir sind nicht mehr nur Trauernde, Kranke, Geflüchtete, wir sind noch so vieles mehr als das, und wir werden uns gerade durch diesen tiefen Schmerz weiterentwickeln. Keine Frage, hätten wir die Wahl, würden wir all die Erfahrungen immer wieder eintauschen, für eine heile Welt und die Freiheit. Leider können wir nicht wählen. Aber vielleicht spüren wir bereits, dass uns eine Kraft innewohnt, die sich aus der tiefen Verbindung mit dem »Allsein« speist und wir immer wieder dankbar sein können, wenn es uns gelingt, sie neu zu aktivieren.
Ebenso können wir dann auch anders mit der Gesellschaft umgehen lernen. Was geschieht, wenn wir anfangen, unser Gegenüber nicht mehr nur oberflächlich einzuordnen, sondern bereit sind, dem anderen zuzuhören, um ihn zu verstehen. Vielleicht können wir eines Tages spüren,

dass alles, was und wie wir es sagen, bei unseren Mitmenschen in einer bestimmten Form ankommen wird. Dann werden wir uns selbst, unsere Worte und unsere Handlungen in einer anderen Person wiedererkennen, und sie kann uns einen Teil von dem spiegeln, was wir wirklich sind.
Natürlich ist es nicht immer einfach, sich auf seine Mitmenschen einzulassen, denn das heißt, flexibel zu sein und verschiedene Gefühle aufzunehmen. Wenn uns das aber gelingt, können wir einen neuen Platz in der Gemeinschaft finden. Vielleicht werden wir anderen Menschen begegnen als bisher und uns von einigen verabschieden müssen. Aber unsere Welt wird bestimmt bunter, weiter und größer werden.
Vielleicht ist es dann auch möglich, diese gegenseitige Offenheit und Verbundenheit für alle Themen zu erlernen; denn es ist auch zuträglich, sie im Hinblick auf Diskriminierungen, etwa im Zusammenhang mit Rassismus, Glaube, Armut und in weiteren Bereichen zu üben, die oft der Grund dafür sind, dass Menschen aus der Gesellschaft ausgeschlossen werden. Sobald dies gelingt, wird es ein entscheidender Augenblick sein, in dem das Leben sich wendet. Es ist der Durchbruch zu einem anderen Bewusstsein, das sich in der Partnerschaft, im Beruf und im ganzen Leben zeigen wird, weil es alles durchdringt. Wir alle sind einzigartige Wesen, aber wir stehen niemals allein für uns selbst, wir sind miteinander verbunden, auf der ganzen Welt. Und in der Weise, wie wir auf unsere Mitmenschen zugehen, öffnen wir uns auch für uns selbst.
Ist es also nicht längst an der Zeit, unsere Ängste aufzulösen? Indem wir sie anschauen und den Themen, die wir fürchten, eine Sprache geben: Buchstaben, Worte, Sätze, durch die sich langsam unser leeres Blatt Papier füllt, wir wieder in einen Dialog kommen, in erster Linie mit uns selbst, aber auch mit der Welt und mit den Menschen, um uns auf diese Weise durch sie wieder ein Stück weit mehr zu erfahren.

Die Wüstenseele

Ich habe diese Wüste satt. Da sitze ich nun schon so lange im Sand, und ich spüre ihn überall. Unter meinem Hemd, in der Hose, in den Haaren und sogar in den Ohren.
»Also gut, du Ödnis, komm schon, ich fürchte dich nicht mehr!«
Ich stehe auf und schaue mich um, ob ich irgendwo in dieser verdamm-

ten Wildnis ein Werkzeug entdecken kann. Aber ich finde nichts. Dann beginne ich, mit den Händen zu graben. Ich versuche, ein Loch auszuheben. Aber der Sand, den ich beiseiteschiebe, rieselt sofort wieder nach. Ich fluche und grabe schneller, ich fluche und schreie, ich fluche und weine und grabe. Der Schweiß rinnt mir aus allen Poren. Ich klebe – und die Sandkörner an mir. Ich hebe mich nicht mehr ab von der Düne, von den Bergen aus Sand, werde selbst ein überdimensional großes lebendiges Sandkorn unter vielen und fühle mich doch so unendlich allein. Endlich, ich weiß nicht wie, ist der Aushub fertig, tief und groß genug, um mich hineinlegen zu können. Vorsichtig setze ich mich erst einmal in die Grube. Der Sand ist warm. Es fühlt sich unerwartet gut an. Die Masse passt sich meinen Körperformen an und langsam beginnt er wieder zu rieseln. Schnell strecke ich mich ganz aus, bevor meine Tatkraft im Sande verläuft. Mit meinen Händen beginne ich nun, mich langsam mit dem Sand zu bedecken. Am Ende schauen nur noch die Arme, die Hände und mein Gesicht heraus. Fast möchte ich verzagen, aber wie? Wie macht man das denn, wenn man so daliegt, mitten in der Wüste, eingegraben in den Sand und unfähig, sich zu bewegen? Ich lebe noch immer, denn ich kann ja noch atmen. Mein Körper steckt fest, aber was geschieht da plötzlich mit meinen Gedanken? Sie sind rege, flitzen behände da- und dorthin. »Halt, bleibt da, was fällt euch ein, mich hier zurückzulassen?« Aber mein Flehen kümmert sie nicht. Sie können sogar fliegen. Sie fliegen, wohin sie wollen. Sie sind frei, ganz frei. Jetzt sind sie weg, alles ist leer in mir und still. Im gleichen Moment stürmen sie alle gleichzeitig wieder auf mich ein. Sie bringen Erinnerungen mit, Aufzeichnungen von meinem alten Ich.
Denn plötzlich bin ich wieder Mama von zwei wunderbaren Jungs. Es ist schon spät am Abend. Alle schlafen, nur ich bin noch wach. Wenn alle ruhen, kann ich am besten schreiben, die Kerze flackert, der Wiesenblumenstrauß, den ich vor ein paar Tagen pflückte, duftet noch immer nach Mädesüß, ich weiß meine Liebsten geborgen und eingebettet in die Träume der Nacht. Fast höre ich sie atmen. Meine Hände fliegen über die Tastatur und wieder sind meine Gedanken in einer anderen Zeit und Wirklichkeit. Ist dies nun die Realität? Ich stecke inmitten der Märchen, die von mutigen Kräutern und heilkräftigen Pflanzen erzählen. Plötzlich sind meine Gedanken wieder hier, in der Wüste. Verflogen ist der Duft der Kräuter, die Kerze ist aus. Tränen tropfen aus meinen Augenwinkeln

in den Sand. Wer bin ich jetzt, hier in der Wüste, nackt und schutzlos, dem Leben ausgeliefert, ohne meine ursprünglichen Träume von meiner heilen kleinen Familie, ohne meine früheren Bedürfnisse, meine Zuversicht, meine Hoffnung, meine Zukunft?
»Wer bin ich?«, rufe ich erst verhalten, dann immer lauter und lauter.
»Wer bin ich?!«, schreie ich immer verzweifelter dem Himmel entgegen und wie ein inneres Echo hallt es in mir zurück: »Wer bin ich – bin ich – ich bin …«
Ich bin, einfach so. Verbunden mit der Erde, die mich trägt, und mit dem Himmel vereint, der mir in der Nacht seine Sterne leiht, damit es nicht dunkel wird und immer ein Licht mir leuchtet, in der Wüste meines Lebens. Ich bin – das Licht – ein Leuchten – das flackert in der Dunkelheit. Ich. Bin.

Aus Fragen wird man klug

- Wie wäre es herauszufinden, wer du wirklich bist?
- Kannst du dir vorstellen, dich auf einen inneren Prozess einzulassen?
- Als was hast du dich bisher identifiziert? Vater, Mutter, Lehrer*in, Schreiner*in, Autor*in?
- Hast du den Mut, hier etwas genauer hinzusehen?
- Du könntest überlegen, auf welche Weise du dich gerade in der Welt begreifst: Ist das Bild von dir befriedigend für dich oder bist du noch viel mehr?
- Kann deine jetzige Erfahrung Anstoß sein, tiefer zu spüren?
- Auf welche Weise hat die Trauererfahrung dich verändert?
- Wie erlebst du dich heute selbst und als Teil in der Gesellschaft?
- Möchtest du deinen neuen Platz finden?
- Könntest du dafür etwas an deinem momentanen Erleben verändern?
- Bringt dich das näher zu dir selbst?
- Was wäre, wenn die Krise die Aufgabe hätte, deine Identität immer wieder neu zu erschaffen, dahingehend, dass du dich immer besser kennenlernen wirst?
- Bist du mutig genug, dich darauf einzulassen?

Wie du dir selbst helfen kannst: Identitätskompass

Der Identitätskompass kann helfen, dich in der Trauer (oder einer anderen Krise) besser kennenzulernen, Eigenschaften, die dir nicht dienlich sind, zu verändern, um eine neue, konstruktive Richtschnur für dein Leben zu finden.

Kein Mensch weiß vorher ganz genau, wie er sich verhalten würde, wenn er die Diagnose einer unheilbaren Krankheit bekäme, auf der Flucht sein müsste oder einen nahestehenden Menschen verlieren würde. Aber wir haben bestimmte Verhaltensmuster, Gewohnheiten, die wir unbewusst bedienen. Um die eigenen Kräfte besser kennenzulernen und einzusetzen, ist es hilfreich, sich mit bestimmten Mustern auseinanderzusetzen und sich immer wieder zu fragen: Ist meine Reaktion hilfreich, ist sie authentisch oder antrainiert? Ist es sinnvoll, etwas zu verändern? So hast du die Chance, dich gerade in Krisenzeiten besser kennenzulernen und sogar über dich hinauszuwachsen.

Bereits in der Antike wurden Menschen ihrem Wesen nach in verschiedene Persönlichkeitstypen eingeteilt. Was damals in der hippokratischen Humoralpathologie in Melancholiker, Choleriker, Sanguiniker und Phlegmatiker unterteilt wurde, findet heute in vielen verschieden Kategorisierungen menschlicher Wesenheiten seine Entsprechung.

Folgende Charaktere in der Trauer sind Prototypen. Kein Mensch hat nur Merkmale des einen Typs. Aber oft erkennt man sich in einem Trauertypen besonders wieder. Manchmal gelingt es auch, andere Familienmitglieder in ihrer Eigenart besser anzunehmen, wenn man auch die anderen Charaktere kennen- und verstehen lernt. Es ist auch hilfreich, sich immer wieder zu fragen, ob man sich selbst wirklich in einem Charaktertypen verstärkt wiederfindet oder ob man durch die Aussagen anderer eine bestimmte Rolle einnimmt und sich einem entsprechenden Typen zuordnet, obwohl einem eigentlich ganz anders zumute ist.

Wenn dir beispielsweise immerzu gesagt wird: »Zumindest du behältst einen kühlen Kopf«, könntest du dich leicht in diese Rolle drängen lassen, obwohl dir tatsächlich viel mehr zum Weinen zumute ist. Das, was andere von dir denken, und welche Meinung du selbst von dir hast, ist dann nicht kongruent. Vielleicht hast du zudem noch einen anderen Anspruch, ein Ideal, wie du dich sehen möchtest. Um zu einer neuen Identi-

tät zu finden, musst du durch die Wüste gehen. Es wird bedeuten, dass sich die Anteile in dir verschieben und eine neue Gewichtung bekommen. Manche dürfen kleiner werden und das, was gar nicht mehr zu dir passt, könntest du ziehen lassen, auch wenn du dich früher gern in dieser Rolle gesehen hast. Es kann sich lohnen, andere Wesenszüge größer werden zu lassen, die jetzt vielleicht besser zu dir passen, wenn du deinen Weg durch die Wüste fortsetzen möchtest. Traust du dich? Was für ein Typ bist du heute?
Die unterschiedlichen Charaktere stelle ich aus eigener Erfahrung und in Anlehnung an Mechthild Schroeter-Rupiepers Trauertypen dar. Ich reduziere die Identität eines trauernden Menschen auf fünf unterschiedliche Trauertypen, die ich in meinem Identitätskompass darstelle:

1. Der gefühlvolle, intuitive Charaktertyp
2. Der analytische, rationale Charaktertyp
3. Der handelnde, organisierende Charaktertyp
4. Der abwehrende, ignorierende Charaktertyp
5. Der passive Charaktertyp

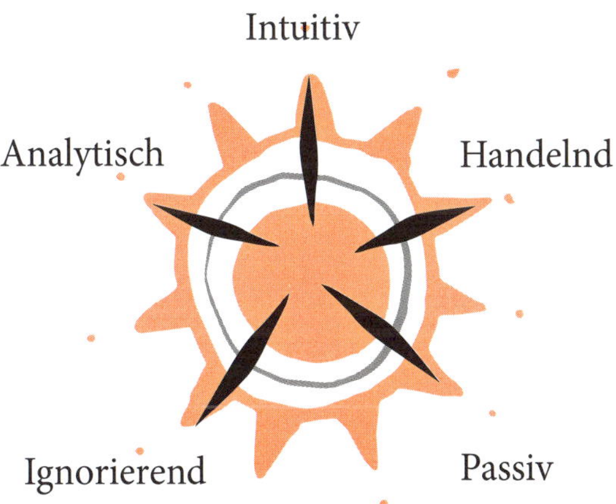

Der **gefühlvolle Charakter** lässt seinen Eindrücken freien Lauf und lässt alles zu. Er weint, schreit, lacht, liebt, hasst und brüllt. Er kann sich durch die Freisetzung seiner Gefühle Linderung verschaffen und er spürt sehr viel bei sich und anderen. Gleichzeitig ist er seinen Gefühlen oft ausgeliefert. Wenn sie zu stark werden, kann er nicht mehr klar spüren, was er eigentlich will.

Der **analytische Trauernde** forscht ständig nach einem tieferen Sinn, einer Erklärung. Er verschlingt Bücher, informiert sich überall, grübelt und denkt nach und diskutiert gern über Leben und Tod. Er will wahrhaft verstehen und analysiert die Welt. Manchmal ordnet er das Geschehen etwas Höherem unter, das er dann immer besser erkennen möchte. Bei dem Versuch, alles rational begreifen zu wollen, könnte er scheitern, weil er irgendwann erkennen muss, dass sein Verstand begrenzt ist und er allein vernunftmäßig nicht weiterkommen kann. Diese Erkenntnis könnte ihn angesichts der großen Not, in der er sich befindet, verzweifeln lassen.

Der **handelnde Typ** geht in die Aktivität. Er muss etwas tun. Entweder er treibt aktiv Sport oder er malt, bastelt, räumt auf, putzt ständig das Haus, backt und kocht. Er ist kreativ und organisiert gern Gedenktage oder alles, was ihm sonst helfen kann, mit dem Tod umzugehen. Dadurch, dass er viele Dinge gestaltet oder sich aktiv bewegt, fällt es ihm leichter, mit seiner Trauer umzugehen. Andererseits wird allein das nicht genügen, wenn er durch die Aktivitäten an der Oberfläche bleibt und seine tiefe Trauer nicht an sich heranlässt.

Der **abwehrende Charakter** verhält sich häufig so, als sei seine Trauer gar nicht existent. Er ignoriert seine Gefühle oder versucht sie zu unterdrücken. Er wirkt deshalb oft gleichgültig und unzugänglich. Er versucht, die Konfrontation mit dem Schmerz zu unterdrücken, weil er sich vor seinen starken Emotionen fürchtet. Wenn man sich gerade in einer Lage befindet, in der man funktionieren muss (Geld verdienen, um Kinder kümmern etc.), kann dieses Verhalten hilfreich sein. Allerdings lässt sich die Trauer nicht sehr lange verdrängen. Wenn man sie beharrlich zur Seite schiebt, wird sie andere Wege finden, zu einem zu gelangen, zum Beispiel über eine Depression oder einen Burnout.

Der **passive Typ** lässt alles auf sich zukommen. Von sich aus ergreift er keine Initiative. Er versucht die Situation auszusitzen und hofft, dass es von allein besser werden wird. Von Vorteil ist einerseits, dass er keine unnötigen Kräfte in den Widerstand investiert, also nicht versucht, gegen etwas anzukämpfen, das sich nicht ändern lässt. Andererseits ist er darauf angewiesen, dass ihn irgendwann jemand anstupst, damit er sich wieder bewegt und ein Stück des Weges weitergehen kann.

Hast du bemerkt, dass du von allen Charaktertypen Anteile hast? Es ist also wieder einmal angezeigt, für sich den goldenen Mittelweg zu finden, weil alles sein Für und Wider hat.
Der Identitätskompass kann dir Orientierung geben und dir helfen, dich anhand der Typenbeschreibungen neu aufzustellen, bisherige hemmende Eigenschaften rauszuwerfen oder unterzuordnen, andere zu stärken und neue hinzuzunehmen: solche, die Bestand haben, die zukunftsweisend sind, dich unterstützen, damit du dich wiederfinden kannst in deinem »Wie stehe ich in der Welt?« und »Was ist mir künftig wichtig?« Hast du den Mut hinzuschauen, dich zu verändern und in der Wüste deines Lebens weiterzugehen? Damit du tiefer in deine Überlegungen einsteigen kannst, möchte ich dich wieder mit in die Wüste nehmen und dir anhand eines Wüstenbildes den Zugang zu deinem »Wie und weshalb« zu erleichtern.

Visualisiere für dich, wo du in einem Jahr mit deiner Trauer sein möchtest.

Mache diese Visualisierung mit den unterschiedlichen Trauertypen oder nimm dir erst einmal den Trauertypus vor, von dem du denkst, dass er dir am nächsten ist. Picke dir dann aus den verschiedenen Vorschlägen einen Aspekt heraus, den du als erstes verändern möchtest.

Die Anleitung zu dieser Übung findest du als Audiodatei auf meiner Website www.flor-schmidt.de.
Vorbereitung: Mache es dir bequem, entspanne deine Schultern und atme ein paar Mal tief ein und wieder aus. Dann schließe deine Augen.

Praktische Anleitung zum Identitätskompass

Typ 1: Der Intuitive

Stelle dir vor, du sitzt auf einem Dromedar. Du fühlst dich ausgeliefert, weil du nicht weißt, wie du es lenken kannst. Es läuft immer tiefer in die Wüste hinein. Du fühlst dich hilflos und beginnst zu weinen. Das Dromedar läuft unbeirrt weiter. Du schreist und fluchst. Das Dromedar erschrickt.

Entdecke neue Eigenschaften in dir, die dir helfen könnten, das Dromedar zu lenken oder es zumindest für eine Weile aufzuhalten.

- Was könntest du verändern? Kannst du deine Angst überwinden und springen?
- Was braucht es, damit du mutiger wirst?
- Was möchtest du verabschieden? Was ist dir in dieser neuen Situation, in der du dich nun befindest, nicht mehr hilfreich? Brauchst du das noch oder könntest du es loslassen?
- Was willst du beibehalten (Tränen, Wut, Traurigkeit)? Vielleicht weil es dir hilft, weil es dir momentan noch guttut?
- Was möchtest du an dir selbst verändern? Was willst du dir erarbeiten, um in einem Jahr an der Stelle zu stehen, die du visualisiert hast? Denke daran: Es müssen keine großen Veränderungen sein; der erste kleine Schritt durch die Wüste ist nur einen Atemzug weit entfernt.

Nimm dir deshalb eine einzige Sache vor, die du verändern möchtest. Zum Beispiel: jedes Mal tief durchzuatmen, wenn dich etwas triggert, bevor deine Gefühle mit dir durchgehen.

Typ 2: Der Analytische

Stelle dir vor, du sitzt auf einem Dromedar. Es läuft immer tiefer in die Wüste hinein. Du überlegst, weshalb es das tut. Du möchtest es verstehen, sein Tun nachvollziehen. Währenddessen läuft das Dromedar unbeirrt weiter. Du kreierst Argumente, die dafür und dagegen sprechen, mit dem Dromedar weiter in die Wüste zu reiten. Ehe du es dich versiehst, steckst du mittendrin im Sand, in den Dünen, in der Wüste.
Entdecke neue Eigenschaften in dir, die dir helfen könnten, das Dromedar zu lenken oder es zumindest für eine Weile aufzuhalten.

- Was braucht es, um etwas Neues auszuprobieren?
- Kannst du die Zügel lockerlassen oder dem Dromedar bestimmt den Weg weisen?
- Was möchtest du verabschieden? Was ist dir in der Situation, in der du dich befindest, nicht mehr hilfreich? Brauchst du das noch oder könntest du es loslassen?

- Was willst du beibehalten (deine Gedanken, Gespräche)? Vielleicht weil sie dir helfen und guttun?
- Wie kannst du mit äußeren Einflüssen, auf die du argumentativ keinen Einfluss hast, wie Hitze, Sonne, Sturm, Nacht, Hunger, Durst oder Müdigkeit, besser umgehen?
- Was möchtest du an dir selbst verändern? Was willst du dir erarbeiten, um in einem Jahr an der Stelle zu stehen, die du visualisiert hast? Denke daran: Es müssen keine großen Veränderungen sein; der erste kleine Schritt durch die Wüste ist nur einen Atemzug weit entfernt.

Nimm dir eine einzige Sache vor, die du verändern möchtest. Zum Beispiel: einmal am Tag zehn Minuten lang Musik zu hören oder zu tanzen, um näher an deine Gefühle heranzukommen.

Typ 3: Der Handelnde

Stelle dir vor, du sitzt auf einem Dromedar. Es läuft immer tiefer in die Wüste hinein. Du gibst ihm die Sporen, ziehst an den Zügeln und schnalzt dabei laut. Das Dromedar ist irritiert und weiß überhaupt nicht, wohin es laufen soll. Es läuft im Kreis. Du springst ab, zerrst an seinem Halfter, kletterst wieder hinauf. Du kannst keine Verbindung mit dem Tier herstellen. Es gelingt dir nicht, ihm zu verstehen zu geben, was du von ihm willst.
Entdecke neue Eigenschaften in dir, die dir helfen könnten, das Dromedar zu lenken oder es zumindest für eine Weile aufzuhalten.

- Was kannst du an deinem Verhalten verändern?
- Was braucht es, um neue Wege zu finden?
- Wie möchtest du dorthin gelangen?
- Was möchtest du dem Dromedar übermitteln?
- Versuche zu erspüren, was das Tier von dir braucht.
- Was möchtest du verabschieden? Was ist dir in dieser neuen Situation nicht mehr hilfreich?
- Was willst du beibehalten (kreativ oder schöpferisch zu sein)? Vielleicht weil es dir hilft, dich zu spüren, weil es dir Sicherheit gibt?
- Was möchtest du an dir selbst verändern? Was willst du dir erarbeiten, um in einem Jahr an der Stelle zu stehen, die du visualisiert hast? Denke daran: Es müssen keine großen Veränderungen sein;

der erste kleine Schritt durch die Wüste ist nur einen Atemzug weit entfernt.

Nimm dir eine einzige Sache vor, die du verändern möchtest. Zum Beispiel: einmal am Tag zehn Minuten lang zu meditieren, um etwas zur Ruhe zu kommen.

Typ 4: Der Ignorante

Stelle dir vor, du sitzt auf einem Dromedar. Es läuft immer tiefer in die Wüste hinein. Du telefonierst mit deinem Handy und gibst den Zuhausegebliebenen aus der Wüste Anweisungen für ihren Alltag daheim. Du bemerkst gar nicht, wohin dein Dromedar läuft, denn du bist mit anderen Dingen beschäftigt. Es wird dunkel. Dann erst bemerkst du, dass du mitten in der Wüste steckst.
Entdecke neue Eigenschaften in dir, die dir helfen könnten, das Dromedar zu lenken oder es zumindest für eine Weile aufzuhalten.

- Gelingt es dir hinzusehen und zu bemerken, in welcher Lage du dich befindest?
- Kannst du zum Beispiel dein Handy wegpacken?
- Was ist dir in dieser Situation, in der du dich befindest, nicht mehr hilfreich? Brauchst du das noch oder könntest du es loslassen?
- Was willst du beibehalten (dich manchmal abzulenken, wenn der Schmerz groß wird)? Diese Option könnte dir ein wenig Sicherheit geben.
- Was möchtest du an dir selbst verändern? Was willst du dir erarbeiten, um in einem Jahr an der Stelle zu stehen, die du visualisiert hast? Denke daran: Es müssen keine großen Veränderungen sein; der erste kleine Schritt durch die Wüste ist nur einen Atemzug weit entfernt.

Nimm dir eine einzige Sache vor, die du verändern möchtest. Zum Beispiel: einmal am Tag ein Bild deines verstorbenen Menschen anzuschauen, um den Schmerz portionsweise zuzulassen.

Typ 5: Der Passive

Stelle dir vor, du sitzt auf einem Dromedar. Es läuft immer tiefer in die Wüste hinein. Bewegungslos lässt du dich von dem großen Tier weiter in

die Wüste tragen, unfähig irgendetwas zu unternehmen, was deine Lage verändern könnte.
Entdecke neue Eigenschaften in dir, die dir helfen könnten, das Dromedar zu lenken oder es zumindest für eine Weile aufzuhalten.

- Was kann dich unterstützen, um etwas zu tun?
- Was bräuchtest du, um abspringen zu können?
- Was ist dir in dieser Situation, in der du dich befindest, nicht hilfreich? Könntest du es verändern?
- Was willst du beibehalten (dich zurückzunehmen, in manchen Situationen gelassen zu sein)?
- Was möchtest du an dir selbst verändern? Was willst du dir erarbeiten, um in einem Jahr an der Stelle zu stehen, die du visualisiert hast? Denke daran: Es müssen keine großen Veränderungen sein; der erste kleine Schritt durch die Wüste ist nur einen Atemzug weit entfernt.

Nimm dir eine einzige Sache vor, die du verändern möchtest. Zum Beispiel: einmal am Tag etwas Neues auszuprobieren, einen kurzen Spaziergang zu machen oder etwas in der Wohnung umzustellen.
Was möchtest du zuerst verändern? Hast du dir etwas aus den Angeboten herausgesucht?

In Anlehnung an das 21-Tage-Programm von Will Bowen möchte ich dir Folgendes vorschlagen: Besorge dir ein Armband, das sich leicht anlegen und abstreifen lässt, und lege es um dein linkes Handgelenk. Dann nimm dir eine Sache vor, die du in deiner Trauer verändern willst, beispielsweise zehn Minuten täglich zu meditieren, Musik zu hören oder zu tanzen. Sobald du dein Vorhaben an einem Tag nicht umsetzt, musst du das Armband um dein anderes Handgelenk legen. Ziel ist es, das Armband 21 Tage lang an einer Seite zu belassen. Wann immer du aber die Seite wechseln musst, beginnst du wieder von vorn zu zählen. Es ist egal, wie lange du dafür brauchst. Wenn du es schaffst, wird es deine Schritte durch die Wüste verändern und eine gute Erfahrung für dich sein.

Dankbarkeit: ein Geschenk des Himmels

Liebe Dankbarkeit.
Es ist Zeit, dich zu sehen.
Es ist Zeit, über dich zu schreiben.
Es ist Zeit, dich öffentlich anzuerkennen.
Es ist Zeit, dir endlich einmal eine Dankesrede zu schreiben.
Es ist Zeit, dir zu bedeuten, wie schön es ist, dass es dich gibt.

Gedanken schöpfen 

Liebe Dankbarkeit, wenn wir dir begegnen, setzt du helle Akzente in unser verletztes Herz, auch wenn jeder Schritt unendlich mühsam ist. Denn nur mit dir zusammen können wir auch wieder die schönen Momente im Leben wahrnehmen. Wir müssen nichts weiter tun, als uns für dich zu öffnen. Bitte sei immer da, auch wenn wir manchmal nicht in deine Richtung schauen.

Gerade in den schwierigsten Zeiten können wir durch dich lernen, dass eine verbundene Einstellung dem Leben gegenüber häufiger zu einem positiven Gefühl führt als eine negative Haltung. Und trotzdem fällt es uns erst einmal leichter, dich in den guten Momenten wahrzunehmen, wenn uns etwas gelingt oder ein sehnlicher Wunsch in Erfüllung geht. Diese Verbindung ist oft nicht tief, meist schenken wir dir dann einen flüchtigen Gedanken und haben dich kurz darauf auch schon wieder vergessen. Erst wenn es uns gelingt, dir auch in schmerzlichen Zeiten wieder unsere Tür zu öffnen, um dich in unser Leben zu lassen, können wir erkennen, wer du wirklich bist und was du alles bewirken kannst.

Dann entdecken wir dich plötzlich in jedem noch so kleinen Detail und wir erkennen, dass vieles, das wir früher für normal hielten, gar nicht selbstverständlich ist.

Es ist nicht selbstverständlich, genügend zu essen und ein Dach über dem Kopf zu haben. Es ist nicht selbstverständlich, gesund zu sein, Freunde und Familie zu haben und in Frieden zu leben.

Liebe Dankbarkeit, wir sind froh darüber, immer wieder von neuem die Chance zu haben, dich wahrzunehmen, auf die Fülle schauen zu können

und nicht auf den Mangel und das, obwohl die Welt unperfekt ist, wir selbst Fehler machen, zweifeln und klagen.
Man kann dich nirgends kaufen. Es gibt dich sogar umsonst. Du bist einfach da und wirkst, so wie eine Blume blüht, aus dir selbst heraus.
Du schenkst uns Wertschätzung – uns selbst gegenüber und für die Welt.
Sobald wir oder andere allerdings versuchen, dich als Verpflichtung zu benutzen, zeigst du uns gleich, dass dies nicht gelingt. Denn das forderst du, in deiner Art von Selbstlosigkeit durchdrungen, niemals ein. Nur wir Menschen mögen dies zuweilen tun. Wir können uns bestimmt alle an Situationen erinnern, in denen wir schon einmal das Gefühl hatten, wir müssten jetzt dankbar sein.

Auri erzählte mir bei einem Einzelgespräch, dass sie beim Thema Dankbarkeit gleich an ihre Tante Trude mütterlicherseits denken müsse. »Sie war selbst so betroffen über den frühen Tod meines jüngeren Bruders, dass sie alles tun wollte, um mich zu unterstützen. Sie lud mich an einem Wochenende zu sich ein und bekochte mich fürsorglich. Ich erinnere mich noch gut daran, dass sich Tante Trude die größte Mühe gab, mir das Essen schmackhaft zu machen«, sagte Auri und lächelte in Gedanken. »Aber ich hatte gar keinen Appetit.«

Irgendwann war die Tante frustriert, weil Auri ihre Kochkunst wiederholt verschmähte, und ihr rutschte der Vorwurf heraus: »Jetzt habe ich extra den ganzen Tag in der Küche zugebracht und du probierst nicht einmal von meinem Essen. Dabei könntest du dankbar sein, dass jemand für dich kocht! Andere Trauernde haben niemanden, der sie umsorgt. Reiß dich doch bitte einmal zusammen.«

Auri hatte ein schlechtes Gewissen, weil sie nicht dankbar war. Aber auch Trude erntete nicht die gewünschte Anerkennung oder Dankbarkeit. Sie bekam höchstens Auris ungutes Gefühl zu spüren, das sie durch ihre Forderung wachgerufen hatte. Damals wusste Auri noch nicht, dass niemand Dankbarkeit erwarten oder gar einfordern kann und dass Dankbarkeit sich sofort entzieht, wenn man in Versuchung kommt, sie mit dem Bedürfnis nach Bestätigung zu verwechseln und nicht das eigene Begehren erkennt, das dahintersteht.

Liebe Dankbarkeit, wenn wir uns gerade in der Wüste unseres Lebens befinden, können wir dich erst durch eine andere Haltung dem Leben gegenüber kennenlernen.
Dann nämlich, wenn wir versuchen, unseren Fokus nicht ausschließlich auf unsere Traurigkeit zu richten, um genügend Platz für dich zu schaffen. Die negativen oder traurigen Gefühle würden dir dann einen Teil der Bühne überlassen. Das heißt nicht, dass wir dann nicht mehr trauern dürfen, denn ihr schließt euch ja gegenseitig nicht aus, die Trauer und du. Ihr könnt einfach nebeneinanderstehen.
Du bist deinem Wesen nach ganz anders als Wut oder Zorn, eher leise und sanft. Sowohl alte Gewohnheiten als auch übermäßige Trauer können unser Gefühl von dir überdecken. Wenn dann der Schmerz zu groß wird, wir uns immer wieder gegen die Ungerechtigkeit der Welt aufbäumen und alles andere in den Hintergrund tritt, drohen Wut und Frustration den ganzen inneren Raum einzunehmen.
Aber auch, wenn wir allen Grund dazu haben, traurig oder wütend zu sein, können wir versuchen, unseren Blick bewusst auch auf die positiven Seiten im Leben zu lenken, um das Bild, das wir von unserem Leben haben, wieder auszugleichen. Dann könnte irgendwann ein Perspektivwechsel gelingen. Hierfür braucht es eine innere Entscheidung. Wenn wir sie getroffen und uns für dich, liebe Dankbarkeit, entschieden haben, muss unsere Wahrnehmung nur noch trainiert werden.
Am Themenabend »Dankbarkeit« in der JugendLichter-Gruppe gebe ich allen Teilnehmenden jeweils zehn winzige Steine. Ich fordere die verwaisten Eltern auf, diese Steinchen in die rechte Hosentasche zu stecken. Immer wenn sie im Alltag dankbar sind, sollen sie ein Steinchen in die andere Tasche geben. Abends können sie nachzählen, wie viele Steinchen von der einen Seite auf die andere gewandert sind. Das kann ein überraschendes und manchmal auch beglückendes Gefühl auslösen.
Es kostet uns gar nichts, dankbar zu sein. Aber es verändert alles.

Die Wüstenseele 

Als ich 22 Jahre alt war, starb meine Mutter. Ich versuchte, meinen Schmerz zu unterdrücken und verdrängte alles, was hochkommen wollte. Ich war jung, die Welt stand mir offen – ich wollte leben und glücklich sein. Was ich mir zu diesem Zeitpunkt auf keinen Fall vorstellen wollte: in die Wüste zu gehen, in die Wüste meines Lebens. Ich tat alles, um mich dagegen zu wehren. Leider gab es auch in meinem Umfeld niemanden, der mich bei der Hand genommen hätte, um behutsam gemeinsam mit mir einen Fuß in diese Gefühlslandschaft zu setzen. Stattdessen fuhr ich mit meiner alten Ente zu einer Freundin nach Siena und fühlte mich in der schönsten Landschaft unter lustigen Menschen unfassbar unglücklich und allein. Danach versuchte ich dennoch, mein kleines Latinum zu bestehen, das ich für mein Philosophie- und Germanistik-Studium benötigte. Damals wusste ich noch nicht, dass ich mich schon längst inmitten der Wüste, meiner Trauer, befand. Aber anstatt zu versuchen, mich in dieser Landschaft zurechtzufinden, kämpfte ich noch immer dagegen an. Diese Absicht strahlte ich nach außen weiterhin aus, weshalb mir vermutlich auch kein Mensch begegnete, der mich auf meinem Trauerweg hätte begleiten können. Ich wollte stark sein, es allein schaffen – und vor allem wollte ich niemandem eingestehen, wie unglücklich ich war, am wenigsten mir selbst. So ergab sich auch keine Möglichkeit, durch die ich gelernt hätte, meine Trauer zuzulassen und in mich hineinzuspüren.

Dann kamen plötzlich die unerträglichen Schmerzen. Denn wenn es der Seele zu bunt wird und sie erkennt, dass man nicht auf sie hört, verbindet sie sich gern mit dem Köper und fordert ihn auf, auf seine Weise zu agieren, damit der Mensch, der diesen Körper bewohnt, endlich beginnt, sich mit sich selbst auseinanderzusetzen. Damit möchte ich nicht sagen, alle Schmerzen der Welt erfüllten lediglich diesen Zweck und hätten nur dieses eine Ziel. In meinem Fall war es jedoch so. Aber natürlich können psychosomatische Schmerzen vielfältige Gründe haben und die unterschiedlichsten Prozesse anstoßen. Deshalb ist es oft schwierig, sie zu deuten.

Ich war jung und betrübt, mein Körper schrie und schmerzte so heftig, dass an Weite, an Abenteuer, an Lebenslust oder Dankbarkeit gar nicht zu denken war. Die Schmerzen zwangen mich schließlich dazu, eine Therapie zu beginnen und mich mit meiner Trauer, mit Sterben und Tod zu beschäftigen.

Ich war in der Wüste angekommen und verstand endlich, dass mein Weg ein anderer war als der vieler anderer Studierenden: dass ich in meiner freien Zeit nicht ans Meer oder in die Berge fahren würde, sondern mich in meine innere Wüste begeben musste.

Ich erkannte, wie viel Kraft ich darauf verwendet hatte, mich gegen meinen Wüstenweg zu wehren. Es war so anstrengend gewesen, meine Augen fest geschlossen zu halten, sobald ich die unendlichen Berge aus Sand vor mir sah, denn meine Augen brannten trotz allem und meine Kehle war zugeschnürt und trocken.

Ich wurde Wüstenwanderin und durchschritt die tiefsten Täler und trockensten Perioden. Es war anstrengend und schmerzhaft zugleich. Doch ausgerechnet im Tal der Tränen bemerkte ich auf einmal die wenigen Pflanzen, die sich trotz Dürre aus den Ritzen des trockenen Bodens kämpften. Sie erweckten in mir ein Gefühl, das ich lange nicht mehr gespürt hatte: Ich wollte lebendig sein, ich wollte leben!

So orientierte ich mich an den Pflanzen, die es trotz der widrigen Umstände zu blühen verstanden. Ich konnte plötzlich die Fülle erkennen, die trotz Traurigkeit um mich war. Ich war dankbar um die Dromedare, die mich eine Wegstrecke über den Sandboden trugen, wenn ich zu schwach war, selbstständig weiterzugehen. Ich war auch nicht mehr allein unterwegs. Es gab auf einmal immer jemanden, der zur Stelle war, mir half, eine Hand reichte oder ein Ohr für mich hatte. Es gab Sterne in der Nacht, die mir leuchteten und mir die Furcht nahmen, wenn es dunkel wurde. Ich begann, die Qualität des Sandes zu schätzen, denn er war säubernd und klärend zugleich. Anstelle meine Hände mit Seife zu reinigen, konnte ich sie einfach mit Sand einreiben. Es gab die Stille, die ich wertschätzen lernte, denn sie warf mich auf mich selbst zurück und so lernte ich mich immer besser kennen. Wenn mir jemand ein Glas Wasser reichte, konnte ich spüren, wie es durch meine Kehle floss und ich fühlte mich frisch und gestärkt. Wertschätzung und Dankbarkeit sind miteinander verschwistert, die eine zu kennen heißt, sich auch mit der anderen vertraut zu machen.

Ich war dankbar, dass ich den Weg durch die Wüste eingeschlagen hatte, denn ich sah plötzlich, dass die Wüste mein Leben auch bereichern konnte. Ich lernte Schritt für Schritt, eine Krise zu überleben. Auf meinem langen Weg als Wüstenwanderin verspürte ich nicht mehr nur Schmerz und Traurigkeit, ich war gleichzeitig auch erfüllt von den Attributen der Wüste, die ich kennenlernen durfte. Da sind Hoffnung, Mut, Respekt, Wertschätzung und Dankbarkeit.

Den wahren Geschmack des Wassers lernte ich erst in der Wüste kennen.

Aus Fragen wird man klug

- Wie wäre es, wenn du allabendlich deinen Tag noch einmal vorüberziehen ließest, bevor du schlafen gehst? Gibt es etwas, wofür du dankbar bist?
- Fallen dir Situationen ein, die sich gut anfühlen, auch wenn sie deinen großen Kummer nicht verändern können?
- Kannst du dir vorstellen, dich für positive Gefühle zu öffnen?
- Was wäre, wenn du versuchst, deinen Fokus nicht mehr einzig auf Dinge zu richten, die sich gerade nicht gut anfühlen, sondern dich auch wieder schönen Dingen zuwendest?
- Könntest du versuchen, mehr positive Dinge mit in die Nacht zu nehmen, um in einen gesünderen und ruhigeren Schlaf zu finden?
- Wärst du dann auch bereit, dir gleich nach dem Aufwachen eine Sache vorzunehmen, auf die du dich freuen kannst oder die dich interessiert?
- Kannst du dich selbst wertschätzen für Dinge, die dir gut gelingen?

Wie du dir selbst helfen kannst: Dankbarkeitspraxis

Picke dir aus den unten stehenden Beispiel-Sätzen einen oder mehrere heraus und schreibe sie jeweils auf die Rückseite der dafür vorgesehenen Postkarten im Buch. Du kannst auch eigene Sätze kreieren, die zu deiner individuellen Situation passen. Wenn du magst, kannst du beide Postkarten ausschneiden und an einen Ort legen, an dem du sie morgens und abends sehen kannst. Lies diese Sätze immer wieder durch. Schließe kurz deine Augen und versuche, die Worte auch zu fühlen. Vielleicht magst du diese Sätze zusammen mit der Postkarte irgendwann auch teilen und verschenken?

Dankbarkeitssätze zur Auswahl

1. Ich verbinde mich mit Dankbarkeit.
2. Ich bin dankbar für … (Person, Sache, Situation).
3. Ich bin dankbar, dass ich immer wieder frei entscheiden kann.
4. Ich bin dankbar, dass ich für mein Leben verantwortlich sein darf.
5. Ich bin dankbar, dass ich mir selbst immer wieder vergeben kann.
6. Ich bin dankbar, dass jeder Morgen eine neue Chance in sich birgt.
7. Ich bin dankbar, wenn die Sonne scheint oder es für die Pflanzen regnet.
8. Ich bin dankbar für meine Fähigkeiten, zum Beispiel:
9. Ich bin dankbar, Teil der Natur zu sein.
10. Ich bin dankbar für die Liebe, die mich umgibt.
11. Ich bin dankbar für die göttliche Führung.
12. Ich bin dankbar für die Wüste meines Lebens.

Auf den Wellen des Alltäglichen surfen

In den JugendLichter-Gruppen erzählen Eltern immer wieder, wie schwierig es nach dem Tod eines ihrer Kinder war, ein älter gewordenes Geschwisterkind oder mehrere in die Welt zu entlassen. Schon wieder ein Abschied. Ein natürlicher, aber eben eine Veränderung, die ebenfalls schmerzt. Selbst wenn sie dieses Ziehenlassen besser verstehen und es sinnerfüllt ist: Es tut trotzdem weh. Jeder Wandel ist jetzt schwer. Sie möchten ihre Kinder beschützen, vor dem Leben, vor dem Tod, vor Schmerz und Leid. Wissend, dass dies nicht mehr ihre Aufgabe ist und auch nicht gelingt. Welche Aufgabe kommt ihnen dann noch zu? Für wen können sie noch verantwortlich sein? Für sich selbst? Gibt es neue Inhalte? Wie könnten sie aussehen?

Gedanken schöpfen 

Jakob von den JugendLichtern erzählte uns, wie die letzte Zeit mit seinem jüngeren Sohn für ihn war. Er wusste, dass er ihn bald würde ziehen lassen müssen. Deshalb wollte er die letzten gemeinsamen Tage mit ihm gut nutzen. Er bot seinem Sohn an, mit ihm zusammen seinen Van, den er sich vor kurzem gekauft hatte, auszubauen.

> *»Jeder Morgen begann mit Kaffee, Müsli und frischen Brötchen. Den Tag über hörten wir fröhliche Musik, wenn wir am Bus beschäftigt waren, und am Abend tranken wir zum Abschluss noch ein Bier. Nachdem das Bett gebaut, ein zusätzliches Seitenfenster angebracht und der vordere Drehsitz erfolgreich eingepasst war, überprüften wir noch einmal zusammen, ob die Technik funktionierte.*
> *Danach begann mein Sohn zu packen. Er wollte endlich los, Vanlife austesten, mit dem Bus über die Alpen, erst einmal Richtung Süden. Ich machte noch ein letztes Foto mit meinem Handy und obwohl ich mich sehr für meinen Sohn freute, spürte ich, wie mein Herz sich langsam zusammenzog. Er musste losziehen und sein Leben versuchen. Nachdem er uns Eltern ein letztes Mal in seine Arme genommen hatte, stieg er dankbar ein und fuhr davon. Ich dachte an das Schild, das ich für ihn aus Holz gebastelt hatte und*

*auf dem »*explore life*« geschrieben stand. Alles war richtig so und alles war gut.* Explore your life, *dachte ich und hielt den Atem an, als die Warnlichter zum Abschied aufblinkten. Dann bog er um die Ecke und war fort. Mit ihm gingen das Lachen, die Musik und die Fröhlichkeit.«*

Jakob wusste, dass seine Aufgabe in den kommenden Monaten sein würde, dies alles wieder selbst zu entdecken. Als er in diesem Moment seine Frau in den Armen hielt und sie noch immer winkend den Buslichtern nachschauten, so erzählte er, waren sie beide die unglücklichsten Eltern der Welt – und gleichzeitig sehr dankbar, dass es ihrem Sohn gut ging und er bereit war, auf Entdeckungsreise zu gehen.

»Er wird wiederkommen«, versuchte Jakob seine Frau und sich selbst zu beruhigen. Aber der Abschiedsschmerz ließ sich nicht einfach beiseiteschieben.

»Wir spürten die verloren gegangene Energie, die zwei Monate lang unser Haus erfüllte. Fast war ich versucht, wie damals, als unser anderer Sohn starb, in sein Zimmer zu gehen, seinen Geruch in mich aufzunehmen, mich ganz in meine Trauer fallen zu lassen, die sich gerade jetzt wieder so grenzenlos anfühlte. So als könnte sie nie wieder vergehen. Plötzlich fragte ich mich, was das eigentlich für eine Trauer war, die ich da in mir trug. Ich setzte mich mit einem Bier, diesmal allein, auf die Terrasse und schaute ins Grüne.«

An diesem Abend bei den JugendLichtern konnte Jakob diese Trauer schon ganz gut benennen. Es war die Trauer des Abschieds, ausgelöst durch die aktuelle Situation, aber auch losgelöst davon. Es war die Trauer um seinen verstorbenen Sohn, die Trauer um seine Mutter, die Trauer um seinen Vater, die Trauer um seine eigene Schwester, die nie leben durfte, die Trauer um seine Familie, von der sich schon fast alle in der geistigen Welt befanden, es war eine universelle Trauer. Die Trauer, dass das Leben eben manchmal so ist, wie es ist. Möglicherweise steckt sie in uns allen, wenn wir Abschied nehmen müssen, Abschied von Menschen, Gesundheit oder Freiheit, auch wenn wir wissen, dass dies Teil unseres Lebens ist.

All das sprudelte an diesem Abend aus Jakob heraus. Er war überwältigt. So viel steckte da in ihm drin. Er kannte schon einige der Techniken, die ihm in solchen Situationen ein wenig Unterstützung bieten konnten, die er teilweise an den gemeinsamen Abenden er-

lernt hatte. Denn er war schon einige Zeit durch die Wüste seines Lebens gegangen. Gleichzeitig spürte er aber, wie schwierig es war, diese Techniken tatsächlich anzuwenden, da er gerade so sehr in der Trauer festsaß.

Wie funktionierte das mit der Atemtechnik nochmal, um sich zu beruhigen? Wie war das mit der Dankbarkeit? Jakob musste unweigerlich lächeln. Das nächste Mal würde er es bestimmt wieder ein bisschen besser machen.

Die Trauer würde zwar immer wieder kommen, wie die Windböen in der Wüste, aber Jakob spürte, dass sie kleiner wurde. Er spürte es daran, dass die Stürme nicht mehr so heftig ausfielen.

Jakob schaute auf. Er hatte Tränen in den Augen: »Ich habe gelernt, besser mit diesen Gefühlen umzugehen, sie anzuschauen, sie immer mehr zu akzeptieren und meine Techniken anzuwenden, die mir das Weitergehen erleichtern. Es ist eben wieder ein nächster Schritt. Wenn ich ihn gehe, stehe ich schon an einem anderen Punkt als zuvor. Ich merke, wie ich der Trauer langsam gewachsen bin, weil sie nicht mehr mein ganzes Leben bestimmt. Ich weiß, dass ich weiter gehen kann. Wohin? Ich habe keine Ahnung. Aber im Moment ist das auch nicht wirklich so wichtig für mich.«

Die Wüstenseele

Ich gehe am Grad der Düne entlang, vor mir ist der Sand unberührt, es gibt keine einzige Spur. Aber wenn ich zurückblicke, kann ich sehen, wie viele Schritte ich bereits gegangen bin. Manchmal laufe ich leichtfüßig weiter, ein anderes Mal tue ich mich schwerer. Die Wüste ist noch immer unberechenbar. Oben auf der Düne angelangt, fühle ich mich frei und stark. Aber ich kann nicht ewig auf dem Grat verweilen, der Weg führt auch immer wieder nach unten. Ich gehe weiter, spüre den Sand unter meinen Füßen, der sich an manchen Stellen hart, an anderen weich anfühlt. Dann gibt der Sand wieder nach und ich sinke abermals ganz tief ein, sodass ich nur mit Mühe weitergehen kann. Auch mein Schatten verändert sich immer wieder. Je nach Stand der Sonne ist er groß oder klein, lang oder kurz, deutlich oder verschwommen. Manchmal ist er fast nicht mehr da und ich beginne ihn zu suchen.

Nach und nach lerne ich, mich besser auf all diese Dinge einzustellen und damit umzugehen. Ich weiß, ab wann und zu welcher Uhrzeit ich barfuß gehen kann und der heiße Sand meine Fußsohlen nicht mehr verbrennt. Ich habe, wenn es barfuß zu beschwerlich ist, die passenden Schuhe dabei, mit denen ich unversehrt meinen Weg durch die Wüste fortsetzen kann. Das war nicht immer so. Ich habe mir oft die Füße verbrannt oder die falschen Schuhe getragen und mir ordentlich Blasen gelaufen.

Die Wüste verlangt, dass man mit ihr schwingt. Dann werden die Wellen des Alltags mit der Zeit erträglicher. Wenn ich mich dagegen sperre, werde ich nichts gewinnen, außer die Erfahrung von Schmerz. Ich lerne, mich als Wüstenwanderin mit den Bedingungen der Wüste auseinanderzusetzen. So werde ich immer leichter, bei jedem neuen Schritt. Mein Leben in der Wüste verändert sich – und meine Wünsche auch. Ich halte nicht mehr Ausschau nach dem Ende der Wüste, sondern suche erst einmal jeden neuen Tag nach einem geeigneten Rastplatz für die kommende Nacht, damit ich sicher schlafen kann. Es ist wichtig, sich beschützt zu fühlen, sobald es dunkel wird, denn die algerische Grenze, die ich nicht passieren darf, kann ich schon in der Ferne sehen, von jeder anderen Zivilisation bin ich jedoch meilenweit entfernt. Um in der Wüste überleben zu können, muss ich mich jetzt mit anderen Fragen beschäftigen: Wie backe ich Brot im Sand? Wie lange halte ich es aus, ohne zu duschen oder mich zu waschen? Wann wird mein Vorrat an Wasser und Lebensmitteln verbraucht sein? Gibt es Schlangen oder Skorpione im Sand – und können sie mir gefährlich werden, wenn ich draußen schlafe?

Ich lerne, meine Kräfte einzuteilen, Spuren zu lesen und mich auf ein Leben in der Wüste einzustellen. Ich lerne Techniken kennen, durch die ich langsam, aber stetig vorankomme. Sie helfen mir wieder auf die Beine, wenn ich abermals in ein tiefes Tal hinabgleite. Sie unterstützen den Heilungsprozess, wenn ich mich verbrenne, weil ich in der Mittagshitze versehentlich doch wieder ohne Schuhe losgelaufen bin.

Aus Fragen wird man klug

- Hast du schon Techniken für dich gefunden, die du anwenden kannst, wenn es gerade wieder einmal mehr bergab als bergauf geht?
- Könnte es dir helfen, wichtige Dinge aufzuschreiben?

- Kannst du dich kurzfassen und nur das Wesentliche skizzieren?
- Was ist dir wichtig?
- Kannst du es regelmäßig tun?
- Bist du bereit, dich auf die Bedingungen in der Wüste einzulassen?

Wie du dir selbst helfen kannst: Journaling 

Journaling ist besonders geeignet für den Weg durch die Wüste – du brauchst nur ein kleines Heft und einen Stift, dafür findet sich in jedem Rucksack ein Plätzchen. Die Methode kommt aus den USA und greift die Idee auf, kurze Einträge zu verfassen, die den Blick für die wichtigen Dinge schärfen. Dort nutzt man diese Art des Schreibens schon seit den 1970er-Jahren. Schon damals wurde Journaling-Therapie unterstützend und als Selbsthilfewerkzeug angeboten und genutzt. Es wird noch immer empfohlen, die Texte handschriftlich und nicht mit dem Computer zu verfassen, da du beim Schreiben auf Papier beide Gehirnhälften nutzt. Gefühle und Gedanken fließen oft leichter, wenn sie von Hand geschrieben werden.

Wenn du magst, kannst du dir ein schönes Notizbuch dafür kaufen. Halte darin täglich wichtige Dinge fest, schaffe dir einen Raum, in dem

du reflektierst und mit dir in guter Weise umzugehen lernst. Es reicht, wenn du dir täglich fünf bis zehn Minuten Zeit dafür nimmst, um dein Glücksempfinden zu steigern.
Journaling heißt nicht, deinen Tag ausführlich nachzuerzählen und wie bei einem Tagebucheintrag Details aufzuschreiben. Es geht vielmehr darum, dein inneres Erleben, deine Gefühle und Befindlichkeiten festzuhalten und eignet sich daher für deinen Weg durch die Wüste deines Lebens. Es kann genügen, täglich einen einzigen bedeutenden Wegweiser zu markieren. Schreiben kann helfen, wesentliche Gedanken und Gefühle festzuhalten, wenn gerade niemand da ist, der ein Ohr für dich hat. Und Worte verschwinden nicht, wenn sie auf dem Papier festgehalten werden. Du kannst sie immer wieder lesen und dadurch lernen, dich mit dir selbst und deinen Gefühlen auseinanderzusetzen. Vielleicht wirst du mit der Zeit feststellen, dass das, was dir vor zwei Monaten noch wichtig gewesen ist, längst an Gewicht verloren hat. Dann ist es Zeit, über mögliche neue Wege nachzudenken. Vielleicht helfen dir folgende Fragen dabei:

- Welche Wege durch die Wüste kann ich heute schon gehen?
- Welche neuen Wege möchte ich noch ausprobieren?
- Welche Wege sind unumgänglich?
- Für welche Wege bin ich noch nicht bereit?

Du kannst darunter all deine Ängste, aber auch deine Stärken benennen. Bevor du gar nichts aufschreibst, weil dir der tägliche Eintrag zu viel ist, kannst du diese Fragen auch wöchentlich angehen. Stelle dir dann am besten im Handy eine Erinnerung ein oder notiere dir das wöchentliche Journaling als ein Treffen mit dir selbst im Kalender. Das Wichtigste ist, Journaling regelmäßig auszuüben. Wähle deshalb einen Umfang und Zeitraum aus, der für dich realistisch und durchführbar ist. Wenn du bereit bist, tauche ein in deine Welt der Gefühle, Eindrücke – und in deine Trauer.

Glaube: Wer sagt, dass sie nicht mehr hier sind?

Habt ihr schon einmal ein Zeichen bekommen? Eines, bei dem ihr euch absolut sicher wart, es stammt aus einer anderen Wirklichkeit, der geistigen Welt? Wenn nicht, würdet ihr es euch wünschen? Glaubt ihr, dass dies möglich ist? Oder ist es vielleicht nur ein Wunschdenken – zu schön, um wahr zu sein?

Gedanken schöpfen 

Fast alle fürchten sich vor ihr. Keiner will sie. Dann ist sie plötzlich da: die Trauer. Sie schmerzt und katapultiert uns aus dem blühenden Leben in die unwirtliche Wüste. Vielleicht wussten wir bis dahin noch nicht einmal von dieser Landschaft.

Unser inneres Erleben kann sehr unterschiedlich sein. Deshalb werden wir auch nicht alle in gleicher Weise mit Trauer und Schmerz umgehen können. Das »Wie« ist von vielen Faktoren abhängig. Es mag an unserer individuellen Resilienz liegen, dass wir alle etwas Eigenes, vielleicht eine spezifische Charaktereigenschaft, mit auf diese irdische Reise bekommen haben, oder daran, was uns bisher auf unserem Weg gestreift und beeinflusst hat. Letztendlich hängt es von vielen Einflüssen ab, wie wir nach einem Verlust oder in einer Krise reagieren.

Manchmal wird durch ein tiefes Trauererlebnis oder Trauma auch etwas ganz anderes ausgelöst: eine Nachtod-Erfahrung. Anders als die transzendente Nahtoderfahrung, über die bereits in vielen Büchern berichtet wurde, ist die Nachtod-Erfahrung eine weltliche: Während bei einer Nahtoderfahrung Menschen für einen Moment für tot erklärt werden und in die geistige Welt eintauchen, kommt bei einem Nachtod-Kontakt der Himmel zu uns auf die Erde. So lässt sich vielleicht der Unterschied am besten beschreiben. Unser Wille, das rationale Denken und unser Ego werden – durch den unermesslich großen Schmerz ausgelöst – erst einmal in den Hintergrund gedrängt. Damit kann der Weg frei werden für eine andere Instanz, die dann die Entscheidungen trifft und die Führung übernimmt: die Liebe.

Sie ist das Verbindungsglied zwischen Himmel und Erde und unser wahres Wesen als Menschen. In dem Moment, in dem wir diese Liebe vorrangig spüren können, ist unser Vertrauen groß genug, um uns davon lenken zu lassen. Es ist, als ob eine größere Kraft durch uns wirkt und uns führt, bei jedem nächsten, noch so kleinen, aber bedeutenden Schritt. Es fühlt sich an wie eine innere Stimme, die plötzlich ohne Zweifel ist.

Ein Nachtodkontakt kann in verschiedenster Weise erfahren werden. Manche Hinterbliebene berichten, dass sie den Verstorbenen riechen oder körperlich spüren. Es fühle sich an wie eine sanfte Umhüllung, einer Umarmung gleich, in der eine tiefe Nähe spürbar sei. Auch Träume werden sehr real wahrgenommen. Forschungen auf diesem Gebiet haben ergeben, dass Nachtodkontakte oft als elektronische und physikalische Phänomene auftreten können und sich Verstorbene darüber bemerkbar machen. Manchmal erscheint uns das zu absurd, sodass wir andere Erklärungen suchen, wenn sich ein Radio plötzlich von allein einschaltet und der Moderator just in dem Moment ein Thema erörtert, mit dem wir uns zur Zeit intensiv beschäftigen.

Miriam aus Berlin erzählte, als wir miteinander skypten, von einem solchen Phänomen, das sie kürzlich erlebt hatte: »In letzter Zeit zweifelte ich wieder häufiger daran, dass es wirklich so etwas wie eine Verbindung zu meinem Partner geben könnte, obwohl ich es ja sogar schon erfahren hatte. Deshalb bat ich um ein erneutes Zeichen. Diese Bitte hatte ich aber im Laufe des Tages wieder vergessen. Am Abend schaute ich zusammen mit meiner Freundin den Film »SMS für dich«. Nach einer halben Stunde schaltete der Fernseher an einer berührenden Stelle plötzlich in ein anderes Programm um. Ich war etwas ungehalten, weil ich für kurze Zeit die Szene nicht mehr verfolgen konnte. Sogleich verdächtigte ich meine Freundin, dass sie auf die Fernbedienung gekommen sei und mahnte sie, besser aufzupassen. Sie war entrüstet und legte das kleine Gerät nach dem Zurückschalten in unser ursprüngliches Programm demonstrativ vor uns auf den Tisch.

Wir schauten weiter: Als Clara, die in dem Film die Hauptperson spielte, ihrem verstorbenen Freund eine SMS an seine alte Nummer schrieb, fiel in ganz Berlin für ein paar Sekunden der Strom aus.

Zeitgleich bekam ich von einem Freund meines verstorbenen Partners eine SMS auf mein Handy und im selben Moment schaltete sich unser Fernseher plötzlich aus. Die Fernbedienung lag noch immer unangetastet auf dem Tisch. Erst jetzt erinnerte ich mich daran, dass ich um ein Zeichen gebeten hatte. Ich schämte mich fast, weil ich mir vorstellte, welchen Aufwand es für meinen verstorbenen Freund bedeuten musste, mir meine Bitte zu erfüllen und mich darauf aufmerksam zu machen, dass es hierfür nun wirklich keine logische oder technische Erklärung geben konnte.«

Andere Trauernde erzählten von Träumen, die sich sehr realistisch anfühlten, von sich atypisch verhaltenden Tieren oder davon, dass sie Verstorbene sehen konnten. Immer waren sie unversehrt und gesund.

Ida hatte ebenfalls etwas erlebt, das sie während eines Seminars im Schwarzwald unbedingt erzählen wollte: »Es war, als hätte jemand oben im Himmel den Hahn aufgedreht und eine Dusche aus Liebe direkt über mir ausgegossen«, erzählte sie. »Anfangs dachte ich, alle Eltern, deren Kinder früh verstorben waren, hätten so eine Dusche erhalten. Aber das war nicht der Fall. Es ist schwer zu beschreiben. Der Schmerz war trotzdem da, stark und manchmal fast nicht auszuhalten. Dennoch fühlte ich mich getragen und gehalten von etwas Größerem, von Liebe, von Güte, von Dankbarkeit. Diese Gefühle, die sich damals in mir ausgebreitet haben, kann ich auch heute noch spüren. Sie wirken noch immer nach, auch wenn sie mit der Zeit schwächer geworden sind.«

Solche Wahrnehmungen würden wir wahrscheinlich schnell wieder vergessen, ebenso wie andere Sinneserfahrungen, die wir täglich erleben. Die Qualität eines Nachtodkontaktes ist aber, dass all diese körperlichen Empfindungen von einer inneren Wärme und einer allumfassenden Liebe begleitet werden. Das hebt die Erfahrung auf eine andere Ebene und hinterlässt im besten Falle bei den Hinterbliebenen ein dauerhaft verändertes Bewusstsein.

Diese Signale, die aus einer anderen Realität zu kommen scheinen, spenden den Hinterbliebenen Trost, weil sie als ein Indiz dafür angesehen werden, dass die Verstorbenen in ihrer Persönlichkeit und in ihrer Essenz auch jetzt noch irgendwo und in irgendeiner Form existieren.

Solche Nachtodkontakte lassen sich leider nicht forcieren und wir können nur Vermutungen anstellen, weshalb manche Menschen davon berichten und andere nichts von alldem erfahren.
Die Tatsache, dass nicht alle Menschen in tiefer Trauer einen Nachtodkontakt erleben können, lässt Raum für Misstrauen und Spekulation. Obwohl wir alle immer auch die Möglichkeit haben, über ein Medium Kontakt zu unseren Verstorbenen aufzunehmen, ist dies vermutlich nicht damit zu vergleichen, es selbst zu fühlen und zu spüren. Es ist nie zu spät, darauf zu hoffen, denn so ein Erlebnis hält sich nicht an Raum und Zeit. Vermutlich taucht es dann auf, wenn wir gerade überhaupt nicht damit rechnen.

Die Wüstenseele

Ich bin, einfach so.
Verbunden mit der Erde,
die mich trägt und mit dem Himmel,
der mir in der Nacht seine Sterne leiht,
damit es nicht dunkel wird
und immer ein Licht mir leuchtet,
in der Wüste meines Lebens.
Ich bin – das Licht – ein Leuchten –
das flackert in der Dunkelheit.
Ich bin.

Aus Fragen wird man klug

- Glaubst du daran, dass Liebe heilen kann?
- Kannst du dich für diese Energie öffnen?
- Kennst du die Lehre von den Chakren?
- Weißt du um das energetische Lichtfeld und die menschliche Aura?
- Bist du bereit, dich darauf einzulassen?

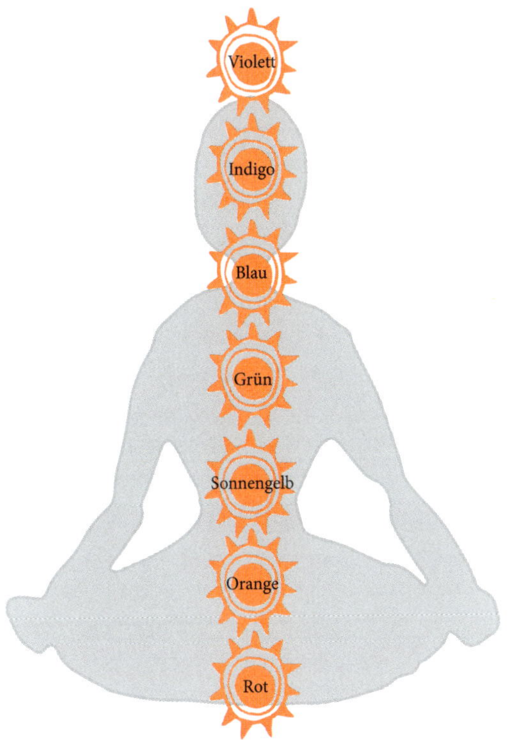

Wie du dir selbst helfen kannst: Mit Liebe heilen

Zehn Monate, nachdem mein Sohn an Silvester verstorben war, begann ich eine Ausbildung in Energetischem Heilen beim *International Network of Energy Healing* (INEH). Dort bekam ich in den folgenden zwei Jahren einen tiefen Einblick in die Chakrenlehre und Heilarbeit.
Das Heilungsnetzwerk hat seinen Ursprung in England. Seine Intention ist es, der Bedeutung des menschlichen Energiefeldes in Zusammenhang mit der Gesundheit der Menschen nachzugehen. Was ursprünglich vom Leiter der ersten Gruppe, Rex Riand, ausging, wurde in die ganze Welt getragen, sodass heute Lehrkräfte des INEH auf allen Kontinenten und in vielen verschiedenen Ländern der Welt diese Inhalte weiter unterrichten. Das Netzwerk sieht sich als religiös ungebunden und möchte einzig vermitteln, dass Liebe zu heilen vermag.

Die Heilungsarbeit kann dir helfen, dich nicht mehr in der Welt zu verlieren, sondern mit deiner Seele in Kontakt zu kommen. Die höchstmögliche Energiefrequenz, die Menschen wahrnehmen können, ist die bedingungslose Liebe. Wenn du also versuchst, dich jeden Tag mehr für diese Energie zu öffnen, kannst du sie in jeden Beruf und in all dein Tun einfließen lassen. Du bist ein freier, selbstverantwortlicher Mensch. Mit Hilfe der energetischen Heilungsarbeit kannst du lernen, in Liebe, in Demut und in Freude heilend und unterstützend zu leben.

Im Folgenden werde ich dir einen kurzen Einblick in die Chakrenlehre und die Heilungsarbeit geben. Vielleicht spricht sie dich an. Dann wirst du sicherlich Wege finden, diese Arbeit noch näher kennenzulernen.

Aus energetischer Perspektive gesehen, hat der Mensch nicht nur einen physischen Körper. Er besteht auch aus mehreren feinstofflichen Energiekörpern. Diese durchdringen und umgeben den physischen Leib. Die meist unsichtbaren Energiefelder sind ständig in Bewegung. Die Energie, die uns umgibt, nennen wir auch energetisches Lichtfeld oder menschliche Aura.

In unserem Körper fließt die Energie durch Meridiane. Bereits in alten Hochkulturen entdeckte man eine kaum wahrnehmbare Substanz, die den physischen Körper belebt und lebendig sein lässt. Diese Lebensenergie, unsere Lebenskraft, nannte man damals Prana oder Chi. Man fand heraus, dass es sieben Hauptenergiezentren gibt, die für den Energiefluss verantwortlich sind. Um das Energiefeld stabil zu halten oder es zu stärken, kann man diese Energiezentren, auch Chakren genannt, behandeln und mentale, emotionale und energetische Blockaden lösen.

Im Folgenden möchte ich kurz die sieben Haupt-Chakren beschreiben: All diese Chakren haben ihre Entsprechung in uns greifbaren Elementen, die auf der Erde vorkommen. Ich habe diese Elemente auch in der Wüste wiedergefunden.

Das Basis-Chakra (auch Wurzel-Chakra genannt)

Über das Basis-Chakra hast du die größte Verbindung zu deinem physischen Körper, zur Materie an sich und zur Mutter Erde. Das Basiszentrum steht für Leben, Urvertrauen, Stabilität, Durchsetzungskraft und den Willen zum Leben. Es ist auch der Ausgangspunkt für den spirituellen Entwicklungsprozess. Menschen mit einem stabilen und ausgeglichenen Basiszentrum sind sehr geerdet, lebendig und physisch gesund. Lo-

kalisiert wird das Basis-Chakra im Steiß zwischen den Genitalien und dem Anus. Ihm wird die Farbe **Rot** zugeordnet.
Dieses Chakra entspricht dem Element **Erde** – es sind die Steine und der **Sand** in der Wüste.

Das Sakral-Chakra

Das Sakralzentrum steht für Energie und schöpferischer Kraft, was durch die potenzielle Zeugung verdeutlicht wird. Menschen mit einem stabilen und ausgeglichenen Sakralzentrum sind kreativ, begeisterungsfähig, intuitiv, freudig und authentisch. Lokalisiert wird das Sakral-Chakra zwischen dem untersten Lendenwirbel (L5) und dem Kreuzbein sowie vorn unter dem Bauchnabel. Ihm wird die Farbe **Orange** zugeordnet.
Dieses Chakra entspricht dem Element **Wasser** – Leben findet sich in einer **Oase** oder es entsteht neu, wenn es in der Wüste regnet.

Das Solarplexus-Chakra

Dieses Chakra ist maßgeblich für die Entfaltung deiner Persönlichkeit und für die Verarbeitung von Gefühlen und Erlebnissen verantwortlich. Es hat die stärkste Verbindung zu deinem emotionalen Energiefeld. Menschen mit einem stabilen und ausgeglichenen Solarplexus-Zentrum sind fähig, lebendige, freudvolle Beziehungen zu führen und kennen sich gut mit ihren Gefühlen aus. Lokalisiert wird dieses Zentrum zwischen Brust- und Lendenwirbelsäule (Th12 /L1) oder zwei Finger breit über dem Bauchnabel. Ihm wird die Farbe **Sonnengelb** zugeordnet.
Dieses Chakra entspricht dem Element **Feuer** – es wird erfahrbar am Lagerfeuer und in der **Hitze** der Wüste.

Das Herz-Chakra

Die Hauptenergie dieses Zentrums ist bedingungslose Liebe. Es ist die Verbindung zu deinem innersten Kern, zu deinem existenziellen Selbstgewahrsein. Aber auch Vertrauen, Hingabe, Vergebung, Trauer und Karma gehören zu den Themen dieses Chakras. Menschen mit einem stabilen und ausgeglichenen Herzzentrum sind liebe- und hingebungsvoll und haben ein JA zum Leben in sich. Lokalisiert wird dieses Zentrum im Herzen, zwischen dem vierten und fünften Brustwirbel. Ihm wird die Farbe **Grün** zugeordnet.

Dieses Chakra entspricht dem Element **Luft** – es wird in der Wüste durch den **Wind** verkörpert.

Das Hals-Chakra (auch Kehl-Chakra genannt)

Dieses Zentrum steht für Kreativität und Kommunikation. Menschen mit einem stabilen und ausgeglichenen Halszentrum sind fantasievoll, inspirierend und kommunikativ. Sie haben Zugang zu den feineren Ebenen des Seins und immer den Wunsch, sich kreativ auszudrücken. Lokalisiert wird dieses Zentrum am Übergang von der Hals- zur Brustwirbelsäule (C7/Th1), zwischen Halsgrube und Kehlkopf. Ihm wird die Farbe **Türkis** zugeordnet.
Dieses Chakra wird im **Äther** verortet, gemeint sind damit das elektromagnetische Spektrum und die Kräfte, die die physische Welt beeinflussen, aber nicht aus Materie bestehen. In der Wüste ist es das Zusammenspiel der **Kräfte der Natur** und die starke Wirkung, die es auf Wüstenwandernde hat.

Das Ajnazentrum (auch Stirn-Chakra oder drittes Auge genannt)

Das Ajnazentrum steht für die Verbindung mit der inneren Weisheit und Intuition. Menschen mit einem stabilen und ausgeglichenen Ajnazentrum können mehr wahrnehmen und sind verbunden mit einem kosmischen Bewusstsein. Lokalisiert wird dieses Zentrum auf der Mitte der Stirn, zwischen den Augenbrauen. Ihm wird die Farbe **Indigo** zugeordnet.
Dieses Chakra steht in Verbindung mit dem **Geist**, der göttlichen Inspiration – in der Wüste ist das absolute **Stille,** damit verbunden, bei jedem neuen Schritt im Jetzt zu sein.

Das Kopf-Chakra (auch Kronen- oder Scheitel-Chakra genannt)

Dieses Zentrum steht für Spiritualität, für die Verbindung mit der kosmischen, spirituellen Energie und mit Allem was ist. Es ist das Tor zum höheren Selbst. Ich bin in allem – und alles ist in mir. Über das Kopfzentrum kannst du dich für das öffnen, was größer ist als du selbst. Menschen mit einem stabilen und ausgeglichenen Kopfzentrum sind offen für eine höhere Energie und zugänglicher für ihr Unbewusstes.

Lokalisiert wird dieses Zentrum über dem Scheitel, bei der Fontanelle. Dem Kopfzentrum wird die Farbe **Violett** zugeordnet.
Dieses Chakra steht in Verbindung mit dem **Kosmos** – in der Wüste sind das mit Blick ins Firmament in der Nacht **Mond und Sterne** und bei Tag die **Sonne,** wissend, in einem höheren Ganzen aufgehoben zu sein.
Selbstverständlich hat jeder Mensch in jedem Chakra noch unerfüllte, instabile Anteile. Deshalb ist die Heilarbeit so wichtig. Jedes Chakra wird verschiedenen Organen sowie Haut, Knochen und Haaren zugeordnet und kann somit auch auf physischer Ebene sehr heilend wirken. Dieses Thema ist komplex, ich kann hier lediglich einen Ausschnitt zeigen.

Die Anleitung zu dieser Übung findest du als Audiodatei auf meiner Website www.flor-schmidt.de.
Vorbereitung: Vor der Behandlung ist es wichtig, dich einzustimmen und dich für die Wüstenenergie, Erdenergie, für deine Herzenergie und für die göttliche, allumfassende Liebe zu öffnen.
Finde einen bequemen Sitz, schließe die Augen und atme tief ein und wieder aus.
Einstimmung: Sprich folgenden Satz: »Ich verbinde mich mit der allumfassenden Einheit, Weisheit und Liebe und bitte sie, durch mich zu wirken. Jetzt!«

Kurze Selbstbehandlung

Verbindung mit der Erde

Stell dir vor, wie deine Beine immer weiter in den Boden wachsen, gleich den Wurzeln eines Baumes, tiefer und immer tiefer, bis sie den Erdkern berühren. Dann steigt von dort aus ein Teil der Erdenergie nach oben, gelangt über deine Füße in deinen Körper und breitet sich darin mehr und mehr aus.

Herzöffnung

Spüre dein Herz und verbinde dich mit deiner Intuition, deiner inneren Weisheit und Liebe.

Verbindung mit der Quelle

Öffne dich jetzt auch nach oben über dein Kopf-Chakra: Verbinde dich mit der bedingungslosen Liebe, der Quelle allen Seins.

Bitte nun um Heilung nach dem höchsten göttlichen Plan, lass all deine Vorstellungen und dein Ego los. Heilung bedeutet nicht, dass das geschieht, was du dir wünschst; denn du weißt nicht, was für dich selbst Heilung bedeutet. Es kann sein, dass du an Leib und Seele gesundest oder vielleicht zu einer Akzeptanz mit deinem Leiden finden kannst.

Jetzt kannst du nacheinander alle Chakren durchgehen, entweder allein in der Vorstellung oder du hältst deine Hand in zwei Zentimetern Abstand vor die betreffenden Chakren, sendest ihnen Liebe und Licht und stellst dir vor, dass die Energie ins Fließen kommt: Basis-Chakra, Sakral-Chakra, Solarplexus-Chakra, Herz-Chakra, Hals-Chakra, Ajnazentrum und Kopf-Chakra.

Danach faltest du die Hände vor der Stirn als Zeichen der Verbundenheit und Demut, sprichst einen Dank und kommst wieder zurück ins Hier und Jetzt.

Das hier Beschriebene stellt nur einen kleinen Einblick in eine viel umfassendere Heilarbeit dar. Um eine tiefere Einsicht zu bekommen, empfehle ich dir, eine Ausbildung im Energetischen Heilen oder Reiki zu absolvieren. Sie kann dich auf deinem Weg durchs Leben unterstützen.

Heilung können wir nur in uns selbst finden

Gibt es jemanden, den wir für unseren körperlichen Schmerz, der allzu oft auf den seelischen folgt, verantwortlich machen können? Irgendeinen Bösewicht vielleicht? Sollen wir ihn dem ärztlichen Fachpersonal, dem Leben, dem Tod oder gar Gott zuschreiben? Gibt es eine höhere Instanz, die Schuld daran hat?

Gedanken schöpfen 

Viele Menschen erkranken nach dem Verlust einer nahestehenden Person. Oft beißt sich der seelische Schmerz irgendwo im Körper fest. Psychosomatische Schmerzen sind die Folge, das heißt, dass die Psyche (griechisch: psyché = Seele) auf den Körper (soma) einwirkt. Häufig hilft dann alles, was bisher unser System aufrecht hielt, erst einmal nicht. Die Antwort ist Schmerz. Ein Schmerz, der unseren ganzen Körper und viele unserer körperlichen Funktionen beeinträchtigen kann.

Die heutige Medizin bietet zum Glück viele Methoden und Hilfsmittel an. Darüber hinaus existiert ein reichhaltiges Angebot an alternativen Heilmethoden.

Bei der Suche nach geeigneten Maßnahmen verlassen wir uns allzu oft auf andere Menschen. Deren Empfehlungen können allerdings stark auseinandergehen. Könnten wir beginnen, mehr in uns hineinzuhören und selbstverantwortlich unseren Weg aus den unermesslichen Angeboten herauszufiltern? Denn solange wir die Erwartung einzig an das Außen stellen, uns wieder gesund zu machen, sprechen wir uns selbst die Möglichkeit ab, mitwirken zu können und unseren eigenen inneren Heiler zu finden und zu aktivieren. Wir bleiben im wörtlichen Sinne »bewegungslos«. Damit übertragen wir all unsere Erwartungen an die Impulsgebenden, also Menschen in Heilberufen.

Wir selbst haben aber immer einen Spielraum. Wenn wir versuchen, ihn auszuschöpfen, können wir die anderen Angebote befruchtend unterstützen und selbstwirksam tätig werden. Aber wie geht das? Vielleicht heißt es, unsere Kraft darauf zu verwenden, den Schmerz zu akzeptieren. Manchmal erfahren wir dann, dass der Schmerz für uns erträglicher wird, wenn wir ihn zumindest eine Zeit lang anzunehmen versuchen.

> *Meine Freundin Nina erzählte mir, dass sie nach der Todgeburt ihres Kindes starke Migräne bekam und seither nicht mehr so belastbar wie früher ist. Weder starke Schmerzmittel noch pflanzliche Alternativen konnten lindern.*
> *»Es war schrecklich und manchmal wusste ich nicht, ob ich weiterleben wollte. Natürlich habe ich anfangs gegen diese Attacken angekämpft und alles Mögliche ausprobiert. Aber erst als ich nach zwei Jahren Kampf endlich einsah, dass ich meine Kraft falsch investierte, an dieser Stelle nicht mehr weiterkam, wurden die Schmerzen erträglicher. Die Migräneattacken kommen noch immer, wenn auch in größeren Abständen, aber ich kann jetzt mit ihnen leben.«*
> *Heute leitet Nina eine Selbsthilfegruppe. Manchmal strahlt sie und manchmal weint sie auch. Und sie liebt das Leben.*

Es ist sehr herausfordernd, körperliche Komplikationen zu haben, mit denen man sich ein Leben lang auseinandersetzen muss, und nicht mehr der ganze Körper einsatzfähig ist. Aber vielleicht kann es uns auch hier gelingen, in eine Akzeptanz zu kommen, ohne gänzlich die Hoffnung auf Linderung aufzugeben, ein Balancieren zwischen Annehmen und Vertrauen.

Mit unserer Trauer verhält es sich ähnlich wie mit körperlichen Erfahrungen: Um wieder frei werden zu können, kann die Akzeptanz bezüglich unserer Verlusterfahrung eine entscheidende Rolle spielen. Solange wir uns dagegen auflehnen, können wir nur verlieren. Der Tod ist unwiderruflich, entschieden, unveränderbar. Auflehnen hieße also, gegen etwas anzukämpfen, das nicht mehr wandelbar ist. Unsere Energie verpufft. Wäre es nicht effektiver, sie in Dinge zu investieren, die wir noch beeinflussen können?

Manchmal kann Heilung im Leben bedeuten, keine Schmerzen mehr zu haben. Vielleicht werden sie auf dem weiteren Weg, aus welchen Gründen auch immer, dann nicht mehr benötigt. Das werden wir nie erfahren. Es muss aber nicht zwingend bedeuten, dass wir dann schon am Ende unserer Wegstrecke angekommen sind. Vielleicht bedeutet es nur, dass wir einen Schritt weiter gegangen sind und für die nächste Biegung andere Faktoren eine Rolle spielen.

Wir können auch heiler werden, sobald Trauer und Schmerz unser Leben nicht mehr bestimmen, auch wenn wir noch immer traurig sind und uns nach unserer verstorbenen Person sehnen. Die Trauer darf bleiben und der Schmerz auch. Was sich dann verändert, ist, dass Trauer und Schmerz nicht mehr ausschließlich auf uns wirken, dass sich zu ihnen auch Dankbarkeit, Freude, Glaube, Hoffnung und Liebe gesellen. Heilung könnte also auch heißen, in einer dualen Welt genau mit diesen Gegensätzen leben und lieben zu lernen. Denn heil werden wir erst dann, wenn wir akzeptieren können, dass alles zu unserem Leben gehört, sowohl die dunkle Seite als auch das Licht.

Dann wäre es absolut notwendig, Heilung einen Raum zu geben und sie nicht durch unsere Vorstellungen und Wünsche einzuschränken. Sonst könnten wir womöglich all das übersehen, was uns angeboten wird, um heiler zu werden.

Zuerst müssen wir dazu unsere innere Haltung ändern, unser Denken transformieren. Denn manchmal führt der Weg der Heilung auch in den Tod. Womöglich wird dann unsere Aufgabe sein, auch diesen Weg liebevoll und bejahend zu Ende zu gehen, auch wenn wir das aus unserer irdischen Struktur heraus in diesem Augenblick nicht begreifen können. Heilung entfaltet sich, wenn wir weinen, wenn wir demütig, geduldig und auch wieder öfter fröhlich sind.

Die Wüstenseele 

Ich sitze am Lagerfeuer. Es wärmt mich in der aufkommenden Kühle der Nacht. Die Begleiter, die beiden Berber und der Araber, setzen sich im Schneidersitz dazu. Sie haben leere Wasserkanister vor sich liegen und schlagen mit bloßen Händen in bestimmten Abständen darauf. Dann beginnen sie aus voller Kehle zu singen. Einer von ihnen imitiert einen Rufenden, indem er die flache Hand seitlich an den Mundwinkel hält. Ihr Singen gleicht eher einem Krächzen als einer schönen Melodie. Aber das ist hier ganz egal. Sie lassen alles heraus, was in ihnen steckt, wirken zufrieden und gelöst. Immer wieder schauen sie einander an und werfen sich die nächste Strophe zu, wie bei einem Staffellauf. Ein anderer be-

ginnt mit dem Singen und der zuvor gesungen hat, schlägt den Takt dazu. Ich sehe in ihren Augen, wie stolz sie sind. Sie vergleichen sich nicht miteinander, wissen nichts von wachsenden Ansprüchen an sich selbst und der daraus entstehenden Unzufriedenheit mit sich und der Welt. Gerade deshalb sind sie einzigartig in ihrem Tun.
Einer der Männer hält mir einen Kanister entgegen und da packt auch mich dieses Lebensgefühl, das sich nicht stoppen lässt von irgendwelchen Regeln. Ich singe und trommle leidenschaftlich, fühle mich frei, bewege mich jenseits aller Erwartungen, darf einfach sein, wer und wie ich wirklich bin. Das fühlt sich unglaublich entlastend an. Plötzlich spüre ich, wie ich heiler werde. Ich bin hier – am richtigen Ort, zur rechten Zeit. Durch die einfachen und schlichten Bewegungen ausgelöst, komme ich wieder mehr bei mir an, finde zurück, zurück zu mir selbst.

Aus Fragen wird man klug

- Was verstehst du unter Heilung?
- Bist du einverstanden mit der Idee, dass es auch auf dich selbst ankommt auf dem Weg zur Heilung?
- Könnte dein Körper eine Instanz für dich sein, auf die es sich zu hören lohnt?
- Kannst du dir auch einen anderen Weg vorstellen als frei vom Schmerz zu sein?
- Wenn ja, wie könnte er aussehen?
- Könntest du dein Bild von Heilung loslassen, um einer neuen Vorstellung von »Heilsein« Raum zu geben?
- In welchem Raum könnte Heilung für dich stattfinden?

Wie du dir selbst helfen kannst: Das Heilungspuzzle

Wie selbstwirksam bist du bereits in Bezug auf deine körperliche und seelische Heilung? Hast du schon ausprobiert, wie viel du selbst darauf einwirken kannst? Kannst du noch mehr dafür tun?
In dem unten aufgeführten Heilungspuzzle habe ich einzelne Teile zu-

sammengestellt, die du bei einer ganzheitlichen Heilung beachten kannst. Niemand wird all die Puzzleteile ganz ausfüllen können. Wichtig ist, dir immer wieder bewusst zu machen, welche Anteile dir leichtfallen und welche nicht.

Wie sieht es beispielsweise mit deiner Ernährung aus? Liebst du Schokolade, denkst du gern an hohle Schokohasen oder einen verführerischen Nikolaus? Nimmst du dir manchmal vor, keine Süßigkeiten mehr zu naschen? Wie oft passiert es dir, dass du wieder in alte Muster verfällst und mehr von den Schleckereien schnabulierst, als dir guttut? Vielleicht wirst du diese Gewohnheit nie ganz ablegen können, aber wenn du sie dir immer wieder bewusst machen möchtest, könntest du dir vornehmen, mit dem Puzzleteilchen Ernährung in den kommenden drei Monaten zu arbeiten. In dieser Zeit abstinent zu sein und keine Schokolade mehr zu essen, ist besser, als es gar nicht zu versuchen. Aber zürne dir nicht, falls du wieder rückfällig wirst, sondern würdige, dass du eine ganze Weile durchgehalten hast. Vielleicht wirst du es beim nächsten Mal dann schon länger schaffen und irgendwann sogar deine Ernährung gänzlich umstellen können.

Am besten suchst du dir zuerst nur ein Puzzleteil heraus, mit dem du dich in der nächsten Zeit beschäftigen möchtest. Belasse es lieber bei einem Teilchen, um dich nicht zu überfordern. Es geht hierbei nicht um

Leistung, sondern um eine liebevolle Zuwendung, um wieder heiler zu werden. Sollte dir noch ein anderes Teil in den Sinn kommen, das du für deine Heilung als sinnvoll und würdig erachtest, so füge es hinzu.
Nimm dir an dieser Stelle etwas Zeit und überlege, mit wie viel Prozent du die einzelnen Teile bereits ausfüllst. Schreibe dann deine Zahl dahinter. Ich wünsche dir, dass du inspiriert wirst, aber auch ehrlich bist bei deiner individuellen Puzzleaktion.

Einfachheit: Schraube deine Erwartungen herunter.	☐ ___ Prozent
Tiefe: Setze dich mit anstehenden Themen auseinander, lies Bücher oder schaue Dokumentationen dazu an.	☐ ___ Prozent
Demut: Gehe kleine Schritte.	☐ ___ Prozent
Freude: Schaue auf die schönen Dinge.	☐ ___ Prozent
Akzeptanz: Versuche den Schmerz und/oder den Tod zu akzeptieren.	☐ ___ Prozent
Hoffnung: Sei stets hoffnungsvoll.	☐ ___ Prozent
Glaube: Höre nicht auf, nach dem Sinnhaften zu suchen.	☐ ___ Prozent
Innerer Stimme folgen: Vertraue dir selbst.	☐ ___ Prozent
Selbstwirksamkeit: Du kannst dein Leben, deinen Schmerz und deine Trauer beeinflussen.	☐ ___ Prozent
Natur: Verbringe viel Zeit draußen.	☐ ___ Prozent
Körperübungen: Kräftige deinen Körper.	☐ ___ Prozent

Gesunde Ernährung: Ernähre dich gesund oder lass zeitweise bestimmte Gifte, wie Alkohol oder Süßigkeiten, weg.	☐ ___ Prozent
Meditation: Meditiere zehn Minuten täglich.	☐ ___ Prozent
Mitgefühl: Übe dich in Mitgefühl anderen Wesen gegenüber.	☐ ___ Prozent
Dankbarkeit: Versuche öfter dankbar zu sein.	☐ ___ Prozent
Verbindung: Versuche dich mit dem Himmel und der Erde zu verbinden.	☐ ___ Prozent
Liebe: Liebe frei und bedingungslos.	☐ ___ Prozent
Mut: Sei stets mutig.	☐ ___ Prozent
Spiritualität: Beschäftige dich mit dem, was nicht sichtbar ist, schaue hinter die Dinge.	☐ ___ Prozent
Ruhe: Gönne dir immer wieder Pausen und Auszeiten.	☐ ___ Prozent
Wüstenerfahrung: Lass dich auf deine Trauer und auf deinen Schmerz ein.	☐ ___ Prozent

Vergebung – der Weg zur Unabhängigkeit

Wenn wir das Wort Vergebung hören, denken wir dann zuallererst an uns selbst? Vermutlich nicht. Aber müssen wir nicht zuerst einmal uns selbst verzeihen, bevor wir anderen vergeben können?

Gedanken schöpfen 

Oft fühlen wir uns schuldig, wenn einem unserer Liebsten etwas geschieht. Diese Schuld fühlen wohl die Hinterbliebenen am stärksten, deren Angehörige sich suizidiert haben. Doch auch nach einem Unfall überlegen wir, wie wir ihn hätten verhindern können, und wenn ein Schutzbefohlener an einer Krankheit verstirbt, zweifeln wir an unseren Entscheidungen: Haben wir uns auf die falsche ärztliche Fachperson verlassen, uns nicht für die richtige Therapie entschieden?

> *Tim fragte in einer Einzelsitzung, in der wir über Vergebung sprachen: »Hätte ich meiner Tochter besser beibringen müssen, wie man die Straße sicher überquert? Wäre sie dann später vielleicht nicht von einem Auto überfahren worden? Marlene musste jeden Morgen über eine unübersichtliche Straße gehen, die um diese Uhrzeit stark befahren war. Viele Jahre hatte ich gemeinsam mit anderen Eltern um das Einrichten eines Zebrastreifens an dieser Stelle gekämpft, der erst dann genehmigt wurde, als meine Tochter längst schon eine weiterführende Schule besuchte. Meist habe ich sie deshalb bis über die Straße begleitet. Jetzt frage ich mich, ob das falsch war. Habe ich sie dadurch zur Unselbstständigkeit erzogen, sodass sie nicht gut genug lernen konnte, auf sich selbst zu achten?«*

Natürlich versuchen wir uns zwischendurch immer wieder zu besänftigen, indem wir uns sagen, dass wir unser Bestes getan haben. Das Leben lässt sich eben nicht gänzlich planen. Wir können nicht alles im Griff haben und schon gar nicht alles verhindern. Aber nicht immer können uns diese Gedanken erreichen, weil die Schuld in diesem Fall viel tiefer sitzt: Es geht nicht um den Straßenverkehr, es geht nicht um unsere Entscheidungen oder um Erziehung. Es geht um Ohnmacht. Schuld ent-

steht, wenn wir nicht akzeptieren können, dass wir, selbst wenn wir täglich unser Bestes geben, unperfekt und menschlich sind. Uns schuldig zu fühlen, ist der Vorwurf an unsere eigene Unvollkommenheit. Es trifft uns in unserem innersten Kern. Schuldgefühle erinnern uns also auch daran, dass wir als Mensch niemals alles richtig machen und auch nicht alles verhindern können. Wir müssen uns eingestehen, dass wir manchmal im Leben und insbesondere gegen den Tod sehr ohnmächtig sind.
Umso wichtiger ist es, immer wieder verzeihen zu können, vor allem uns selbst, aber auch all den anderen, die uns verletzten. Manche taten es unbedacht und unbesonnen, das Ausmaß der Verletzung nicht erahnend, andere mit ihren bewusst gefällten Entscheidungen. All die Emotionen, die einer Vergebung im Wege stehen – Ärger, Kränkung oder Wut –, wird der Mensch, auf den sie gerichtet sind, oft gar nicht bemerken. Am stärksten können wir uns selbst verletzen, wenn wir es zulassen, in Selbstvorwürfen zu ertrinken. Niemand ist so gnadenlos und hart gegen uns, wie wir selbst, deshalb können auch nur wir allein uns Einhalt gebieten. Wir können unser Heil und unsere Versöhnung nicht in der Schuldzuweisung anderer oder in Selbstvorwürfen finden, sondern nur in der Aussöhnung und Vergebung mit uns selbst oder mit unserem Gegenüber, unabhängig davon, ob es seine Fehler eingestehen kann oder nicht.
Liegt es also an uns, welche Bedeutung wir unseren Verletzungen geben? Steht es uns frei, sie als Unglück oder als Entwicklungsmöglichkeit anzunehmen? Zumindest ist klar, dass wir nur unsere ganze Energie in die unveränderbare Vergangenheit investieren, solange wir andere beschuldigen, in Schuldzuweisungen steckenbleiben oder unsere Gedanken unentwegt um Sätze wie: »Was wäre gewesen, wenn …« kreisen. Wir bleiben im Widerstand. Damit schwächen wir uns selbst. Zugleich übergeben wir mit unseren Schuldzuweisungen die Verantwortung für unsere Gefühle jemand anderem. Wenn wir ihnen dann vorwerfen, dass es uns wegen deren unbedachter Äußerungen schlecht geht, ist unser Wohl und Seelenheil davon abhängig, wie diese Menschen reagieren.
Könnten wir versuchen, mehr Menschen zu verzeihen, in dem Wissen, dass es meist deren eigene schmerzlichen Erfahrungen sind, die ein Verhalten auslösen, das zu weiteren Verletzungen führt? Ein Sprichwort sagt: »*Hurt people hurt people*« – »Verletzte Menschen verletzen Men-

schen«. Wenn wir das erkennen, könnte es einfacher sein, andere Menschen zu verstehen, auch wenn sie uns sehr verletzt haben. Dann sind wir unabhängig und nicht mehr auf das Verständnis oder die Entschuldigung anderer angewiesen.

Jemandem zu vergeben, muss dabei nicht heißen, mit dem Menschen, der uns einmal gekränkt oder verärgert hat, wieder in Beziehung zu gehen oder eine Freundschaft weiterzuführen. Sondern es geht darum, dass all die Wut und der ganze Schmerz im Schrei und in vielen Tränen Ausdruck finden können, wir all das ein- und wieder ausatmen – jeden Tag ein bisschen mehr. Solange, bis wir spüren, dass wir alle miteinander verwoben sind. Dann werden wir irgendwann auch den Schmerz des anderen in uns spüren – als einen Teil von uns selbst, als Weltenschmerz, der uns alle eint, als fehlbare, unvollkommene Wesen. Wenn wir es schaffen, empathisch und mitfühlend mit uns selbst zu sein, kann uns das auch anderen gegenüber gelingen. Dann fällt es uns leichter, zu verzeihen und auch selbst um Verzeihung zu bitten. Denn Empathie und Mitgefühl ermöglichen uns, sowohl den eigenen als auch den Schmerz der anderen zu erkennen und zu fühlen. Dann werden die Gedanken nicht mehr nur um diese Verletzung kreisen, sie werden wieder frei sein und sich transformieren können.

Lässt uns Vergebung also unabhängiger werden? Fest steht: Wenn wir verzeihen, können wir die Energie wieder in die Gegenwart holen. Dafür braucht es nur uns selbst, niemand sonst kann das für uns übernehmen. Deshalb ist Vergebung ein großer Teil der Trauerarbeit. Denn sie fällt immer nur auf uns selbst zurück und kann ein großes Geschenk sein.

Manchmal müssen alte Vorstellungen, Ansichten und Glaubenssätze erst zerbersten, bevor etwas Neues entstehen kann. Indem wir die Verantwortung dafür übernehmen, weil wir wissen, dass wir Lebensgestalter*innen sind und uns nicht alles einfach widerfährt, können wir manch Altes bewusst gehen lassen. Das ist ein tiefer Prozess und meist mit Schmerz verbunden aber nur auf diese Weise vermag sich die Ohnmacht in etwas Machtvolles zu verwandeln, nämlich in Vergebung und inneren Frieden.

Die Wüstenseele

Ich sitze auf einer hohen Düne an der Grenze zu Algerien und schaue in die Weite. Ich spüre all die Last der Verletzungen, die sich im Laufe meines Lebens angesammelt haben. Ich trage nichts bei mir als die Kleider an meinem Leib. Und dennoch gibt es da eine unsichtbare Schwere, die ich überall mit hinzunehmen scheine, selbst bis nach Afrika, in die Wüste Marokkos. Es sind Worte, Ablehnungen, Urteile – all das, was zwischenmenschlich schwierig sein kann. Obwohl sie physisch kein Gewicht haben, spüre ich die Last und die Schwere dieser Dinge, die ich durch mein Leben trage, weiter und weiter, bis hier hinauf, auf diesen Hügel aus heißem Sand.

Weshalb tue ich das eigentlich und wohin will ich all das noch tragen? Kann ich es ablegen, irgendwohin in den Sand oder werde ich es wieder mit hinunternehmen, um noch viele Meilen und Kilometer damit zu gehen? Was ist so kostbar daran, dass ich es nicht einfach aufgeben kann? Ich bin verblüfft, denn wenn ich so darüber nachdenke, kann ich gar keinen Gewinn darin erkennen. Sicher ist es wichtig und richtig, sich mit einem Konflikt auseinanderzusetzen, zu schauen, was der eigene Anteil daran ist und auf welche Weise ich etwas daran ändern kann, überlege ich. Aber das habe ich, als grundsätzlich nachdenklicher Mensch, durchaus schon getan. Es gibt leider nicht für alle Konflikte eine Erklärung und manches löst sich nicht einfach wieder auf. Früher dachte ich, wenn man darüber spricht, ließe sich alles klären. Aber das Leben hat mich gelehrt, dass dem nicht so ist und dass es Dinge gibt, die man nicht besprechen kann, weil sie vielleicht nicht in Worte zu fassen sind, weil das Gegenüber vermutlich eigene Wunden in sich trägt oder dieser Konflikt unserem Wachstum dient. Aber wem hilft es jetzt, an all dem weiter festzuhalten? Ich schaue mich um. Ich sitze allein auf dieser Düne. Wahrscheinlich spüre auch nur ich diese Last. Die Menschen, mit denen ich irgendwann einmal diese Kontroversen ausgetragen habe, haben bestimmt keine Ahnung davon, dass ich jetzt viele Kilometer weit entfernt von ihnen in Marokko auf einer Düne sitze und über meinen Ballast sinniere, und wenn sie es spürten, würde sich für mich daran etwas ändern? Könnte ich es also nicht einfach dem Wüstensand übergeben?

Bei diesem Gedanken stürmen unterschiedliche Anteile auf mich ein: »Du kannst es nicht einfach vergessen«, meldet sich mein Stolz. »Es ist doch nicht deine Schuld gewesen«, sagt die Wut. »Das ist so ungerecht«, beschwert sich mein Verstand. »Lass einfach los«, flüstert auf einmal die Liebe. »Das ist nicht so einfach«, versucht mein Ego zu widersprechen. »Es ist eigentlich ganz leicht«, sagt mein Mitgefühl. »Wer loslässt, verliert«, sagt mein Ehrgeiz. »Wenn du es aufgibst, bist du frei«, sagt die Vergebung. Ich bin hier, auf dieser Düne, sitze im heißen Sand und betrachte die unterschiedlichen Widersprüche in mir. Da erkenne ich plötzlich das Juwel, den Sinn dessen, der sich hinter all den Konflikten verbirgt. Obliegt nicht alles auf dieser Erde der Verwandlung? Nichts bleibt, wie es ist. Doch obwohl ich das weiß, halte ich an meinen Sorgen und meinen Verletzungen fest und trage sie in einem unsichtbaren Rucksack sogar bis zu dieser Düne hier in Afrika.

Aber leider weiß ich nicht, wie ich die Dinge aus meinem schweren Gepäck verwandeln kann. Ich schöpfe ein wenig Sand und balle die Hand zu einer Faust. Im Festhalten spüre ich meinen Schmerz und unwillkürlich lockere ich den Griff. Der Sand rieselt zwischen den Fingern hindurch auf meine Füße. Mit einem Mal setzt sich die Empathie auf mein Herz, der Gedanke der Verbundenheit hebt alle Barrieren auf und gewährt der Vergebung die Führung in dem Wirrwarr meiner Gefühle. Ich stehe auf. Überwältigt fliege ich förmlich die Düne hinunter, leicht und beschwingt. Natürlich wird die Sorge zurückkehren und mich hier und dort mit ihrer Last beschweren. Aber ich weiß jetzt, wen ich einladen darf, damit es mit der Zeit auch wieder leichter werden kann.

Aus Fragen wird man klug

- Kennst du das: Gibst du dir auch manchmal die Schuld an etwas, weil du denkst, du hättest es besser machen können?
- Trägst du auch so viel Ballast mit dir herum?
- Welche Anteile erkennst du in dir? Wut, Mitgefühl, Stolz, Liebe …?
- Welche haben gerade den Hut auf? Kannst du einige davon loslassen?
- Was meinst du: Wäre es einen Versuch wert, dich auf die Idee einzulassen, dir und anderen zu vergeben?
- Kannst du dir vorstellen, Trauervergebungsarbeit zu praktizieren?
- Könnte es sich danach leichter anfühlen?
- Kannst du dich auf die Idee einlassen, alte Muster gehen zu lassen?

Wie du dir selbst helfen kannst: Der Brief 

Vergeben zu können, ist nicht immer einfach. Anfangs mag es sich besonders schwer anfühlen, wenn wir auch noch in der Wüste des Lebens stecken. Wir verletzen uns und andere. Wir werden verletzt. Oft bleiben wir stecken in diesem schmerzlichen Gefühl und wissen nicht, wie wir wieder herausfinden und wie wir uns selbst und anderen verzeihen können.

Der erste Schritt könnte sein, eine positive und bewusste Haltung dazu zu bekommen und zu erkennen, dass Vergebung helfen kann, das eigene Herz zu heilen.

Ein nächster möglicher Schritt wäre, deinen Rucksack zu öffnen und zu schauen, welche Werkzeuge du in die Wüste mitgenommen hast. Vielleicht gibt es eine Übung oder ein Ritual, das dir helfen kann, leichter zu vergeben?

Wenn du bereit bist, für dich diese Praxis der Vergebung auszuführen, dann stelle dir den Menschen vor, dem du verzeihen möchtest. Wenn du magst, sprich seinen Namen aus und sage laut: »Ich vergebe dir.« Das kannst du jeden Morgen nach dem Aufwachen praktizieren. Vielleicht ist es dir anfangs noch nicht möglich, den Namen der Person auszusprechen, die dich verletzt hat. Dann beginne ohne Namen und vielleicht wird er dir mit der Zeit über die Lippen gehen. Dasselbe gilt, wenn du selbst die Person bist, der du verzeihen willst. Dann kannst du jeden Tag in den Spiegel blicken und mit dem Satz »ich vergebe mir« beginnen.

Sobald du merkst, dass dein Blut nicht mehr in Wallung gerät und dein Magen sich nicht mehr verkrampft, wenn du an die von dir ausgewählte Person denkst, kannst du dich langsam auf das nächste Ritual einstellen. Schließe kurz die Augen und bitte die geistige Welt um Führung und Kraft. Schreibe dann der Person, der du vergeben möchtest, einen Brief. Dieser Brief wird nicht abgeschickt. Er dient deiner eigenen inneren Klarheit. Wenn es etwas gibt, das du dir selbst vergeben möchtest, dann beginne auf jeden Fall immer erst bei dir, bevor du anfängst, anderen zu vergeben.

Du kannst auch eine andere Person bitten, dir zu vergeben. Diese Bitte um Vergebung kannst du auch an den verstorbenen Menschen richten oder an eine Person, mit der du physisch nicht mehr in Verbindung stehen kannst.

Emil, dessen Zwillingsbruder Gustav verstorben war, erzählte mir, dass die beiden am letzten gemeinsamen Geburtstag kurz vor Gustavs Tod eine heftige Auseinandersetzung miteinander gehabt hatten. »Es war etwas so Banales, über das wir stritten, aber wir sprachen danach an diesem Fest nicht mehr miteinander. Ich kann mich noch sehr gut an den Zeitpunkt erinnern, als ich beinahe meinen Stolz überwunden und ihn fast umarmt hätte. Leider konnte ich damals aber doch nicht über meinen Schatten springen und blieb in meiner eigenen Verletzung stecken. Ich fühlte, wie er litt, und ich litt natürlich auch. Und obwohl wir es zum Glück nie lange aushielten, böse aufeinander zu sein und uns bereits am kommenden Tag schon wieder miteinander versöhnten, quält mich mein Verhalten an diesem Tag im Nachhinein zutiefst.«

Emil trug dieses Ereignis viele Jahre mit sich herum und jedes Jahr war sein Geburtstag ganz besonders schlimm, nicht nur, weil er ihn jetzt für immer allein feiern musste, sondern vor allem, weil er immer an diesen letzten Streit denken musste. Diese letzte Geburtstagsfeier überschattete all die schönen davor, die sie gemeinsam erlebt hatten. Emil konnte sich nicht verzeihen, dass er so hart und unerbittlich geblieben war. Natürlich versuchte er immer wieder, sich auch die positiven Seiten vor Augen zu führen, denn nach dem Tod seines Bruders ging er nie wieder mit nahestehenden Menschen im Streit auseinander. Das half ihm zwar zukünftig, so manche Situation früher zu deeskalieren, aber die Qual in seinem Herzen linderte es nicht. Erst als er sich dazu entschließen konnte, seinen Bruder nachträglich um Vergebung zu bitten, konnte sich auch sein Schmerz verändern. Eines Tages schrieb er ihm einen Brief.

Lieber Gustav,

kannst du dich noch an unseren letzten gemeinsamen Geburtstag erinnern? Wir stritten wegen einer Kleinigkeit. Wir haben danach nicht mehr miteinander gesprochen. Du saßest da, umringt von der Familie und unseren Freunden und unsere Blicke begegneten sich. Ich hatte so sehr den Impuls, dich einfach kurz zu drücken und doch tat ich es nicht. Ich blieb hart. Mein Stolz und meine frühere Konditionierung hielten mich davon ab, meinem tiefsten eigenen Bedürfnis nachzugehen. Jedes folgende Jahr nach deinem Tod denke ich an diesen letzten gemeinsamen Geburtstag und kann mir einfach nicht verzeihen, dass ich so stur geblieben bin. Das quält mich zutiefst. Was würde ich dafür geben, noch einmal die Chance zu bekommen, es anders zu machen! Was würde ich dafür geben, der Liebe den Vorzug zu gewähren vor Stolz und Verletzung! Was würde ich alles dafür geben, wenn ich noch einmal die Möglichkeit bekäme, dich in die Arme zu nehmen, einfach so, weil mein Herz gerade überläuft! Kannst du mir verzeihen, liebster Gustav?

Emil schrieb »Für Gustav« auf den Umschlag. Dann legte er den Brief in eine kleine Kiste, in der er auch andere Erinnerungsstücke an seinen Zwillingsbruder aufbewahrte. Für heute hatte er ihn hervorgeholt und mitgebracht, um ihn mir vorzulesen.

Mir gefiel die Idee mit dem Brief und ich fragte ihn, was er davon halten würde, wenn sein Bruder ihm antwortete? Zuerst schaute er mich verdutzt und überrascht an. Dann zeigte sich ein Schmunzeln auf seinem Gesicht. Er bat um einen Zettel, kramte einen Stift aus seiner Tasche und schloss für einen Moment die Augen. Emil forderte seinen Bruder gedanklich auf, ihm zu antworten. Es dauerte nicht lange und dessen Worte flossen durch Emils Hand auf das leere, noch unberührte Papier. Die Zeilen füllten sich wie von selbst, als ob er gar nicht nachdenken müsse. Eine andere Instanz schien die Führung zu übernehmen. Als der Brief fertig geschrieben war, musste er erst einmal selbst nachlesen, was da auf dem Blatt geschrieben stand.

Emil bat mich, Gustavs Antwort nicht der Öffentlichkeit preiszugeben, zu wertvoll und kostbar sind ihm seine Worte. Er wird sie in seinem Herzen verwahren und das, was er durch ihn geantwortet hat und jetzt auf diesem Blatt Papier vermerkt wurde, behüten und schützen wie ein Juwel. Vielleicht wird er diesen Brief einmal in einem geschützten Rahmen, zum Beispiel in einem Trauerseminar, vorlesen, um die geschriebenen Worte in die Welt zu geben und nochmals zu bekräftigen. Eines aber war ihm an dieser Stelle ganz wichtig zu sagen: Er habe endlich gespürt, was es bedeutet, zu vergeben und Vergebung zu erhalten, und das mache ihn sehr glücklich.

Selbst durch die Annahme, dass sich jede Handlung immer auch aus einem bestimmten Kontext heraus entwickelt – seien es antrainierte Verhaltensweisen, falsche Konditionierungen oder Überlebensstrategien,

die an anderer Stelle vielleicht sogar hilfreich sind –, wirst du keine Entlastung erhalten. Die kannst du allein in der Vergebung erfahren. Vielleicht wirst du das Geschehene nicht immer lokalisieren und intellektuell erfassen können. Zu vergeben heißt manchmal auch, all die Umstände des Geschehens in einen höheren, universellen Kontext zu stellen und aufzulösen, ohne es zu begründen und zu bewerten.

Vergebung wird von Liebe gespeist und benötigt allein das Herz, das bereit ist, unvoreingenommen und ohne Wertung zu sein. Das mag in den meisten Fällen nicht sofort gelingen, es erfordert Übung und tägliche Praxis. Dein menschliches Potenzial aber ist, dass du in verschiedenen Situationen immer aus der göttlichen Essenz genährt wirst, wenn du dich dafür öffnen kannst.

Vielleicht hilft es dir auch, dir nochmals bewusst zu machen, dass das Resultat von Vergebung immer auf dich zurückfällt. Du erweist dir selbst somit den größten Dienst, indem du vergibst.

Erinnerungen können Fluch und Segen sein

»Ich erinnere mich noch genau daran, wie du deinen fünf Monate alten Sohn im Tragetuch auf dem Rücken mit dem Fahrrad mitgenommen hast …«. So beginnen wir oft alte Geschichten zu erzählen. Aber was wissen wir von diesem Urlaub sonst noch, der mehr als 20 Jahre zurückliegt? Wenn wir uns danach fragen, werden nicht viele Erinnerungen übrig sein. Es sind oft nur Details, die im Gedächtnis bleiben.

Gedanken schöpfen 

Unsere Erinnerung verblasst mit der Zeit. Genau das wollen wir um jeden Preis verhindern, wenn ein geliebter Mensch gestorben ist. Wir wollen an allem festhalten: an den Erlebnissen, den Gefühlen und an den Verbindungen. Allein die Vorstellung ist uns unerträglich, dass die Zeit einen Schleier darüberlegen könnte und wir den Geruch, die Stimme, all das, was die Art und die persönliche Note dieses besonderen Menschen ausmachte, nicht mehr spüren, nicht mehr einfangen, nicht mehr empfinden können.

Dennoch glaube ich, dass genau das auch ein bisschen unsere Rettung ist. Denn würden wir immer so intensiv in der Verbindung steckenbleiben, kämen wir niemals wieder ins Leben zurück. Doch wir sind immer wieder versucht, das Vergangene zu einer Endlosschleife umzurüsten, um uns in das Damals versetzen zu können, zurück in eine andere Zeit. Wir hoffen, so ganz bei den Verstorbenen sein zu können.

Gleichzeitig werden wir immer wieder überwältigt von all dem Schmerz. Wird es jemals eine Möglichkeit geben, die Erinnerung ohne Leid in uns zu tragen, mehr noch: sie stützend und stärkend in uns zu spüren, solange wir leben?

Die Erfahrungen, die wir im Laufe unserer Wüstenjahre machen, passen uns nicht immer ins Konzept. Denn gerade an das, was letzten Endes für die Trauer hilfreich ist, möchten wir anfangs nicht einmal denken: das langsame Vergessen. Also versuchen wir weiter, uns den Klang der Stimme der Verstorbenen einzuprägen, den Geruch in der Kleidung zu konservieren, uns immer wieder die Gewohnheiten und Charaktereigenschaften wachzurufen und die Stärken und Schwächen unserer Liebsten festzuhalten, denn wir wollen uns immer daran erinnern können, wie wir mit ihnen lachten und weinten. Wir wollen um jeden Preis an all den gemeinsamen Erlebnissen festhalten, sie niemals vergessen. Denn diese Art von Erinnerung, so glauben wir, ist doch alles, was uns noch bleibt. Das Leben unserer Liebsten ist hier auf der Erde zu Ende erzählt. Es gibt keine neuen Geschichten mehr, es sei denn, jemand kommt und erzählt uns von einem Erlebnis, das wir noch nicht kannten. Wir ringen um alles, was wir noch bekommen können, weil wir glauben, unseren geliebten Menschen zu verlieren, wenn die Erinnerung verblasst.

Wenn wir wollen, können wir immer all die Bilder anschauen, die wir haben oder die uns von Freunden zugeschickt werden. Wir können auch weiter in die Vergangenheit reisen und im Anblick der Kinderbilder, unserer Liebsten versinken. Manchmal haben wir auch noch ein paar Videos, auf denen wir die typischen Bewegungen unserer Verstorbenen wiedererkennen und uns vorstellen können, dass sie noch immer bei uns sind. Aber wir ahnen dennoch von Anfang an, dass da ein graues Monster in der Ecke sitzt, das sich immer mehr Raum nehmen wird: das Monster des Vergessens, das mit der Zeit über all die Geschehnisse ein graues Tuch legen wird.

Manchmal ist die Angst vor diesem Monster fast nicht auszuhalten, denn wir wissen, dass es keine gemeinsame Gegenwart gibt und wir keine Zukunft mehr miteinander erleben werden. Vielleicht werden wir aus diesem Grund alles aufschreiben, auch wenn es gar nicht so wichtig gewesen ist, um es immer dann, wenn wir vor Sehnsucht fast vergehen, nachlesen zu können. Wir kämpfen um alles, was wir nicht hergeben wollen – und das wir langsam dann doch verlieren.

Natürlich werden wir nicht alles vergessen, aber mit der Zeit erinnert uns nicht mehr alles, was uns begegnet, an unser verstorbenes Kind, unseren verstorbenen Partner, an den Bruder, die Schwester, die Mutter oder an den geliebten Großvater. Wir hören nicht mehr genau den Klang ihrer Stimmen und meinen auch nicht mehr, unsere Verstorbenen in jemandem wiederzuerkennen. Anfangs sind wir verzweifelt und versuchen krampfhaft an dem festzuhalten, was sich uns immer mehr entzieht.

Doch irgendwann spüren wir langsam auch, dass wir leichter werden und plötzlich nicht mehr die ganze Zeit über traurig sind. Natürlich haben wir dann nicht alles vergessen. Bestimmte Erinnerungen an Begegnungen, Gespräche, Düfte und manche innere Bilder werden wir immer in unserem Herzen bewahren. Aber diese befriedete Art Erinnerung erweckt in uns nicht mehr das Feuer einer heißen Sehnsucht, das uns fast verbrennt. Nun fühlt es sich eher an wie eine Glut, die wir immer wieder anschüren können, denn ganz erlöschen sollte sie nie.

Die Welt, die uns wie ein Spiegel die Erinnerungen präsentierte, zeigt sich uns nach und nach in einem neuen Gewandt. Es ist wieder möglich, im Jetzt anzukommen, über anderes nachzudenken und Neues zu erleben. Spätestens dann, wenn wir uns irgendwann einmal wieder für andere Themen öffnen können und unser Lachen wieder zurückkommt, wissen wir, dass das Monster in Wirklichkeit kein Monster ist, sondern uns helfen möchte, uns zu retten. Wir beginnen zu verstehen, dass wenn wir immer mit einer tiefen Erinnerung an unsere Liebsten umherlaufen, wir niemals wieder ins normale Leben zurückfinden können. Anfangs ist dies ein unglaublich zwiespältiges Gefühl, das schmerzt und uns gleichzeitig sehr befreien kann.

Sobald wir diese Wandlung langsam akzeptieren können, kann sich etwas anderes auftun. Es darf ein inneres Bild von unseren Verstorbenen entstehen, ein Bild ohne Formen und ohne Geschichte. Es ist eine Präsenz, die immer da ist, in uns und um uns herum und die sich stets dann wieder in den Vordergrund schiebt, wenn wir es am meisten brauchen. Sie ist mit einem Male wie selbstverständlich da. Sie sind da. »Du sollst dir kein Bildnis von Gott machen«, lautet der Bibelspruch. Können wir diese Textstelle erst jetzt richtig verstehen? Schaffen wir es, wenn wir eine Zeitlang in der Wüste unseres Lebens gewandert sind, dieses Gleichnis auf unser Leben zu übertragen und unseren brennenden Wunsch, unsere Liebsten könnten wieder in unser Leben kommen, aufzugeben?

Maria erzählte mir bei einem Telefongespräch, dass sie ihre Mutter verloren hatte, als sie selbst noch eine junge Frau war. Als sie dann in das Alter kam, in dem ihre Mutter gestorben war, war diese bereits über 38 Jahre tot. Vieles war verblasst, nur Bruchstücke an Erinnerungen hatte Maria bewahren können. Aber in diesem Jahr fühlte sich Maria auf eine ganz besonders innige Art und Weise mit ihrer Mutter verbunden. Maria hatte Schwierigkeiten, dieses Gefühl zu beschreiben. Ihre Mutter war in ihr und hielt gleichzeitig ihre Hand, sie hüllte sie ein und lief ein paar Schritte voraus. Sie waren eins: vertraut, geliebt, verbunden.

Vielleicht gibt es Zeichen oder Hinweise aus einer anderen Realität? Gelingt es uns dann, sie anzunehmen, wenn sie auftauchen, auch wenn sie nicht fassbar sind und wir sie weder verstehen noch beeinflussen können? Schaffen wir es auch, sie nicht festhalten zu wollen, sie wieder ziehen zu lassen?

Mia, eine verwaiste Mutter, erzählte uns in der JugendLichter-Gruppe ihre erstaunliche Geschichte, die von dieser besonderen Verbindung handelt: »Vor ein paar Jahren fuhr ich mit meinem Mann das erste Mal nach langer Zeit wieder allein, ohne Kinder, in den Urlaub nach Südfrankreich. Auf der Autobahn unterhielten wir uns über vergangene Urlaube, erst zu dritt auf Kreta, mit Rucksack, Rückentrage und Bobby-Car, dann zu viert mit unserem alten Bulli, mit dem wir die Welt eroberten. »Weißt du noch damals, …«, begannen unsere Sätze, die die Erinnerungen aufblühen ließen.
Doch plötzlich überkam uns die Gewissheit, dass wir nie wieder in dieser Konstellation irgendwohin reisen würden. Da setzte sich der Schmerz auf unser Herz, ließ unsere Tränen aufsteigen und verschleierte unsere Sicht. Die Welt zeigte sich hinter der Windschutzscheibe, als läge ein Schleier der Trübnis auf ihr, durch den wir alles nur noch verschwommen wahrnehmen konnten. An der nächsten Raststätte hielten wir an, um eine kleine Pause einzulegen und uns von unseren starken Gefühlen zu erholen. Wir gingen gleichzeitig auf die Toilette und hörten dort zur selben Zeit das Lied: »Mad world«, dieses Lied, das uns immer an unsere verstorbene Tochter erinnerte und das wir nach ihrem Tod so häufig angehört hatten. Natürlich könnte es auch rein zufällig gewesen sein, dass genau zu dem Zeitpunkt, an dem wir beide tieftraurig waren, postwendend und ausgerechnet auf einer Autobahntoilette (auf denen übrigens selten Musik zu hören ist) dieses Lied abgespielt wurde. Ganz ergriffen fanden wir uns am Auto wieder, mit derselben unerschütterlichen Gewissheit im Herzen, dass sie da ist und uns überall hinbegleitet. Wenn auch nicht so, wie wir es uns wünschten, so doch auf ihre eigene Art und Weise.«

Viele Menschen können von solchen Erlebnissen berichten und die Wenigsten unter ihnen müssen diese Phänomene ergründen. Es ist eine innere Gewissheit, die nicht weiter bewiesen werden muss. Für diejenigen aber, die daran zweifeln, ist kein Beweis gut genug. Im Laufe der Jahre können sich viele kleine Wunder ergeben, sie werden sich uns auf unterschiedlichste Weise zeigen, Zeichen geben und eine Verbindung herstellen zwischen Himmel und Erde. Eine Brücke zur geistigen Welt.

Die Wüstenseele 

Vielleicht bedeutet bedingungslose Liebe, sich von den physischen Konditionen zu lösen, nicht festzuhalten an der Erinnerung und doch wünsche ich mir dich so sehr in deiner Erscheinung zurück. Ich sehne mich nach deinen ausdrucksvollen Augen, deinen struppigen Brauen und deiner jugendlichen Statur. Aber werde ich dir so gerecht? Zwischen meiner letzten Erinnerung und der Gegenwart liegen elf lange Jahre. Um dich jetzt deinem Alter entsprechend als 28-Jährigen zu sehen, muss ich meine Vorstellungskraft aktivieren und bleibe doch nur in vagen Vermutungen hängen. Ich kann das Bild von dir, das ich mir so sehr wünsche, nicht zu Ende zeichnen, denn es fehlt mir immer der letzte göttliche Schliff. Obgleich ich das weiß, ist die Sehnsucht größer und der Wunsch mächtiger: Lieber will ich ein unvollständiges Kunstwerk sehen als dich ganz zu verlieren, in meiner Erinnerung, in der Wüste, in Afrika. Ganz plötzlich, als hätte der Himmel mein Flehen erhört, schält sich aus dem heißen Wüstensand deine schöne Gestalt. Mein Herz pocht bis zum Hals und droht vor Emotionen zu zerspringen. Ich strecke die Hände aus, will dich berühren, umarmen und ergreifen und dich für immer bei mir behalten. Neben der großen Freude, dich zu sehen, schwillt der Wunsch, dich nie mehr gehen lassen zu müssen, ins Unermessliche an. Denn ich ahne bereits, dass diese Begegnung von kurzer Dauer sein wird. Verzweifelt richte ich abermals ein Stoßgebet in den Himmel, doch diesmal bleibt meine Bitte unerhört und dein Bild löst sich so schnell vor meinen Augen wieder auf wie eine Fata Morgana in der heißen Wüste. Deine flüchtige Erscheinung bedeutet für mich in diesem kurzen Augenblick die ganze Welt und gleichzeitig spüre ich nur eine vorübergehende Erfüllung all meiner Wünsche, schnell gefolgt von überwältigender Traurigkeit. Erschöpft sitze ich auf der sandigen Erde, einsam und leer.

Ich kann nicht bestimmen und wählen, was die Schöpfung mir zur Verfügung stellt, und auch nicht die Gesetze der Natur verändern. Aber es ist meine Entscheidung, wie ich damit umgehe. Wenn ich beständig an einer kleinen Raupe festhalten möchte, verhindere ich in mir, dass ich sie irgendwann einmal als Schmetterling erkennen kann.

Vielleicht bedeutet bedingungslose Liebe, sich von all den Erinnerungen zu lösen, damit auch du endlich weiter gehen kannst? Denn mein Bild von dir reduziert dich doch auf das, was du einst warst und hält dich in der Vergangenheit fest. Aber bist du nicht viel mehr als das? Vielleicht hast du längst eine Metamorphose erfahren, bist ein Schmetterling und beglückst die Welt mit deinem wundervollen Sein, während ich in der Wüste sitze und verzweifelt im Sand grabe, um nach der kleinen vertrauten Raupe zu suchen.

Wenn ich mein Bild von dir aufgeben werde, wie wird es dann sein? Werde ich dich wiederfinden. Kann ich dich erkennen zwischen all den Windungen des Lebens?

Ich sehe in den Himmel und plötzlich kann ich vertrauensvoll loslassen. Weinend sitze ich jetzt in der Wüste und habe nichts als die Erde unter mir, die mich trägt und dann – bist du plötzlich da. Ich spüre dich im kühlen Sand am Abend, den ich zärtlich durch meine Hände rieseln lasse. Ich sehe dich in den züngelnden Flammen des Feuers, denen ich stundenlang meine Aufmerksamkeit schenke. Ich höre dich im Schmatzen der Dromedare, denen ich dankbar bin, weil sie geduldig meine Lasten durch die Wüste tragen. Auf einmal erfüllst du auch mich. Plötzlich weiß ich, was Verwandlung, was Metamorphose zu bedeuten hat. Du bist die Gegenwart von Liebe. Überall dort, wo ich sie sehen und fühlen kann, spüre ich auch deine Präsenz. Wenn ich das Leben liebe, erlebe und liebe ich auch gleichzeitig dich.

Aus Fragen wird man klug

- Was machst du, um Erinnerungen festzuhalten?
- Hast du Angst, sie könnten irgendwann verblassen?
- Fürchtest du dich vor dem Monster des Vergessens?
- Willst du alles festhalten, jede Erinnerung an deinen geliebten Menschen verwahren?
- Könntest du dich auf eine neue Idee einlassen?
- Bist du bereit dazu?

Wie du dir selbst helfen kannst: Erinnerungskiste und Geschenkebox

Ich möchte dich nicht dazu auffordern, all die Erinnerungsstücke, die dich an deinen verstorbenen Menschen erinnern, zu entsorgen. Manchmal tut es sehr gut, den Pullover des verstorbenen Menschen zu tragen oder dir das Lederarmband, das du an der Unfallstelle gefunden hast, um den Arm zu legen. Es kann auch wichtig sein, etwas zu reparieren oder sich aus den Kleidungsstücken ein Krafttier nähen zu lassen.
All das, von dem du dich nicht trennen magst, könntest du in eine Erinnerungskiste packen. Hier kannst du die Dinge verwahren, die dir wertvoll sind. Es wird Zeiten geben, da wirst du sie wieder öffnen, um etwas daraus zu betrachten und einer Zeit nachzuweinen, die längst vergangen ist.
Es könnte aber auch eine gute Erfahrung sein, zum Beispiel nach dem Tod deines Kindes, viele der Kleider, Puppen, die Fußballschuhe, Trikots oder sonstige Sachen an Freunde zu verschenken oder an bedürftige Kinder. All diese Gegenstände, von denen du es vermutlich schaffst, dich zu trennen, kannst du schon einmal beiseite in eine Geschenkebox packen.

Wenn du beispielsweise einige Sachen deines verstorbenen Sohnes in die Welt verschickst, kannst du natürlich nicht wissen, wohin sie versendet werden. Aber wenn du dann vielleicht einmal in Marokko bist und von einer alten Kasbah aus ein großes Feld siehst, auf dem Kinder Fußball spielen, dann könntest du dir einen Jungen vorstellen, der voller Stolz seine weißen Schuhe trägt. Die Vorstellung, dein geliebtes Kind über die verschenkten Dinge mit vielen verbunden zu wissen, kann sehr heilsam sein. Wenn du dir ausmalen magst, dass all die Sachen vielerorts verteilt worden sind, fließt auch deine Liebe und Energie in die entlegensten Ecken dieser Welt. Es kann dich bestärken und darin bekräftigen, überall und in allem der Liebe zu begegnen und sie zu spüren: in den glücklichen Kindergesichtern eines entlegenen Ortes irgendwo auf der Welt oder in dem Lachen eines Jungen an der nächsten Straßenecke. Denn überall dort, wo die Liebe sich zeigt, verbindet sie dich mit den Menschen in der geistigen Welt.
Wenn du Dinge zum Verschenken ausgewählt hast, stell dir für einen Moment vor, wie du all diese Sachen verschenkst. Male dir vor deinem inneren Auge aus, wie die Liebe, die du jedem dieser Objekte mit auf die Reise geben wirst, einen anderen Menschen irgendwo auf der Welt von Herzen erfreut und du wirst plötzlich die Verbindung zu deinem geliebten Menschen und seine Liebe an jedem Ort erleben und erkennen. Wenn du bereit bist, öffne deine Box und beschenke.

In einer Zehntelsekunde zum Flashback

Ist dir das auch schon passiert? Eine ähnliche Situation wie damals, ein Hupen, eine Stimme, ein Geruch und ganz plötzlich wirst du wieder an dein traumatisches Erlebnis erinnert. Du steckst abermals mittendrin, in dem Schmerz, in der Angst, in der Panik. Dein Herz krampft und du kannst in der jetzigen, ganz anderen Lage, nicht mehr gut reagieren, weil alles wieder gegenwärtig ist.

Gedanken schöpfen 

Charlie erzählte mir per Skype von seinem Urlaub und dem Flashback, der dem Ganzen kein schönes Ende bescherte: »Wir verbrachten einen wunderschönen Urlaub im Bike-Camp auf Elba. Luc, mein noch lebender Sohn, war Mountainbike-Guide und ich war Teilnehmer. Wir genossen es, gemeinsam Sport zu machen, den ganzen Tag draußen zu sein, den Wind, die Sonne und das Meer zu genießen und Männergespräche zu führen. Das Leben war plötzlich wieder leicht und ich konnte es zulassen. Keine Trauergespräche, keine bedrückenden Gedanken, ich spürte endlich wieder, was das Leben noch alles zu bieten hat. Am Abend schaute ich stundenlang aufs offene Meer hinaus und fühlte mich einfach wunderbar. Die Algen rochen leicht fischig, der Sand war feucht und kühl und ich hatte Hunger nach dem guten Essen im Camp und endlich auch wieder nach Leben. Obwohl ich mich nach einer Weile auch auf zu Hause und auf meine Frau freute, hätte ich auch gut noch eine Woche dort aushalten können. Auf der Rückfahrt fuhr mein Sohn mit einem Freund direkt nach Innsbruck weiter, weil er dort studiert. Ich nahm Sam, einen anderen Freund wieder mit zurück nach Freiburg. Bevor wir durch die Schweiz fuhren, deaktivierten wir den Zugriff auf unsere mobilen Daten und waren für diese Zeit nicht erreichbar. Das machen wir immer so, denn es ist, wenn man keinen bestimmten Vertrag hat, sehr teuer, in der Schweiz mit anderen zu kommunizieren. Als wir nachts spät über die Grenze nach Deutschland fuhren, hielt ich kurz rechts auf dem Standstreifen an, um die WhatsApp meines Sohnes zu lesen. Er musste schon längst angekommen sein und ich wollte mich nur vergewissern, dass alles bei ihm geklappt hatte. Es war keine Nachricht auf meinem Handy. Das war sehr untypisch, denn seit dem Tod meines anderen Sohnes wusste Luc, dass es für mich wichtig war, bei der Ankunft von ihm zu hören. Ich rief meinen Sohn an. Das Handy war aus.«

Da geschah etwas mit Charlie. Er erzählte, dass es sich anfühlte, als hätte jemand in ihm einen Schalter umgelegt, denn auf einen Schlag war die alte Angst wieder da. Die Verzweiflung fuhr ihm in die Glieder. Er spürte dieselbe Not wie in jener Nacht, als er versucht hatte, Ben, seinen älteren Sohn anzurufen. Die Nummer war auch damals nicht mehr zu erreichen gewesen.

»Ich war wie gelähmt und musste erst mal nach Luft schnappen. Der Freund schlief derweil selig auf dem Beifahrersitz. Nach ein paar Minuten schaffte ich es, weiterzufahren. Aber die Sorge um Luc quälte mich weiter. Als wir schon fast zu Hause waren, hielt ich es nicht mehr aus. Ich rüttelte den Kumpel meines Sohnes wach. Verschlafen schaute Sam auf sein Handy. Er hatte eine Nachricht bekommen. Der Freund, der mit Luc nach Innsbruck gefahren war, hatte versehentlich in die falsche Gruppe gepostet, zu der Sam zum Glück auch Zugriff hatte.«

Eigentlich hätte jetzt alles wieder in Ordnung sein können. Aber Charlie war zu weit gegangen. Er hatte sich in die schlimmen Bilder und Vorstellungen, die sein Gehirn kreiert hatte, so sehr hineingesteigert, dass es ihm nicht möglich war, sie wieder ziehen zu lassen. Vergeblich versuchte er, sich zu beruhigen, glaubte aber doch immer wieder zu spüren, dass etwas ganz Schlimmes geschehen sein musste.

Während wir skypten, hatte Charlie bereits wieder genügend Abstand gewonnen. Er wusste, dass er damals in dieser Nacht retraumatisiert worden war. Damals konnte er sich erst wieder beruhigen, nachdem er noch in derselben Nacht mit seiner Frau darüber gesprochen hatte. Nach zwei Tagen ließ dann auch das Gefühl der Erschöpfung endlich nach.

Heute weiß Charlie, dass man diesem Befinden nicht immer hilflos ausgeliefert sein muss, sondern dass man sich selbst mit manchen Übungen beruhigen kann, um die Emotion nicht so groß werden zu lassen. Er

weiß, dass es hierfür Techniken gibt, die er bei der nächsten Herausforderung ausprobieren möchte.

»Trauma« kann man auch mit »Wunde« übersetzen und wenn eine Wunde einmal da war, besteht immer die Möglichkeit, dass sie, selbst Jahre später, durch irgendeine Erinnerung oder eine ähnliche Situation wieder aufgerissen wird. Je nach Stärke der Retraumatisierung und abhängig von der eigenen Resilienz kann man versuchen, mithilfe einfachen Skills aus dem Flashback wieder herauszufinden. Manchmal ist es aber auch unbedingt notwendig, sich in psychotherapeutische Begleitung zu begeben, um dieses Trauma auflösen zu können.

Die Wüstenseele

Vor 32 Jahren war ich mit meinem Mann in Indien. In Jaisalmer an der Grenze zu Pakistan wollten wir eine Kameltour machen. Damals konnte man noch nicht vorbuchen, keine Bewertungen anschauen, es gab weder Internet noch Handys mit einer Verbindung, die von der Wüste in alle Welt reichte. Wenn man in den Dünen war, konnte man sich nur auf die Kamele, die Führer und sich selbst verlassen. Wir wählten irgendeine Agentur aus, wurden mit einem Jeep in die Wüste gefahren und irgendwo ausgesetzt. Da standen wir nun, mitten in einer Ödnis, die uns fremd war, hofften auf ein gutes Abenteuer und warteten auf unsere Kamelführer. »*They will come, still wait*«, waren die letzten Worte unserer Guides gewesen, bevor sie mit ihrem Auto davonfuhren und uns allein zurückließen. Glücklicherweise tauchten nach geraumer Zeit auch tatsächlich zwei Männer mit drei Kamelen am Horizont auf. Wir waren sehr erleichtert. Ich bekam ein Kamel, mein Mann das andere und die beiden Kamelführer bestiegen das dritte. Sie sprachen weder Englisch noch Französisch, wir nicht die Landessprache und konnten uns nur über Gesten mit ihnen verständigen. Unsere Rucksäcke mit all unseren Habseligkeiten – auch den Reisepässen, Rückflugtickets, der Kamera und den Traveller-Schecks –, schnallten wir vor dem Besteigen auf dem Rücken dieser Tiere fest, damit nichts herunterfallen konnte. Dann begann das Abenteuer. Zu unserem Schrecken wurde es aufregender, als wir es uns anfangs vorgestellt hatten. Das Kamel der Guides war widerspenstig und hatte grünen Schaum vor

dem Mund. Plötzlich galoppierten die beiden auf dem großen Wüstentier davon und waren nicht mehr zu sehen. Mein Mann und ich blieben allein zurück, beide auf einem Höckertier sitzend, das wir weder führen noch lenken konnten. Die beiden Tiere hörten gar nicht auf unsere Befehle! Es war auch keine Option, einfach herunterzuspringen, denn die Kamele waren sehr groß. Die Rucksäcke mit unseren Rückflugtickets wollten wir außerdem auch nicht auf dem Rücken zweier Kamele in der Wüste lassen. Aber wir waren jung und optimistisch und vertrauten darauf, dass die Tiere von selbst den Weg finden würden. Zumindest so lange, bis mein Kamel plötzlich eine 90-Grad-Wendung machte und von der Piste weg ins freie Gelände lief. Ich schnalzte unentwegt, das hatte ich mir bei den Guides abgeschaut, ein Kommando, bei dem die Tiere normalerweise sofort in die Knie gingen, sodass man bequem auf- und absteigen konnte. Mein Schnalzen kümmerte das Kamel jedoch nicht. Es lief unbeirrt tiefer in die Wüste hinein. Ich krallte mich mit beiden Händen am Sattel fest, weil mein Kamel auf dem unwegsamen Gelände immer mehr ins Schwanken geriet. Rechts und links ragten riesige Kakteen auf, die mir ihre großen Dornen bedrohlich entgegenstreckten. Das Kamel lief immer schneller – und ich wurde immer ängstlicher.

Gerade als ich kurz davor war, in meiner Verzweiflung doch abzuspringen, tauchte wie aus dem Nichts ein kleiner, ungefähr fünfjähriger Junge auf, stoppte mein Kamel und hielt es am Halfter fest. Ich war sehr erleichtert. »*Can I help you?*«, fragte er verschmitzt und ich deutete mit einer zaghaften Kopfbewegung nach unten. Der Junge schnalzte und zu meiner Beschämung ging das Kamel sofort in die Knie, sodass ich leicht heruntersteigen konnte. Schnell schnallte ich mit hochrotem Kopf meinen Rucksack ab. Mein Mann kam mir mit seinem Kamel, das ebenfalls ein kleiner Junge führte, schon entgegengerannt. Vermutlich war das alles abgesprochen gewesen, um uns *Bakschisch* (Trinkgeld) zu entlocken, denn die Kamelführer saßen im nächsten Dorf Cola trinkend und lachend auf einer Pritsche und warteten auf uns.

Daran hatte ich mich erinnert. Nun war ich wieder in einer Wüste. Die Tiere waren diesmal zwar Dromedare mit nur einem Höcker, aber sie ähnelten denen von damals.

»Auf was habe ich mich da nur wieder eingelassen«, schoss es mir durch den Kopf, als der Guide mich aufforderte aufzusteigen. Ich schüttelte den

Kopf und lehnte erst einmal ab. Mein Mann sah mich bedeutungsvoll an. Kurz befürchtete ich, von dem damaligen Gefühl überrollt zu werden, ich fühlte mich verunsichert und irritiert. Ich hatte doch in all den zurückliegenden Jahren gelernt, mit solchen Situationen umzugehen, da es immer wieder Zustände gab, die mich an Vergangenes erinnerten. Ich besann mich also auf das, was ich theoretisch gelernt hatte. Ich ging zu meinem Mann und schilderte ihm mein Problem. Wir sprachen darüber, was wir damals gut und richtig gemacht hatten, und machten uns noch einmal bewusst, dass es zu keiner Zeit eine wirklich lebensbedrohliche Situation gegeben hatte. Dann versuchte ich die Unterschiede zu der jetzigen Situation zu benennen. Die Organisatorin war uns bekannt, einer der Guides sprach fließend Französisch, sodass wir uns mit ihm verständigen konnten, wir hatten Handys und fast immer eine Internetverbindung zu allen Zielen dieser Welt. Das Reisen hatte sich verändert. Ich machte mir bewusst, dass ich heute hier war und die Situation, die mich damals erheblich erschreckt hatte, der Vergangenheit angehörte. Ich legte meine Hand auf mein Solarplexus-Chakra und nahm einige tiefe Atemzüge. Das machte mir Mut und ich entschloss mich, eines der großen Tiere zu besteigen.

Aus Fragen wird man klug

- Hast du das auch schon einmal erlebt, dass dich plötzlich etwas triggert und du dich an eine schlimme Situation aus der Vergangenheit erinnerst?
- Wie reagierst du?
- Hast du eine Möglichkeit, damit umzugehen?
- Kennst du hilfreiche Techniken, die dir ganz spontan einfallen würden?
- Meinst du, du kannst sie im Ernstfall auch anwenden?
- Hast du sie schon einmal angewandt?
- Wie hast du sie eingesetzt?

Wie du dir selbst helfen kannst: Skillkoffer 

Trigger, sogenannte Auslöser, können dich in die Vergangenheit zurückziehen und die Gegenwart bedrohlich ähnlich erscheinen lassen. Wir sehen eine Fata Morgana vor unserem inneren Auge auftauchen, die uns spiegelt, was längst vergangen ist. In solch einer Situation wirst du entweder erschrecken, erstarren oder Panik bekommen. Du beginnst dich zu verkrampfen, an Entspannung ist erst einmal nicht zu denken. Das Nervensystem reagiert auf die Vergangenheit. Daher ist es wichtig, so schnell als möglich in die **Jetzt-Zeit,** die Gegenwart, in den momentanen, realen **Raum** und vor allem wieder in den **Körper** zu kommen. Erst dann wird es dir möglich sein, dich zu beruhigen. Bestimmte Skills können jetzt hilfreich sein: Fähigkeiten, die du erwerben kannst und die dir helfen können, besser mit schwierigen Situationen oder Flashbacks umzugehen.

Hole dich in die Gegenwart zurück

Finde in den gegenwärtigen Moment zurück und mach dir bewusst, was jetzt anders ist als damals, als dein Trauma geschah. Um aus der Vergangenheit, in der du etwas Schlimmes erlebt hast, wieder in die Gegenwart zu finden, hilft es, dir folgende Dinge ins Gedächtnis zu rufen:
Welcher Tag ist heute?
Atme!
Was machst du gerade, in diesem Augenblick?
Atme!
Wo befindest du dich jetzt?
Atme!
Was ist anders als damals?
Atme!
Wie viele Jahre sind vergangen seit dem traumatischen Erlebnis, an das du dich jetzt erinnerst?
Atme!

Die Papierfliegerübung

Richte deinen Blick in die Ferne. Setze den weitesten Punkt, den du noch wahrnehmen kannst, als Vergangenheit. Das, was in unmittelbarer Nähe vor dir sichtbar ist, ist die Gegenwart. Schließe kurz die Augen und forme aus all den Erinnerungen, Flashbacks und Ängsten, die gerade vor deinem inneren Auge auftauchen, mehrere Papierflieger. Lass sie von der Gegenwart zurück in die Vergangenheit fliegen. Dabei kann es helfen, wenn du mit dem Arm eine Bewegung machst, als würdest du einen Papierflieger lossegeln lassen.

Körperübungen

Um mit traumatischen Erfahrungen umzugehen, die oft Schock, Starre, Schmerz oder Anspannung im Körper auslösen, kann es helfen, dich mit Hilfe von Körperübungen wieder zu spüren und im Jetzt anzukommen. Mache ein paar Atemübungen, Yoga, einfache Arm- und Beinbewegungen oder schreie laut »Stopp!«, damit die Gedanken aufhören zu kreisen.

Fünf Sinne

Versuche, wieder den gegenwärtigen Moment wahrzunehmen und in den Raum zurückzukehren, in dem du dich gerade befindest. Da du meist deine fünf Sinne verwendest, um dich zu orientieren, kannst du dazu folgende praktische Übung machen:
Nimm alles mit deinem Körper wahr und nicht mit inneren Bildern. Lass hierfür also unbedingt deine Augen geöffnet.

- Richte deine Aufmerksamkeit bewusst auf etwas, das du im Außen, im Raum oder wo immer du gerade bist, real **sehen** kannst.
- Konzentriere dich dann auf ein Geräusch, das du gerade in deiner Umgebung **akustisch** wahrnimmst.
- Fasse einen Gegenstand an, der in deiner Nähe liegt. **Fühle** seine Oberfläche.
- Dann nimm einen Atemzug. Kannst du etwas **riechen**? Wie würdest du diesen Duft beschreiben?
- Wenn möglich, dann nasche eine Kleinigkeit und richte deine Aufmerksamkeit ganz auf den **Geschmack** in deinem Mund.

Lebendige Gefühle

Manchmal kann es auch guttun, wenn du einer anderen Person gegenüber deine Gefühle äußerst, sie benennst oder aufschreibst.

Von außen beobachten

Beobachte, was mit deinem Körper geschieht, welche Emotion in dir aufkommt. Schau wie ein distanzierter Beobachter auf dich, ohne etwas zu bewerten. Mache dir deutlich: du *bist* nicht diese Emotion. Setze sie bewusst auf einen Stuhl neben dich. Gib ihr einen eigenen Platz und frage sie, was sie gerade in dieser Situation von dir braucht.

Skillkoffer für den Notfall

Stell dir einen Skillkoffer für den Notfall zusammen. Was packst du hinein? In meinem Skillkoffer befinden sich in meiner Vorstellung zum Beispiel: **Papierflieger,** mit deren Hilfe ich schmerzliche Erinnerungen und Flashbacks wieder in die Vergangenheit schicken kann, **Seifenblasen,** die ich gedanklich zusammen mit meinen düsteren, inneren Bilder himmelwärts puste, und ein großer **roter Luftballon**, in den ich alles Schwere hineinblasen kann, damit ich wieder leichter werde. Zum Schluss stecke ich mir eine imaginäre **Schokoladenkugel** in den Mund und lasse sie auf der Zunge zergehen. Das beruhigt ungemein.

Packe deinen Koffer gedanklich als Vorbereitung und setze dich mit seinem Inhalt auseinander, damit dir im Ernstfall die nützlichen Skills zuverlässig zur Verfügung stehen. Fülle ihn rechtzeitig und gib all die Gegenstände hinein, die dich an deine Fähigkeiten erinnern, sodass du sie in Zukunft immer zur Hand haben wirst.

Bewusstsein – was kannst du verändern?

Kennst du das: Du sitzt im Auto, auf dem Weg zu einem Termin. Du hast es eilig. Etwas, das uns allen wohl schon passiert ist: Wir sind rechtzeitig losgefahren, um nur ja nicht zu spät zu kommen, und dann … stecken wir plötzlich im Stau. Einige Kilometer vor uns hat sich ein Unfall ereignet. Wir werden nervös, trommeln aufs Lenkrad … Wenn der Stau länger dauert, beginnen wir zu jammern oder zu fluchen.

Gedanken schöpfen 

Können wir uns in so einem Moment daran erinnern, dass wir niemals alles im Leben im Griff haben, dass es immer wieder äußere Einflüsse gibt, die bewirken, dass unser Weg plötzlich eine andere Wendung nimmt als geplant? Können wir uns bewusst machen, dass es trotz allem ziemlich viele Möglichkeiten gibt, diesen Weg zu gestalten, auch wenn wir ihn uns so nicht gewünscht hatten?

Wir können – und dürfen – natürlich weiter ärgerlich sein und ungeduldig in unserem Auto sitzen. Wir können uns in pessimistischen Fantasien ergehen: Was wird alles passieren, wenn wir nicht pünktlich ankommen? Bestimmt wird die Welt untergehen … Wenn wir dann endlich da wären, zu spät, wäre wahrscheinlich gar nichts Schlimmes geschehen, aber wir hätten schlechte Laune und wüssten immerhin, warum.

Die andere Möglichkeit: Wir könnten zum Beispiel den vom Unfall Betroffenen einen Segen schicken und uns bewusst machen, wie viel schlimmer es ihnen gerade ergehen mag als uns. Wir können die Menschen anrufen, die auf uns warten und ihnen mitteilen, dass wir aufgrund eines Staus etwas später kommen. Wir können eine Achtsamkeits-CD in den Player legen oder fröhliche und beschwingte Musik hören, dann erreichen wir zwar später als geplant, aber vielleicht besser gestimmt unseren Zielort und stecken andere mit unserer guten Laune an.

In der langjährigen Begleitung meiner JugendLichter-Gruppen habe ich erlebt, wie Menschen durch die Auseinandersetzung mit ihrer Trauer viele Erkenntnisse gewonnen haben. Nicht nur für den Umgang mit ihrer Trauer, sondern auch fürs Leben insgesamt. Ich habe in viele verschiedene Leben geblickt, habe bemerkt, wie unterschiedlich mit Trauer und Leid umgegangen wird, wie viele verschiedene Standpunkte es gibt und wie groß das Spektrum der Verhaltensweisen und Gefühle sein kann. Besonders glücklich hat es mich immer gemacht, wenn ich miterleben durfte, wie Menschen begannen, ihre Haltung zu dem, was nicht mehr verändert werden kann, zu modifizieren und dadurch Kraft schöpfen konnten und glücklicher wurden.

Eines wage ich nach vielen Jahren der Begleitung zu sagen: Alle Menschen, die in die Kurse kommen, streben nach einem Leben, das irgendwann wieder erträglicher wird. Sie wünschen, ihr Herz möge heilen, um wieder Frieden zu schließen – mit dem Leben, dem Schicksal und vielleicht mit Gott.

Aber wie kann das funktionieren? Wie ist es möglich, inneren Frieden zu finden in der größten Krise des Lebens?

Die Wüsten des Lebens sind uns anfangs nicht vertraut. Wir stoßen auf Gelände, das wir nicht kennen. Wir wissen nicht, ob und welche Wege es geben wird, was uns an deren Ende erwartet, aber wir ahnen, dass es wichtig ist, weiterzugehen. Weshalb, das können wir oft nicht sagen. Vielleicht hören wir unsere innere Stimme, die so laut wird, dass sie alles andere übertönt, den Zweifel, das Hadern und die Furcht. Mit der Zeit bekommen wir ein Gefühl dafür, was uns stützt und hilft – und was uns schwächt und deprimiert.

Hier möchte ich ein Modell erwähnen, mit dem psychologische Fachkräfte und Kommunikationswissenschaftler*innen ihre Einsicht veranschaulichen: im Eisbergmodell. Von einem Eisberg ragt nur ein kleiner Teil, die Spitze, sichtbar aus dem Wasser, der allergrößte Teil bleibt unter der Wasseroberfläche verborgen. Das Bild vom Eisberg zeigt anschaulich: Nur fünf Prozent unseres Handelns, unseres Tuns geschieht bewusst, 95 Prozent hingegen unbewusst. Entsprechend erkenne ich in der Trauerarbeit, wie unbewusste Mechanismen greifen und auf das weitere Leben einwirken können. Trauerarbeit bedeutet daher, mehr Prozesse und Motivationen ins Bewusstsein zu holen.

Natürlich ist es unmöglich, alles bewusst wahrzunehmen und zu reflektieren. Einige Verhaltensmuster oder Denkschemata laufen intuitiv ab und sind als feste Strukturen in unserem Gehirn verhaftet. Müssten wir in jeder Situation Handlungsmuster wieder neu erfinden, würde uns das völlig überfordern. Aus diesem Grund mag es sinnvoll sein, dass viele Dinge unter dem Meeresspiegel bleiben. Manchmal ist es jedoch wichtig,

Glaubenssätze oder Dogmen an die Oberfläche zu holen, zu überprüfen und diejenigen eingefahrenen Muster aufzulösen, die uns nicht mehr dienlich sind.
Um unterscheiden zu können, was wir behalten und was wir aussortieren dürfen, müssen wir sichten: Was wollen wir rausschmeißen, weil es uns in unserem Schmerz nicht hilfreich ist, vielleicht mehr Schaden anrichtet als uns nützt? Was hingegen wollen wir behalten, reparieren? Wollen wir Neues aufnehmen, wenn es uns guttut? Das zu ordnen, bedeutet viel Arbeit, es kann anstrengend sein. Aber es lohnt sich.
Hast du schon einmal ein Zimmer ausgemistet oder ein ganzes Haus? Dann ging es dir vielleicht auch so: Du wirfst Sachen weg, dann holst du sie wieder aus dem Papierkorb, dem Karton oder der Tonne heraus, um sie ein paar Tage später erneut zu entsorgen. So verhält es sich manchmal auch mit unseren Überzeugungen: Wir verwerfen sie, nehmen sie wieder auf, verwerfen sie wieder …
Auf unserem Weg durch die Wüste können uns einige unserer alten Fragen, Gedanken, Verhaltensweisen und Ansichten bewusst werden. Wir können erkennen, dass sie uns nicht mehr dienen, uns sogar am Weitergehen hindern.

Ronja stellte mir am Telefon folgende Frage, nachdem ihre Mutter ganz plötzlich an einem anaphylaktischen Schock verstorben war: »Was wäre geschehen, wenn ich zu diesem Zeitpunkt bei ihr gewesen wäre? Dann hätte ich schneller reagieren und ärztliche Hilfe rufen können.«

Weshalb stellen wir uns solche und ähnliche Fragen? Wenn wir vorher gewusst hätten, was in der Zukunft geschieht, dann hätten wir sicherlich versucht, im Vorfeld anders zu handeln und alles darangesetzt, um dieses schreckliche Ereignis zu verhindern. Aber wir können eben nicht in die Zukunft schauen – und es bleibt dahingestellt, ob es ein Fluch oder ein Segen ist, dass wir Kommendes nicht vorhersehen können.
Lasst uns doch einmal diese Frage »was wäre gewesen, wenn …« näher anschauen und darüber nachdenken, weshalb sie uns immer wieder in den Sinn kommt. Diese Frage suggeriert uns doch, dass wir die Macht gehabt hätten, etwas zu verändern. Und das hätten wir getan. Es ist also ein verzweifelter Versuch, dem Geschehenen gedanklich eine andere,

eine positive Richtung zu geben. Wenn wir ehrlich sind, schwächt uns diese Frage aber nur, weil sie uns fühlen lässt, wie machtlos wir manchmal sind und dass wir eben nicht zu jeder Zeit alles unter Kontrolle haben, dass immer wieder Dinge geschehen, die unvorhersehbar sind, beispielsweise der Tod.

Diese Frage ist nicht zukunftsorientiert; das, was nicht mehr zu ändern ist, müssen wir akzeptieren. Erst dann können wir unseren Fokus bewusst auf die Dinge richten, die uns stärken und unterstützen. Wenn wir unsere Kräfte nicht mehr vergeuden, indem wir immer wieder versuchen, die Vergangenheit zu verändern, können wir unsere Energie für das einsetzen, was in der Zukunft liegt und noch wandelbar ist.

Was würde denn geschehen, wenn wir versuchen, all die Momente wahrzunehmen, auf die wir durch unsere Worte positiv einwirken können? Kommen wir zu unserem Beispiel im Stau zurück: Schimpfend und ärgerlich im Auto zu sitzen, wird in den meisten Fällen unsere schlechte Laune verstärken. Aber wir haben die Möglichkeit, unsere innere Ausrichtung zu verändern, indem wir uns der aktuellen Lage fügen, uns innerlich beschwichtigende Worte zuflüstern und versuchen, das Bestmögliche aus der schwierigen Situation zu machen. Sicherlich würden wir dadurch sogar eine andere, positivere Erfahrung machen, indem wir zwar verspätet, aber ausgeglichen am Zielort ankommen.

An dieser Stelle können wir uns natürlich fragen, ob all diese Überlegungen sinnvoll sind. Ist es nicht müßig, in unzähligen Schritten manch unbewussten Gedanken ins Bewusstsein zu bringen, wenn sich das meiste doch sowieso unter der Oberfläche abspielt? Was hat wohl größere Auswirkungen auf unser Leben, die Strömung unter der Meeresoberfläche, die diesen mächtigen Eisblock bewegt, oder die Spitze des Berges, die aus dem Wasser ragt?

Vielleicht formt all das Unsichtbare unseren Charakter, ist Triebkraft für unser Handeln und Wirken in der Welt. Manche Stärken und unbewusst motivierte Leistungen mögen daraus erwachsen, ebenso wie Kummer und Leid.

So hilfreich der Prozess der Bewusstwerdung sein kann, so sehr ist er mit existenziellen Nöten verbunden: Es fällt nie leicht, sich von vertrauten Gewohnheiten zu lösen und dem Neuen, Unerprobten zu vertrauen. Unsere Gedanken basieren auf unseren bisherigen Prägungen, das heißt, sie werden von dem gespeist, was wir seither in unserem Leben gelernt und erfahren haben, im Dialog mit uns selbst und der Welt, dem Außen, den Menschen. Vieles, was bereits vor längerer Zeit geschah, ist in unserem Unbewussten fixiert und wirkt in manchen Situationen auf unser bewusstes Sein.

Doch vieles, was wir irgendwann abgespeichert haben, stimmt längst nicht mehr. Wenn wir die Glaubenssätze, Überzeugungen und Werte nicht ins Bewusstsein holen und überprüfen, laufen wir Gefahr, dass sie unbewusst weiter auf uns wirken, dann bleiben wir gefangen in unseren alten Gedanken. Und nicht nur das: Wir würden diese unbewussten Glaubenssätze (zum Beispiel: Hätte ich mich besser über die Krankheit informiert und nicht allein den Ärzten vertraut, würde mein Mann noch leben, oder: Ich kann keine gute Mutter gewesen sein, denn sonst wäre mein Sohn nicht ins Drogenmilieu abgerutscht …) durch unser Aussprechen weiter verfestigen. Manche Überzeugung würde, wenn wir sie dagegen hinterfragten, ihre Kraft verlieren und im Jetzt nicht mehr bestehen können.

All die Gedanken und ausgesprochenen Sätze bestimmen unsere Gefühle, denn du wirst mir zustimmen: Wenn wir uns bestärkt und geliebt fühlen, werden wir anders agieren und handeln, als wenn wir ängstlich, entmutigt oder zornig sind. Je nachdem, wie wir der Welt begegnen, werden wir unterschiedliche Erfahrungen machen.

Wenn wir also kräftig unser Bewusstsein trainieren, können wir die Erkenntnis gewinnen, dass wir selbst für das **Wie** und die Qualität unseres zukünftigen Lebens mitverantwortlich sind. Das Schicksal liegt zwar noch immer nicht in unserer Hand und hängt von Komponenten ab, auf die wir keinen Einfluss haben, aber wir sind verantwortlich für all das, was sich dazwischen befindet. Wir sind verantwortlich für unsere Gedanken, für unsere Worte, Gefühle, Entscheidungen, Handlungen und Erfahrungen, die wir in dem Potpourri des Lebens verinnerlichen und nach außen tragen.

Diese Erkenntnis wirkt weiter, denn unsere Energie fließt in die Richtung, in die wir unsere Aufmerksamkeit richten. Das ist wie beim Fahrradfahren: Dahin, wohin du schaust, lenkst du auch dein Rad. Richten wir also jeden Tag unseren Fokus bewusst auf die Fülle und nicht auf den Mangel. Das mag nicht immer gelingen. Aber es kann der Weg sein, der uns Stück für Stück vom Opfer zu der Person werden lässt, die ihr Leben selbst gestaltet.

Wir können oft erst mit viel Abstand rückblickend sehen, dass gerade die größten Krisen unseres Lebens die Chance für unsere innere Entwicklung bot. Das Rad der Zeit lässt sich nicht rückwärts drehen. Wir haben nur zwei Möglichkeiten: aufgeben oder weitergehen. Wenn wir uns für letzteres entscheiden, können wir am Ende unseren inneren Frieden finden, denn die Reise durch die Wüste unseres Lebens ist letzten Endes doch immer auch eine Reise zu uns selbst.

Die Wüstenseele

Im Alter von vier Jahren habe ich bereits zusammen mit meinem Vater die Marmolata bestiegen, mit 3343 Metern der höchste Berg der Dolomiten. Zugegeben, ab und zu wurde ich getragen. Mein Vater war Leistungssportler. Ausruhen oder stillsitzen kannte er nicht. So waren wir in den gemeinsamen Urlauben immer in Bewegung, im Winter beim Skifahren und im Sommer beim alpinen Bergsteigen. Als kleines Mädchen wollte ich meinem Vater gefallen und mit ihm zusammensein, deshalb bin ich überallhin mitgelaufen und ließ mich vertrauensvoll führen. Manchmal hingen wir im Fels, durch nichts gesichert als ein Seil, das uns miteinander verband. Klettergurte gab es damals noch nicht. Wäre mein Vater abgestürzt, hätte er mich mit sich in die Tiefe gerissen, aber ich hatte keine Angst, denn er war mein Held. Vertrauensvoll begab ich mich in seine Hände. In jungen Jahren war er Deutscher Meister im Rudern im Vierer mit Steuermann gewesen. An dieser Stelle muss ich doch noch ein klein wenig angeben, auch wenn das Leben mit ihm in späteren Jahren alles andere als einfach gewesen ist. Aber das ist eine andere Geschichte. Natürlich wollte ich ebenfalls Deutsche Meisterin werden, aber meine Konstitution reichte leider dazu nicht aus. Diese genetische Disposition hat mich übersprungen und schien sich erst wieder bei meinen Söhnen auszuwirken. In den Sommerferien meiner Kindheit bestieg mein Vater mit mir jeden Tag einen Berg in den Dolomiten oder anderswo. Was mir davon blieb, war zum einen die Gewissheit: Ich kann auch heute noch aus dem Stand heraus ziemlich viel schaffen, weil mein Körper dieses Vermögen irgendwo gespeichert hat. Zum anderen habe ich erfahren, dass ich immer viel weiter gehen konnte, als ich anfangs zu schaffen glaubte. Ich lernte meine

Grenzen kennen und machte gleichzeitig die Erfahrung, dass ich, selbst wenn es mir vor Anstrengung schummrig vor Augen wurde, doch nach einiger Zeit weitergehen konnte. Diese anfangs unbewusste Konditionierung half mir sehr, auch in der Trauer immer weiterzugehen, auch wenn ich vor lauter Schmerz manchmal nicht wusste, wie ich das schaffen sollte. Mein Vater lehrte mich auch, in den Bergen immer die richtigen Schuhe zu tragen und dass es fahrlässig war, mit Turnschuhen oder gar Sandalen in die Berge zu gehen. Deshalb kaufte ich mir viele Jahre später für die Wüste, durch die ich einige Kilometer laufen wollte, gute Trekkingschuhe. Natürlich hatte ich sie zuvor gut eingelaufen, so wie ich es von ihm gelernt hatte.

Die Wege in der Wüste scheinen endlos zu sein. Anders als damals in den Bergen gibt es kein definiertes Ende, an dem ich mich orientieren kann, kein Gipfelkreuz oder eine andere Art Markierung. Wir gehen jetzt schon längere Zeit eine endlose Piste entlang, manchmal durchqueren wir kleine Dünen, ansonsten besteht der Weg aus feinem Sand und kleinen Steinchen. Meine Zehen schmerzen. Die Haut ist dort längst blau verfärbt, das Blut staut sich in kleinen Blasen. Ich will auf keinen Fall, dass sie sich öffnen, schneide Pflaster zurecht und klebe sie an die betroffenen Stellen. Dann laufe ich in den Schuhen einfach weiter. Die Schmerzen werden immer stärker, aber meine unbewusste Konditionierung lässt mich zunächst nicht nach alternativen Wege suchen. An Aufgeben ist nicht zu denken. Ich habe sonst nur noch Sandalen dabei – und mit Sandalen, so hatte ich es damals gelernt, geht man keinesfalls anspruchsvolle Wege, denn bei Geröll und unebenen Pfaden kann man sich sehr schnell das Fußgelenk verstauchen.

Ab und zu lasse ich mich vom Dromedar tragen, das ist aber auch nur zeitweise möglich, weil längeres Reiten andere Druckstellen am Körper verursachen würde. Trotz allem glaube ich noch immer, an den väterlichen Auflagen von früher festhalten zu müssen.

»Weshalb ziehst du nicht einfach deine Sandalen an«, höre ich plötzlich meinen Mann verständnislos fragen, der entsetzt auf meine blutunterlaufenen Zehen starrt. Ich folge seinem Blick, der mich stumm auf die Füße der Berber aufmerksam macht. Da erst sehe ich, dass sie alle einfache Sandalen tragen. Ich lasse also endlich meine Vorstellung von leichtsinnigen Sandalenträgern im anspruchsvollen Gelände los und ziehe noch etwas widerwillig meine offenen Schuhe an.

Aus Fragen wird man klug

- Wie wäre es, deine Glaubenssätze, deine Gedanken zu überprüfen?
- Kannst du dich auf die Idee einlassen, dass du mehr Möglichkeiten hast, als du denkst?
- Kannst du dir vorstellen, Menschen kennenzulernen, die ganz anders an Dinge herangehen als du – und dass du von ihnen lernen könntest?
- Kannst du alte Überzeugungen ziehen lassen – weil dir jetzt, in deiner Wüste, neue Strategien besser helfen?
- Was wäre, wenn die Trauer die Aufgabe hätte, dich zu verändern – in eine Richtung, die dich weiter, lebendiger, authentischer macht?
- Bist du bereit, dich auf diese Suche zu begeben?

Wie du dir selbst helfen kannst: Spot-Meditation

Ich nenne diese Meditation Spot-Meditation, weil sie wie ein intensiver Kurzfilm wahrgenommen werden kann. Halte mehrmals am Tag für etwa zehn Sekunden in deiner Arbeit, deiner Freizeit oder in der Wüste deines Lebens inne. Tu nichts weiter, als zu atmen und zu beobachten, was um dich herum geschieht. Von welchen Geräuschen und Gerüchen bist du umgeben? Kannst du die Sonne auf deiner Haut spüren? Bläst ein kühlender leichter Wind? Hat das eine Auswirkung auf deinen Körper, auf deine Seele oder deinen Geist?
Nimm ein paar Atemzüge und bleibe in der Achtsamkeit, solange es dir gefällt. Gehe wieder aus der Übung heraus, wann immer du möchtest.
Wenn du bemerkst, dass deine Gedanken zu wandern beginnen, sei nicht frustriert, sondern freue dich. Dein innerer Gedanken-Radio-Sender hat sich angeknipst. Du hörst gerade live, was du so denkst, wenn du nicht nachdenkst. Fange ein paar dieser Gedanken auf, dann konzentriere dich wieder auf die Sinnesreize in deiner Umgebung. Nach der Übung lausche den Gedanken nach, die du eingefangen hast. Sind es gute, hilfreiche Gedanken? Oder sind auch welche dabei, die dir Kraft nehmen? Beschäftige dich mit diesen Gedanken – und suche nach Wegen, sie zu verändern.
Wenn du dich gern mehr mit dem Unbewussten beschäftigen willst, dann führe diese Übung vier- bis sechsmal am Tag durch.

Weißt du noch, wie Freiheit schmeckt?

> Zwischen Reiz und Reaktion gibt es einen Raum. In diesem Raum haben wir die Freiheit und die Macht, unsere Reaktion zu wählen.
> In unserer Reaktion liegen unser Wachstum und unsere Freiheit.
> *Viktor E. Frankl***

Gedanken schöpfen 

Freiheit ist ein großes Wort. Viele Politiker*innen und philosophisch ausgebildete Personen haben schon darum gerungen, diese acht Buchstaben gebührend zu würdigen, sie darzustellen und zu definieren. Könnte Freiheit eine Chance sein, zwischen verschiedenen Möglichkeiten zu wählen?

Tragen wir den Traum von Freiheit nicht alle im Herzen? Sowohl verfolgte, arme, inhaftierte oder geflüchtete Menschen als auch reiche, prominente, mächtige Leute. Jeder Mensch wird dieses Wort je nach Lebenssituation oder Schicksalsschlägen aus seiner momentanen Perspektive anders definieren.

Können wir jemals ganz frei sein, in einer Welt, in der nicht nur wir zu Hause sind, sondern unendlich viele Menschen? Wir alle müssen miteinander leben, aufeinander Rücksicht nehmen, einander wertschätzen und wahrnehmen. Das geht aber nur, wenn wir unsere individuelle Freiheit manchmal zugunsten eines allgemeinen Interesses zurückstellen können.

Wie frei sind wir wirklich? Diese Frage stellte man sich bereits vor zwei Jahrtausenden. Immer schon gab es unterschiedliche Antworten und bis heute richten auf dem Gebiet der Philosophie forschende Personen ihr Augenmerk darauf. Können wir zu jedem Zeitpunkt wählen? Wie vorherbestimmt ist unser Leben? Unterliegen wir äußeren Zwängen oder Gegebenheiten, die uns auferlegt werden, auf die wir keinen Einfluss haben? Äußere Freiheit ist von vielen Umständen abhängig, zum Beispiel davon, an welchem Ort der Welt wir geboren wurden, ob wir in einer Demokratie oder Diktatur, in Krieg oder in Frieden leben können.

Werden wir zufällig in eine Familie und in irgendeinen Körper geboren oder folgen wir einem tiefen inneren und unbewussten Plan? Vielleicht geraten wir ins Straucheln, wenn wir unsere Ausgangslage betrachten, besonders dann, wenn wir unter schlechten Bedingungen und in schwierigen Verhältnissen aufwuchsen. Manchmal stellt sich rückblickend aber auch heraus, dass es gerade die ungünstigsten Voraussetzungen waren, durch die wir die erkenntnisreichsten Lektionen erlernen durften.
Sicher gibt es Schicksalsschläge und Umstände im Leben, um die wir nicht herumkommen und die wir auch nicht unter Kontrolle haben. Dazu gehören beispielsweise Armut, Krankheiten und auch der Tod. Hier ist auf jeden Fall unsere äußere Freiheit eingeschränkt: Wenn wir arm sind, können wir uns nicht ausreichend versorgen, geschweige denn verreisen oder uns schöne Dinge kaufen. Wenn unser Körper nicht funktioniert, sind wir eingeschränkt und wenn wir einen lieben Menschen verlieren, reisen wir plötzlich in die Wüste unseres Lebens statt ins Paradies.
Sind wir also dem Schicksal, dem Leben gänzlich ausgeliefert oder könnte es noch eine andere Freiheit geben?
Beschäftigen wir uns mit der Frage, welche Freiheit wir denn noch haben, wenn ein uns nahestehender Mensch stirbt. Die Erfahrung haben wir nicht gewählt, doch jetzt gehört sie zu uns und ist nicht mehr änderbar. Genau an diesem Punkt kommt eine andere Option hinzu: nämlich die, wie wir mit unserem Schicksal umgehen werden.
Wir haben immer eine Wahl: Sperren wir uns gegen unser Los und verharren den Rest unseres Lebens im Leid – oder lenken wir den Fokus mit der Zeit auch wieder auf Dinge, die wir verändern können und beschließen, unserem Schmerz weniger Macht über unsere Stimmung und unser Leben zu geben? **Wir entscheiden.** Hier kann sich eine andere, eine innere Freiheit entfalten.
Sobald sich die Augenblicke, in denen uns das gelingt, immer weiter ausdehnen, werden wir spüren, wie gut uns das tut. Aus Sekunden können Minuten werden, aus Stunden Tage und so weiter. Wenn wir es schaffen, diese Ausrichtung beizubehalten, können wir den Schmerz als einen Teil von uns immer besser und häufiger akzeptieren und lernen, anders damit umzugehen.
Manchmal entsteht das Gefühl, dass der Zugang zur inneren Freiheit nicht mehr möglich ist, sondern durch das schlimme Erlebnis komplett verschüttet wurde. Doch innere Freiheit besteht in diesen Situationen

vielleicht in winzigen Schritten, die von außen kaum wahrnehmbar sind, aber unmerklich Veränderung schaffen.

Ich lernte Fredi auf einem Fest kennen. Er erzählte mir seine Geschichte, während wir zusammen ein Glas Aperol Spritz tranken: »Ich habe sehr lange Zeit gegen meine Querschnittslähmung angekämpft. Ich wollte einfach nicht glauben, dass ich meine Beine nie wieder bewegen kann und für immer auf fremde Hilfe angewiesen sein würde. Jeden Tag machte ich meine Übungen und je weniger sie halfen, umso verbissener wurde ich. Ich war wütend, vorwurfsvoll, anklagend – und schließlich auch verbittert. Bis ich eines Tages Seli traf. Sie saß auch im Rollstuhl – und sie strahlte, nicht nur das, sie schien das Leben zu genießen. Sie hatte irgendwann einmal für sich entschieden, ihr individuelles Fortbewegungsmittel nicht mehr als Hemmnis anzusehen, sondern als ein Hilfsmittel, das ihr ermöglicht, ihre Zeit selbstbestimmter und freier zu gestalten. Es gelang ihr, die negative Bedeutung, die sie dem Rollstuhl bislang zugeschrieben hatte, in eine positivere zu verwandeln, um so zu einem natürlicheren Umgang damit zu finden. Da erst verstand ich wirklich, dass die Tatsache, dass ich im Rollstuhl saß, nicht mehr zu ändern war. Doch es machte einen Unterschied, ob ich meinen Rollstuhl als einschränkend empfand, ob ich ihn akzeptierte oder ob ich ihn sogar als Chance nutzen konnte, um flexibler zu sein.

Ich begann, meine Bewertungen zu hinterfragen und konnte so zu einer neuen, einer inneren Freiheit finden. Ich erkannte, dass ich mich aktiv für eine positive, neutrale oder negative Sichtweise entscheiden konnte. Seli hat mich gelehrt, dass positive Gedanken uns bestärken, eine neutrale Sichtweise uns lähmen und ein negativer Standpunkt uns immer mehr nach unten ziehen würde. Ich hatte noch Kraft, und für die Zukunft nahm ich mir vor, sie anders als bisher einzusetzen. Seither geht es mir um einiges besser, auch wenn es mir noch nicht gelingt, ganz so wie Seli zu strahlen.«

Natürlich gibt es Situationen oder Aufgaben, denen wir nichts Positives abgewinnen können und in denen wir vielleicht auch gerade nicht handlungsfähig sind, aber es gibt auch immer wieder einen neuen Tag, und es liegt an uns, es dann von Neuem zu versuchen.

Wenn wir also im Laufe unseres Trauerprozesses oder unserer Entwicklung an einen Punkt gelangen, der uns ermöglicht, innezuhalten und den Raum dazwischen zu erspüren, können wir diese Chance ergreifen und nachfühlen, ob andere Bewertungen für uns heilsamer sein können.

Hilfreich ist es, wenn wir dann unsere Fragestellung verändern und das »**Warum?**« in ein »**Wozu?**« verwandeln. So öffnet sich ein Weg, der uns innerlich freier machen kann. Bei der Frage, **warum** etwas so eingetroffen ist, bleibt unser Fokus rückwärtsgewandt, da wir eine Antwort in der Vergangenheit suchen. Doch Vergangenes können wir nicht verändern. So besteht die Gefahr, steckenzubleiben. Fragen wir dagegen »**Wozu?**«, richtet sich unser Blick nach vorn. So haben wir die Möglichkeit, zukünftig etwas zu modifizieren, denn diese veränderte innere Fragestellung kann uns diesen Zwischenraum schenken – diesen Raum zwischen Schmerz und Widerstand. Hier können wir unsere innere Freiheit finden, die uns ermöglicht, mit dem Jetzt besser zurechtzukommen.

Das mag nicht einfach sein und ich ziehe meinen Hut vor all den schwerkranken Menschen, die im Glauben bleiben und weiterhin Liebe verströmen in der Welt. Ich ziehe meinen Hut vor all den zu Unrecht Inhaftierten, die sich nach ihrer Freilassung nicht für Hass, sondern für Frieden entschieden haben, und ich hoffe, dass es vielen von uns gelingen mag, trotz Trauer und Schmerz irgendwann wieder lebendig zu sein.

Wir alle bringen das Potenzial der inneren Freiheit mit, sobald wir diese Welt betreten. Inwieweit die Suche danach durch seelische, körperliche oder geistige Beeinträchtigung eingeschränkt ist, vermag ich nicht zu beurteilen. Vielleicht ist das, was uns ungerecht erscheint, einer höheren Gerechtigkeit unterstellt, die wir in unserer Menschlichkeit und in unserem irdischen Dasein nicht verstehen können. Solange wir aber die Möglichkeit haben, danach zu suchen, werden wir in dem Raum dazwischen unsere innere Freiheit finden können.

Es ist nur ein Gefühl
Es ist nur ein Gefühl, dass ich dich rieche,
zwischen den Düften der Alpes de Haute Provence.
Es ist nur ein Gefühl, dass ich dich spüre,
beim Schwimmen im See.

Es ist nur ein Gefühl, dich in den Wellen zu erleben,
die sacht mein Board zum Tanzen animieren.
Du wärst bestimmt auch gern hier.
Komm doch mit, ins kleine Glück.
Wir kosten vom Sommer, schmecken die Lebendigkeit
und geben der Freiheit mehr Raum.
Es ist nur ein Gefühl – vielleicht.
Aber es ist ein ganz großes,
weil es Liebe ist.

Die Wüstenseele

Ich sitze auf einem kleinen Hügel und schaue nach Osten, in die Richtung, in der bald die Sonne aufgehen wird. Um sich anzukündigen, hat sie ihr Licht vorausgeschickt, das den Horizont zartgelb leuchten lässt.

Was dann geschieht, ist Magie. Ich ziehe die frische Morgenluft tief in mich hinein und plötzlich erlebe ich etwas Wundervolles. Ich erwische die Hoffnung, schlendere mit der Lebenslust durch meine Fantasie, nehme die Freude an die Hand, finde die Musik in meinem Herzen und lasse mich von der Liebe durchströmen. Ich schnappe mir die Freiheit, atme alles aus, was eng macht und schaffe so noch ein bisschen mehr Platz für Geborgenheit und Glück. Ich blase den Zweifel aus und spucke die Düsternis in den Sand. Ich packe die Traurigkeit in mein farbiges Tuch, dann rolle ich es wieder auf, atme die Trauer ein und aus und wieder ein. Sie kommt und geht in Wellen und ich spüre, dass ich so mit ihr leben kann: veränderbar in jedem Augenblick, bei jedem Sonnenaufgang, in all die Abläufe meines Wüstenlebens integriert. Mit ihrer Eigenschaft, alles zu durchdringen, haucht sie mir die Befähigung ein, gleichermaßen dankbar und demütig zu sein, denn das Leben fordert letztlich immer alle Gegensätze ein. So habe ich, wenn ich wieder einmal im Dunkeln sitze, auch immer wieder die Chance, bei jedem Atemzug glücklich zu sein.

Aus Fragen wird man klug

- Hast du dir auch schon einmal Gedanken über deine Freiheit gemacht?
- Wie sieht sie für dich aus, die Freiheit?
- Kannst du dich mit dem Begriff »innere Freiheit« anfreunden?
- Hast du für dich die Möglichkeit, kleine Schritte zu wählen?
- Wie findest du die Idee, zwischen einem auslösenden Element und deiner Reaktion einen Raum entstehen zu lassen, in dem du deine bisherigen Bewertungen der Situation verändern kannst?
- Gab es Momente in deinem Leben, in denen du den Zwischenraum finden oder erahnen konntest?

Wie du dir selbst helfen kannst: Das ABC-Modell

Im Folgenden möchte ich mich auf das ABC-Modell von Albert Ellis (1913–2007) beziehen, einem US-amerikanischen Psychologen und Psychotherapeuten. Danach geben wir einem bestimmten Ereignis aufgrund unserer Überzeugung, die oft unreflektiert und aus dem Unbewussten kommt, eine bestimmte Bewertung, die sich dann auf unser Gefühl und unsere Verhaltensweise auswirkt.

Nach diesem Modell steht das **A** für *Activating Event* (aktivierendes Ereignis), also für das auslösende Element. Auf dieses auslösende Element folgt **B** für *Belief* (Bewertung)**.** Das kann eine Überzeugung oder ein Glaubensmuster sein. Diese Bewertung läuft häufig unbewusst ab. Eine schwierige und unerfreuliche Situation wird oft negativ beurteilt. Auf die Bewertung folgt **C**, für *Consequense* (Konsequenz), die Auswirkung auf unser Gefühl und unsere Verhaltensweise.

Ellis fügt seinem ABC-Model noch die Buchstaben D und E hinzu. In **D**, *Disputation* (Dialog) hinterfragt er die jeweilige Bewertung. Dadurch wird die vorherige Überzeugung neu überdacht und es kommt zu **E**, einem *Effect* (Wirkung), also zu einer gedanklichen Umstrukturierung, in der eine dysfunktionale Überzeugung durch eine gesündere Bewertung ersetzt werden kann.

Nach der Studie von Albert Ellis gibt es also zwischen dem Auslöser A und der darauffolgenden Auswirkung C einen Raum, in dem du die

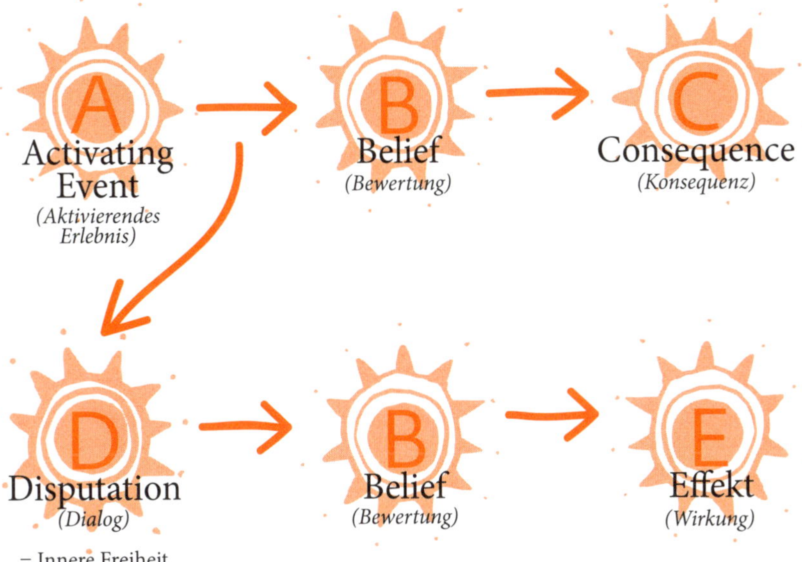

Möglichkeit hast, die bisherige Bewertung B zu verändern. Diesen Raum dazwischen nenne ich den **Raum der inneren Freiheit**, denn hier kannst du selbst bestimmen, wie du die Situation bewerten und ob du sie verändern möchtest. Das Schaubild veranschaulicht den Prozess.

So arbeitest du mit dem Modell – ein Beispiel

1. Versuche einmal, dich von einer Meta-Ebene aus zu beobachten. Das heißt, dass du deine Gedanken und deine Gefühle wahrnehmen kannst, ohne dass du dich mit ihnen identifizierst.
2. Versuche, sobald du merkst, dass du von etwas getriggert wirst, dir deiner Beliefs bewusst zu werden: Welche Überzeugungen hast du, wie bewertest du gerade diese Situation?
3. Spüre in deinen wunden Punkt, den du aus der EFT-Übung kennst (siehe Seite 47). Er befindet sich auf deiner linken Körperseite auf einer gedachten Linie von der Mitte deines linken Schlüsselbeins zur Brustwarze, dort auf halber Strecke in der Höhe der Thymusdrüse. Was spürst du, wenn du deine momentane Situation negativ bewertest?

4. Sobald du deine automatischen Gedankengänge wiedererkennst, versuche, sie bewusst wahrzunehmen. Konzentriere dich auf deinen Atem, das kann dir helfen, im Jetzt präsent zu sein und dich in diesem Augenblick zu spüren. Kannst du diesen Moment dehnen und versuchen, einen Regulator einzusetzen, der deine Bewertung unterbindet, damit du nicht immer wieder in alte Muster zurückfällst? Kannst du spüren, dass du in genau diesem Moment, in dem Zwischenraum zwischen Auslöser und Reaktion eine Wahl hast, eine innere Freiheit, die Situation anders zu bewerten?
5. Gibt es einen anderen Effekt, wenn du dem Activating Event eine positivere Ausrichtung gibst? Wenn ja, wo im Körper kannst du das spüren?

Je genauer du hinspürst und dich selbst achtsam beobachtest, desto freier kannst du entscheiden und dein Wohlbefinden verbessern.

Ich liebe

Schon in der Bibel steht geschrieben: **Liebe deinen Nächsten wie dich selbst.** Wie sollen wir unsere Mitmenschen lieben können, wenn wir uns selbst nicht lieben? Nur aus der Wahrnehmung der eigenen Größe heraus können wir den Wert der anderen schätzen, ohne uns selbst klein zu fühlen, und doch fällt es uns oft so schwer, ganz besonders in Krisenzeiten, uns selbst anzuerkennen und zu achten. Weshalb ist das so?

Gedanken schöpfen 

Vielleicht liegt die Antwort unter anderem in unseren vergangenen Erfahrungen und in unserer jeweiligen Erziehung begründet. Womöglich haben wir all das, was uns auf unserem bisherigen Weg begegnet ist, intuitiv gewertet – als Misserfolg oder Erfolg – und danach unseren Selbstwert bemessen.
Kritik erreicht uns meist direkt und unvermittelt. Während Lob an uns abperlt und schnell vergessen ist, beschäftigen uns Tadel und Missbilligungen über alle Maßen. Wir könnten daran arbeiten, Lob wertzuschätzen und ihm mehr Gewicht zu geben, denn wenn wir dieses Ungleichgewicht weiter zulassen, wird es unser Selbstbild negativ beeinflussen und uns erst recht in Krisenzeiten noch mehr aus der Bahn werfen.

Teo sagte einmal in einer Sitzung: »Oft versuchte ich mich auch an Dingen, die mir gar nicht entsprachen. Ich hatte ein Vorbild, dem ich nacheifern wollte. Dabei bin ich über meine eigene Grenze gegangen, ohne zu merken, dass das Leben eigentlich etwas ganz anderes für mich bereithielt.«

Wenn wir in einer Sackgasse sind und uns nicht entschließen können, einen anderen Weg einzuschlagen, werden wir Misserfolge verbuchen. Aber auch ein Scheitern kann hilfreich sein: Wir können aus jedem Fehler lernen und wir haben jederzeit die Wahl, an Dingen hängenzubleiben – oder uns davon zu lösen und nach anderen Perspektiven Ausschau zu halten. Wenn wir einen Fehler als Lerneinheit bewerten und nicht als

Versagen, dann werden wir ihn einfacher in unser Leben integrieren können, ohne die Achtung vor uns selbst zu verlieren. Wahres Selbstbewusstsein zeigt sich darin, einen Misserfolg, eine Schwäche zu integrieren, sie uns bewusst zu machen und zu akzeptieren. So können wir sowohl zu unseren Stärken als auch zu unseren Schwächen stehen. Denn das ist es, was uns auszeichnet: unsere Menschlichkeit, in der wir herrlich, liebenswert und auch fehlbar sind.

Deshalb ist die Selbstliebe ein so wesentlicher Eckpfeiler in unserer Trauer. Erst wenn wir uns in unserer Ganzheit annehmen und lieben können, werden wir auch lernen, mit unserer Trauer liebevoll umzugehen und sie als einen Teil von uns zu akzeptieren. Wir werden uns nicht mehr selbst verurteilen, weil wir nach einem Verlust nicht schneller wieder auf den Beinen stehen. Wir werden uns Zeit geben, und zwar so viel, wie wir benötigen. Wir werden uns zutrauen, wieder aus dem ganz großen Tief herauskommen zu können. Wir werden uns nicht mehr schlecht fühlen, weil wir anders trauern als unser Gegenüber. Wir werden für uns sorgen und auf uns Acht geben. Wir werden es uns schön machen, wenn wir es brauchen: gute Musik hören, wenn wir uns damit aufheitern können, ein warmes Bad nehmen, wenn wir frösteln oder einen heißen Kakao trinken, um uns das Leben ab und an zu versüßen.

In meinem Buch »Weiter als das Ende« habe ich Nicos Gedanken über die Liebe aufgegriffen. Als er 15 Jahre alt war, hatte er für eine Hausarbeit in Religion über die Selbstliebe geschrieben: »Auch von Selbstliebe kann man reden, jedoch kommt es bei ihr auf das richtige Maß an. Wenn man sich selbst nicht liebt, kann man auch andere nicht lieben. Übertriebene Selbstliebe führt zu Egoismus und Eitelkeit.«

Ich begleite unter anderem traumatisierte, depressive und in sonstiger Weise erkrankte Menschen. Im Vordergrund meiner Tätigkeit stehen Kongruenz, Empathie, Akzeptanz und Wertschätzung. Um einen gesunden Umgang mit sich selbst in Zeiten der Trauer finden zu können, möchte ich an dieser Stelle auf die personenzentrierte Gesprächsführung nach Carl Rogers verweisen, die sich an diesen Begriffen orientiert. Denn das, was hier im therapeutischen Umgang aufgezeigt wird, gilt im gleichen Maße auch für die gesunde Liebe zu sich selbst.

Als **Kongruenz** bezeichnet Rogers die authentische und ehrliche Grundhaltung einer therapeutisch begleitenden Person. Diese bestärkt das Gegenüber nicht in Ansichten, die sie selbst nicht vertreten kann. Sie

zeigt sich unverfälscht und echt in ihren Äußerungen. Gleichzeitig setzt Rogers bei therapeutisch arbeitenden Personen eine hohe menschliche Herzensbildung und aufrichtige Persönlichkeit voraus, da sie imstande sein müssen, sich in der Beziehung zu ihren Klientinnen und Klienten selbst zu erfahren, ohne die Führung aus dem Blick zu verlieren. Bezogen auf die Trauer hieße **kongruent** zu sein, nichts vorzugeben, was man nicht ist, keine Stärke vorzuweisen, die man gerade nicht hat – aber auch seine Kraft zu zeigen, wenn sie da ist, um getrost so sein zu dürfen, wie man sich gerade fühlt, unbequem und mit all den Höhen und Tiefen, die in der Trauer dazugehören.

Unter **Empathie** versteht Rogers ein Mitgefühl, das begreifbar ist, gefühlt und erlebt werden kann. Es setzt ein tiefes Verstehen und Einfühlen der therapeutischen Begleitung voraus und will nicht nur als ein Spiegeln der Gefühlswelt der Rat suchenden Personen verstanden werden. Es ist vielmehr ein Zusammenspiel von Herz und Verstand, in dem sehr behutsam auf die Grenze zwischen Mitleid und Mitgefühl geachtet werden sollte. Auch in der Trauer ist es wichtig, sich selbst gegenüber **mitfühlend** zu sein, sich vergeben zu können, wenn einmal etwas nicht gelingt und gleichzeitig darauf zu achten, nicht in Selbstmitleid zu versinken. Das ist nötig, um nicht völlig in den Gefühlswelten, die bei einem traumatischen Erlebnis hervorgerufen werden, unterzugehen.

Unter **Akzeptanz** versteht Rogers, dass er sich seiner Klientel vorurteilsfrei und positiv zuwendet, da er aus Kongruenz und Empathie heraus ihre Sichtweise verstehen kann, auch wenn er deren Ausdruck – der sich in Wut, Jammern oder sonstigen Emotionen entladen kann – nicht unbedingt zustimmen muss. Aus der Akzeptanz heraus kann er jedoch die begleitete Person in ihrer ganzen menschlichen Vielfalt wertfrei achten und annehmen und in ihrem Sein respektieren. Durch diese positive Wertschätzung können die Ratsuchenden ihren Wert als Mensch gesondert betrachten und von ihren Handlungen, Gefühlen und Wertungen isolieren. Auch bei Trauernden geht es um **Akzeptanz**, denn es ist wichtig, dass sie sich selbst mit ihren veränderten Gefühlen wertschätzend und liebevoll annehmen können, so wie sie eben momentan sind: wertvoll, trauernd, bunt und dunkel. Wenn man diese Beziehung zu sich selbst gerade nicht finden kann, gibt es zahlreiche Therapie- oder Trauerverarbeitungsangebote und Unterstützungen – diesen Weg müssen wir nicht allein gehen.

Diesen kleinen Exkurs in die therapeutische Welt von Carl Rogers habe ich unternommen, weil ich der Meinung bin, dass Selbstliebe auf den gleichen drei Säulen aufbaut, die in der personenzentrierten Psychotherapie von Carl Rogers zu finden sind. Da Selbstliebe ein wichtiger Baustein in der Trauerverarbeitung darstellt, glaube ich, dass man mit Kongruenz, Empathie und Akzeptanz sich selbst gegenüber besser mit seiner Trauer zurechtkommen kann.

Mit Hilfe dieser Einstellung kann es uns gelingen, negative und ungünstige Überzeugungen, die wir von uns haben, aufzuweichen und sie in Relation zu unserer Trauer zu setzen. Wir können uns selbst mehr Mitgefühl und Empathie entgegenbringen und uns aus dieser Akzeptanz heraus mehr zumuten, uns fordern, um jeden Tag von neuem wertfrei und vorurteilslos einen Schritt weiter in die Wüste des Lebens zu setzen.

Die Wüstenseele 

Der Wind weckt mich an diesem neuen Morgen in der Wüste meines Lebens. Sanft bläst er in mein Haar. Kleine Körnchen aus Sand, die von ihm aufgewirbelt werden, verfangen sich darin. Einige von ihnen hüpfen auch unter die Decke oder vermischen sich mit den vereinzelten Tränen in meinem Gesicht. Ich stehe auf, wische mir den Sand aus den Augen und blinzele in einen neuen Tag.

Ich bin hier, zwischen Himmel und Erde. Schnell laufe ich die Düne nach oben und kullere, wie früher im Schnee, wieder herunter. Sand klebt an mir, von oben bis unten. Er haftet in den Mundwinkeln, reibt unter der Kleidung und steckt zwischen meinen Zehen.

Ich bin hier, zwischen Himmel und Erde, mit meinem Schmerz, meinem Kummer, meinen Tränen und meiner Sehnsucht, ein Klümpchen voller Sand in der Wüste und fast nicht zu unterscheiden von den Hügeln rundherum, die der Umgebung ihren Charakter verleihen.

Ich breite die Arme aus und beginne mich im Kreis zu drehen. Einige Sandkörner fliegen davon. Ich drehe mich immer schneller und schneller und ich weiß, dass unter dieser Sahara-Schicht noch so viel verborgen liegt.

Ich bin hier, zwischen Himmel und Erde, mit meiner Freude, meinem Glück, meiner Lebendigkeit. Ich bin all das, im Menschsein vereint. Ich bin die Träne und das Licht und diese Verbindung, die ich im Inneren spüren darf, zeigt sich auch im Außen, in der Welt. Sie formt sich zu einem Bogen, farbenreich und bunt und plötzlich bin ich auch lila und blau und grün und rot und gelb.

In dieser schillernden »kosmirdischen« Brücke, sozusagen in der kosmischen und irdischen Verbindung, die zwischen Himmel und Erde entsteht, gibt mir die Welt endlich ihr Geheimnis preis. Denn in gleicher Weise wie alles, was im Inneren entsprießt, sich auch im Außen spiegeln wird, entdecke ich darin mich selbst, in jedem noch so kleinsten Detail. Ich sehe mich im kullernden Sandkorn und in der Blume, die sich nach dem Wüstenregen entfalten kann, ich begreife mich in dem kleinen schwarzen Käfer, der eilig in die nächste Ritze krabbelt, ich spiegle mich in dem Wasser eines Brunnens und erkenne mich im Stachel eines Skorpions. Ich vermag mich in all dem wiederzufinden, weil nichts zwischen Himmel und Erde getrennt voneinander existiert. Kein Stück davon darf fehlen, denn alles hat seinen Platz im Zusammenspiel der Natur. Die Liebe steckt im Detail.

Je mehr ich all die einzelnen kleinen und größeren Geschöpfe, die Natur in ihrer Vielfalt und die Dinge in ihrer perfekten und unperfekten Form zu lieben vermag, desto mehr liebe ich gleichermaßen auch mich selbst. Ich liebe dich, ich liebe euch, ich liebe es, ich liebe mich, ich liebe.

Aus Fragen wird man klug

- Wie sehr liebst du dich?
- Was für ein Selbstbild hast du, wie würdest du es beschreiben?
- Was sind deine Stärken, was deine Schwächen?
- Kannst du alles annehmen?
- Kannst du dich so akzeptieren, wie du bist, und dir selbst gegenüber kongruent und emphatisch sein?
- Was hältst du davon, alte Bilder von dir, die dir gar nicht mehr entsprechen, aufzulösen?
- Hast du schon mal eine Selbstliebeübung praktiziert? Hast du Lust, es (noch) einmal zu versuchen?

Wie du dir selbst helfen kannst: Wertschätzung

Stelle dich jeden Morgen nach dem Aufwachen im Badezimmer vor den Spiegel und halte einen kurzen Dialog mit dir selbst. Frage dich:

Was kann ich besonders gut?
Zum Beispiel: eine Schwarzwälder Kirschtorte backen, zuhören, empathisch sein, Sport treiben, singen, schreiben …
Kann ich mir meine kleinen täglichen Fehler liebevoll vergeben?
Kann ich gnädig mit mir sein, wenn ich beispielsweise mit dem Schreiben heute nicht weitergekommen bin? Kann ich mir verzeihen, wenn ich mich heute nicht dazu aufraffen konnte, Sport zu treiben? Schenke ich mir ein Lächeln, wenn ich während des Fastens »versehentlich« Schokolade gegessen habe?
Ich liebe mich!
… für meinen Humor, meinen Körper, meine Kochkünste – oder mit Haut und Haaren.

Der Körper ist das Fahrzeug, das du auf der Erde benötigst, um dich fortzubewegen. Du brauchst ihn ganz besonders, wenn du durch die Wüste deines Lebens gehst.
Um Selbstliebe im Alltag zu praktizieren, ist es ebenso wichtig, jeden Tag auf folgende Dinge zu achten:

Gesunde Ernährung: Finde für dich heraus, welche Ernährung dir und deinem Körper guttut. Beschäftige dich eine Zeit lang damit, dein Essverhalten gegebenenfalls zu verändern, deine Erkenntnisse umzusetzen.
Genügend Schlaf: Im Schlaf regenerieren dein Körper, aber auch deine Seele und dein Geist. Um Ziele zu verfolgen und mit neuer Energie allen Herausforderungen gewachsen zu sein, ist ausreichend Schlaf dein Lebenselixier Nummer eins.
Bewegung und Sport: Im Zusammenspiel mit Körper, Geist und Seele ist es wichtig, immer einen Ausgleich herzustellen. Sitzt du also aufgrund deiner Tätigkeit lange am Schreibtisch, bewege dich mindestens 30 bis 60 Minuten am Tag.

Frische Luft: Der Atem ist die Essenz des Lebens. Solange du atmest, lebst du. Daher ist es heilsam, dem Körper ausreichend frische Luft zur Verfügung zu stellen.
Natur: Am besten verbindest du das mit einem Aufenthalt in der Natur, die in ihrer Perfektion und Anbindung an die Göttlichkeit den guten Geist in dir wirken lassen kann.
Positive Umgebung: Für viele Menschen ist es wichtig, in einer Umgebung zu sein, die Positives ausstrahlt und schön gestaltet ist. Es muss nicht viel kosten, sich ein schönes Plätzchen zu schaffen. Mit ein bisschen Farbe oder einem Wildblumenstrauß kannst du schon eine große Wirkung erzielen.
Menschen: Wesentlich sind die Menschen, die dich umgeben und mit denen du Schritt für Schritt weitergehen kannst, durch die Wüste deines Lebens.

Schreibe einen Liebesbrief an dich selbst

Wer bin ich?
Ich schreib es an den Spiegel am Morgen,
wenn mir mein Bild, noch halb zerknirscht
von den nächtlichen Träumen gefüllt mit Sorgen,
vehement entgegenpirscht.
Bin das ich?
Du liebes Leben, halt mich in der Liebe zu mir selbst,
wenn du mir im Spiegelbild am Morgen,
direkt ins Herz voller Not und Sorgen,
einfach so entgegenfällst.
Das bin ich
Mit den Tränen der Nacht begossen,
erwächst mein Mut aus mir heraus,
ich lebe mein Leben unverdrossen,
denn ich weiß, ich halte es aus.
Ich bin
In Liebe mit mir und der Welt
und alles, was sie mir zur Verfügung stellt,
liebevoll mein Herz mir hält
und das ist alles, was hier zählt.
Ich
Liebe mein Leben in Verbundenheit,
der Seele neue Möglichkeit,
seh ich die Liebe im Detail
und lieb mich selbst, glückselig und frei.

Zweifel loswerden

Zweifel sind wichtig, sie halten unsere Gedanken in Bewegung, denn wenn wir kritisch sind und Dinge hinterfragen, können wir auch neue Erkenntnisse gewinnen. Eine gute Portion Skepsis ist also gar nicht schlecht, an allem und jedem zu zweifeln hingegen schon. Wahrscheinlich wird es am Ende wieder der Mittelweg sein, dem wir trauen können.

Gedanken schöpfen 

Zu den JugendLichtern kommen völlig unterschiedliche Menschen, der Umgang mit Leben und Tod in der Gruppe ist vielfältig. Wir können einiges voneinander lernen. Manchmal bin ich beeindruckt von der Art und Weise der Eltern, sich dem Leben und dem Tod zu stellen. Zum Beispiel Emma: Sie ist authentisch, ehrlich und ehrgeizig. Sie achtet gut auf sich, und wenn etwas nicht stimmt, spricht sie es an. Sie geht, wenn es für sie nicht passt. Sie ist da, wenn man sie braucht. Auch sie hat vor einigen Jahren ein Kind verloren.
Mit wachen Augen saß sie vor einigen Jahren in meiner Gruppe, interessiert und hungrig nach dem Leben. Sie suchte den Weg für sich, um weiterzugehen. Heute ruft sie mich plötzlich an und erzählt mir mit erstickter Stimme, dass noch eines ihrer vier Kinder lebensgefährlich erkrankt sei. Das sind Momente, in denen auch ich wieder kurz ins Zweifeln komme und mich frage, ob all das, was ich hier aufgeschrieben habe, überhaupt von Belang sein kann. Ich fühle ihre Sorge und spüre ihre Not und doch schwingt da etwas zwischen ihren Worten, das mir Mut macht und mich hoffen lässt.
Hoffnung und Zweifel. Sie begleiten uns alle.

> *Michi fragt eines Abends, als wir wieder bei den JugendLichtern zusammensitzen: »Zweifelt ihr auch manchmal an dem, was ihr tut und vor allem am Sinn des Lebens? Ich weiß, wir alle zweifeln höchstwahrscheinlich irgendwann und immer wieder. Natürlich nicht, wenn alles glatt läuft, außer wir haben einen Glaubenssatz in uns, der es uns nicht erlaubt, dass auch manchmal etwas gutgehen kann. Aber der ganz große Zweifel, der zeigt sich doch meist erst*

dann, wenn uns das Schicksal streift und Dinge geschehen, die wir nicht verstehen können. Kennt ihr das?«
Viele nicken zustimmend. Dann sagt Michi: »Mein Verstand rattert unablässig, besonders nachts, wenn ich wach im Bett liege und nicht schlafen kann. Dann suche ich nach etwas, das ich verstehen könnte. Aber ich finde nichts und dann kommen wieder die ganz großen Zweifel.«
Traurig schaut er die anderen an, die teilweise betroffen zu Boden sehen.

Manchmal hilft es, alte Einstellungen neu zu überprüfen, sie gegebenenfalls über Bord zu werfen und eine neue Position zu beziehen. Aber auch Selbstzweifel können in einem gesunden Maße fruchtbar sein. Denn wenn wir immer wieder unsere Meinungen und Glaubenssätze durchdenken, weiten wir damit auch unseren Horizont und es kann Neues hinzukommen, das uns wiederum als Denkanstoß dienen kann.
Aber wir müssen auf der Hut sein, nicht jeder Zweifel meint es gut mit uns. Übertriebener Selbstzweifel oder destruktives Misstrauen dienen uns nicht. Sie können in unseren Gedanken eine Abwärtsspirale auslösen, aus der wir schwer wieder herausfinden. Wir sollten versuchen, ungerechtfertigte Zweifel fortzuschicken, die sich beispielsweise aus früheren negativen Erfahrungen in unserem Denken festgesetzt haben und immer dann aufpoppen, wenn ähnliche Situationen eintreten.
Um die hilfreichen Zweifel von weniger nützlichen unterscheiden zu lernen, sollten wir sortieren. Weshalb denken wir so, hat der Zweifel hier noch Bestand? Zum Beispiel: Ich hätte bei einer Krankheit besser bei anderen Menschen ärztliche Hilfe suchen, mich nicht ausschließlich auf die verlassen sollen, mit denen ich zu tun hatte. Stimmt das wirklich – oder habe ich nach bestem Wissen und Gewissen gehandelt? Jeden Zweifel können wir also auch hinterfragen.
Wir können Zweifel nicht verhindern, sie kommen und gehen, wie die Wolken am Himmel. Aber wir können beeinflussen, ob wir zulassen, dass sie sich in unserem Geist einnisten und ausbreiten – oder ob wir sie auch wieder frei geben. Zweifel können unsere Heilung erheblich behindern. Der Weg zur Heilung führt sowohl über die Transformation unseres Denkens als auch über unsere innere Einstellung und unsere Gefühle dem Leben gegenüber. Vielleicht mag es uns nach einer gewissen Zeit

gelingen, Brüche im Leben, sei es durch Krankheit, Verlusterfahrungen oder anderen Dingen, besser anzunehmen, dann werden auch die Zweifel wieder weniger werden.

Es gibt Momente, da sind wir sprachlos und zutiefst erschüttert. Aber am tiefsten Punkt des Zweifelns könnten wir uns an die Geschichte von Jesus erinnern: Auch er kannte den Zweifel, fühlte sich vor seiner Kreuzigung von seinem Vater verlassen und doch ging er auf dem langen beschwerlichen Kreuzweg, der auf den Hügel von Golgota führte, durch das tiefste Leid und durch den höchsten körperlichen Schmerz. Er ging, ohne wirklich zu verstehen, im wiedergefundenen Vertrauen einfach weiter. Übersetzt in unsere Zeit könnte das heißen: Wir haben den Tod seit unserer Geburt an unserer Seite. Tod bedeutet nicht nur, dass wir körperlich sterben, es gibt so viele kleine Tode, die wir sterben, immer wieder. Wenn eine Hoffnung platzt, wir einen Verlust erleben, Abschied nehmen müssen – immer sterben wir ein Stück in diese Situation hinein. Unsere Aufgabe ist vielleicht nur dies: es geschehen zu lassen, ohne den Sinn verstehen zu wollen. Zu vertrauen, trotz allem, was dagegensprechen mag. Vielleicht ist das der mutigste Schritt, den wir hier auf dieser Erde gehen können.

Manche Dinge werden wir niemals verstehen, wenn wir allein über den Verstand den Zugang suchen. Könnte es uns gelingen, bei all dem Lärm der Welt, den vielen Meinungen und Ratschlägen, einmal nur unserer inneren Stimme zu lauschen? Wie könnten wir uns im stillen Hören üben? Einer der Wege zu uns selbst könnte über die Selbstfürsorge und Achtsamkeit führen.

In der Krise haben wir die Möglichkeit, uns neu zu begegnen und auszurichten, denn sie vermag die Resilienz und die Widerstandskraft unserer Seele zu stärken. Es gibt Samen von Bäumen, die erst zur Entfaltung kommen, wenn ein großer Waldbrand alles andere Leben verwüstet hat. Danach gehen sie auf und es entsteht neues Leben. Die Unwetter und Katastrophen gehören genauso zum Leben, wie Glück und Zufriedenheit, denn ohne Dualität würden wir das Schöne niemals in dieser Intensität wahrnehmen können. Es kann helfen, sich immer wieder bewusst zu machen, dass die Zweifel und die Verzweiflung nur einen Teil unserer Persönlichkeit ausmachen und dass wir ebenso den Humor, den Mut und die Zuversicht in uns tragen. Eine regelmäßige Achtsamkeitspraxis könnte uns wieder auf diesen Weg führen. Dafür müssen wir uns

manchmal bewusst entscheiden. Indem wir Übungen wie den Body Scan oder Yoga praktizieren, können wir zu einer bewussteren Wahrnehmung finden und uns von unseren Grübeleien und Zweifeln distanzieren. Wir müssen in einer Krise nicht immer alles neu entdecken. Oft geht es darum, unsere inneren Ressourcen wiederzufinden und kleine Schritte zu machen.
In der Not kann uns das in einer bewussten Auseinandersetzung mit unserem Zweifel am ehesten gelingen. Das möchte ich im folgenden Gedicht zum Ausdruck bringen:

Schicksal

Wie wohl suchst du die Leute aus,
ziehst scheinbar wahllos von Haus zu Haus?
Du unterscheidest nicht zwischen Guten und Bösen,
wahrscheinlich werde ich dein Rätsel nie lösen.

Von menschlicher Perspektive aus betrachtet,
müsste ich fast glauben, dass du alles verachtest.
Du bist sogar richtig doll gefährlich,
spuckst einfach den Schmerz aus und, ganz ehrlich,
niemand kann dich so richtig leiden
und müsste ich dich beschreiben,
fände ich erstmal kein gutes Haar an dir
und sicher würde es auch nichts bringen,
wenn ich mal mit dir diskutier.

Was willst du, weshalb bist du hier?
Besser du schließt die Tür hinter dir,
denn das hier ist ein schlechter Scherz,
hast weder ein Nachsehen noch ein bisschen Herz.

Was hast du dir dabei gedacht,
wie soll ich noch mit Bedacht,
den nächsten Schritt für mich im Leben wählen,
und auf Zuversicht und Liebe zählen?

Wie soll ich eine Heldin sein in solch einer Welt,
in der scheinbar weder Mut noch Liebe zählt?
Was macht es da noch für einen Unterschied,
was ich wähle als mein Lebenslied?
Ob ich von Hoffnung und Zukunft singe
oder schimpfe und einfach in die Tiefe springe?

Oder gibt es doch etwas zwischen Himmel und Erde,
zwischen Leben und Tod, eine Gnade, ein Erbe?
Schwer zu erkennen, was, wenn man stirbt?
Ist dann alles umsonst, für das man wirbt?

Da huscht sie vorbei, zwischen Bangen und Verzagen
und lässt mich auf ein Neues wagen.
Eine leise Ahnung entspringt meinem Herzen,
flüstert: Es geht alles vorüber, auch Leid und Schmerzen.
Der Lohn dafür findet sich nicht immer sofort.
Manchmal auch erst an einem anderen Ort?
So folge ich weiter meinen Träumen, bin mutig im Leben,
denn wichtig ist vor allem, niemals aufzugeben.

Die Wüstenseele 

Ich laufe über den warmen Wüstensand. Mein Herz pocht, meine Füße werden immer schneller. Ich will fort von hier, irgendwohin, einfach nur an einen anderen Ort. Was soll ich in dieser verdammten Wüste, wo ich nichts sehe als Zweifel, der schon an meiner Seele nagt. Die Zerrissenheit plagt mich und das Misstrauen wird immer größer, so wie mein Schatten, der sich als Silhouette auf den Dünensand wirft. Ich eile eine Düne hinauf, in der Hoffnung etwas zu finden, das mir Halt geben könnte. Wird in der Höhe vielleicht der Wind meine düsteren Zweifel zerstreuen? Oben angekommen ist die frische Brise nicht stark genug, um mein Misstrauen, das sich immer mehr ausbreitet, wegzublasen. Was nun? Hoffnungslos renne ich wieder hinunter und wandere in dem Tal zwischen den Sandhügeln entlang, ohne Ziel, ohne Orientierung, ohne Halt. Hier wächst kein einziger Strauch, den ich anvisieren und an dem ich mich festhalten könnte.

Da schält sich plötzlich doch noch eine kleine Pflanze vor mir aus dem Sand. Ein Hoffnungsschimmer fällt in mein Herz. Bestimmt wächst sie extra für mich in dieser Ödnis, in der es nichts gibt als Steine und Sand. Ich hege eine leise Hoffnung, sie könnte mir eine Ausrichtung geben und den Weg aus dem Elend weisen. Erwartungsvoll strecke ich meine Hand aus, um nach ihr zu greifen. Ich bekomme sie zu fassen und kurz bevor ich erleichtert aufatmen will, sticht sie zu. Entsetzt lockere ich sofort meinen Griff, ungläubig, dass sich selbst mein vermeintlicher Rettungsanker gegen mich stellt. Der Schaden, den sie angerichtet hat, ist noch nicht abzusehen. Ich spüre nur, dass sich jetzt der Zweifel durch meinen ganzen Körper frisst und ich schmerzlich erkenne, dass nichts verlässlich ist und sich der Sinn des Lebens mir stetig weiter entzieht. Ich lege mich in den Sand, bereit, alles geschehen zu lassen, was jetzt noch kommt, sogar den Tod. Ich bin bereit, dieses bewegte Leben, gefüllt mit Vergänglichkeit, Hoffnung, dem Gewinnen und Wieder-Verlieren und am Ende ohne Perspektive und Halt, endlich loszulassen.
Alles ist still, kein Rascheln, kein Windhauch, nichts, das Geplapper der Welt ist ausgestellt.
Plötzlich kann ich etwas fühlen. Es ist nicht im Außen, es kommt von innen. Erstaunt stelle ich fest, dass dieses Gefühl in mir immer stärker wird. Dabei fühlt es sich gar nicht spektakulär an, ich bin eher erstaunt, dass ich es nicht schon längst bemerkt hatte. Es lässt sich nicht mehr aufhalten, es erreicht alle Regionen meines Körpers, gelangt bis in den großen Zeh. Ich bohre ihn in den Sand und was sich eine Minute zuvor noch kalt und leblos anfühlte, ist jetzt gefüllt mit Zuversicht und Liebe. Mir wird klar, dass das, was ich im Außen suchte, nur in mir selbst zu finden war. Ich schnappe mir meine Sandalen, stehe auf, noch immer etwas ungläubig, und gehe weiter, ohne Eile, ohne Hast, einzig mit diesem Gefühl in mir, das mir Halt und Kraft gibt, dieses Leben bis zum Ende weiterzugehen.

Aus Fragen wird man klug

- Hast du auch schon einmal so eine Situation erlebt, in der dein ganzes Weltgefüge aus den Fugen geriet und dein Zweifel ganz laut nach einer Erklärung verlangte?
- Kannst du dich auf den Vorschlag einlassen, deinem Zweifel nachzugehen?
- Wie gehst du mit Selbstzweifel um?
- Lauschst du ab und zu deiner inneren Stimme?
- Hast du eine bestimmte Technik, um dies zu erlernen?

Wie du dir selbst helfen kannst: MBSR und Body-Scan

Eine Möglichkeit, der inneren Stille zu lauschen, kann durch die regelmäßige Praxis von Achtsamkeitsübungen erlernt werden. Eine der Methoden ist ein MBSR-Kurs (engl: *mindfulness based stress reduction*), ein achtwöchiges Achtsamkeitsseminar. Das Programm wurde bereits 1970 von dem Molekularbiologen Dr. Jon Kabat-Zinn an der Universitätsklinik in Worcester, Massachusetts (USA), entwickelt und wird seither weltweit angewandt.
Das Trainingsprogramm, an dem ich vor ein paar Jahren selbst teilgenommen hatte, verbindet Übungen in Ruhe (wie Sitzmeditation und Body-Scan) mit Bewegungseinheiten (zum Beispiel Yoga oder Gehmeditation). Der Fokus liegt auf der Auseinandersetzung mit dem eigenen Körper.

Durch diese Übungen können wir lernen, unsere Aufmerksamkeit auf die Kräfte zu lenken, die verborgen in uns schlummern. Eine davon möchte ich gern näher beleuchten: den Body-Scan.

Vorbereitung: Du benötigst eine Yogamatte oder eine andere komfortable Unterlage. Die Übung dauert zirka zehn Minuten. Mit dieser Körperreise kannst du lernen, deinen Körper bewusst zu spüren und wahrzunehmen.

Lege dich auf den Rücken. Die Arme kannst du seitlich neben dem Körper ablegen. Strecke die Beine aus oder winkle sie an, so wie es für dich am bequemsten ist.

Anleitung für einen Body-Scan zu Hause

Schließe deine Augen und erlaube dir, im Hier und Jetzt zu sein. Versuche, wach und aufmerksam zu bleiben. Solltest du gedanklich abschweifen, verabschiede dich jedes Mal wieder liebevoll von deinen Gedanken, kehre zu deinem Körper zurück und richte deine Aufmerksamkeit immer wieder auf den gegenwärtigen Moment.

Konzentriere dich jetzt auf deinen Atem: Stell dir vor, dass du beim Ausatmen all die Erschöpfung, die Müdigkeit, deinen Schmerz und die zweifelnden Gedanken aus dem Körper fließen lässt und der Wüstenwind alles fortbläst. Beim Einatmen nimmst du frische Energie und Lebendigkeit auf. Du schöpfst sie wie reines Wasser aus einem Brunnen. Spüre, wie der einströmende Atem deine Bauchdecke sanft anhebt und wie diese sich beim Ausatmen wieder senkt. Überlasse das Gewicht deines Körpers immer mehr dem Boden, vertraue der Unterlage, die dich trägt. Erlebe, wie du mit jedem Atemzug schwerer wirst und dich die Schwerkraft immer tiefer sinken lässt.

Jetzt beginnst du, deinen Körper gedanklich abzutasten. Achte beim Abscannen darauf, wie sich die einzelnen Körperregionen anfühlen. Versuche alles wertfrei wahrzunehmen. Wenn du einen Schmerz empfindest, nimm ihn war, ohne ihn zu bewerten. Wenn deine Gedanken abschweifen, komm zuerst zum Atem zurück, bevor du mit dem Body-Scan fortfährst.

Lenke deine Aufmerksamkeit zuerst auf deine Zehen: Kannst du sie alle einzeln spüren? Gehe gedanklich von den großen Zehen immer weiter nach außen, bis du bei den kleinen Zehen angekommen bist. Dann kommen die Füße dran: Spann, Ferse, die ganze Sohle. Wandere langsam immer weiter nach oben: zu deinen Unterschenkeln, dann zu den Knien

und Kniekehlen, schließlich zu den Oberschenkeln. Lenke deine Konzentration zu deiner Beckenschale, zu den Genitalien, zum Po.
Spüre deinen Rücken, wie er auf der Unterlage liegt. Gehe weiter nach oben bis zum Nacken, dann weiter zum Hinterkopf. Wandere wieder etwas nach unten zu den Schulterblättern, dann über die Schultern, deine Arme entlang bis zu den Händen. Nimm jeden einzelnen Finger wahr: die Daumen, Zeigefinger, Mittelfinger, Ringfinger und die kleinen Finger.
Gehe jetzt mit deiner Aufmerksamkeit zum Bauch, deiner Bauchdecke, weiter zum Brustkorb. Spüre in deinen Hals und gehe von dort zu deiner Kehle. Dann wandere weiter zu deinem Gesicht, spüre dein Kinn, den Mund mit den Lippen, deine Nase, die Wangen, deine Ohren, die Augen und zum Schluss deine Stirn.
Wenn du auf diese Weise durch deinen ganzen Körper hindurch gegangen bist, entspanne dich noch tiefer, ohne an irgendetwas zu denken. Lass den Atem weiter fließen, in seinem natürlichen Rhythmus.
Bevor du die Augen öffnest und wieder ins äußere Geschehen eintauchst, nimm deinen Körper noch einmal als Ganzen wahr. Dann beginne zuerst, deine Hände und Füße zu bewegen. Nimm schließlich einen kräftigen Atemzug, bevor du deine Augen öffnest und dich langsam aufrichtest.
Notiere dir wichtige Erfahrungen oder Erkenntnisse.
Der Erfolg dieser Übung liegt in der regelmäßigen Anwendung begründet.

Anleitung fürs Alltägliche

Du kannst Achtsamkeit in alltäglichen Dingen praktizieren. Achte beispielsweise beim Staubsaugen auf deine Haltung. Gehst du in die Knie, wenn du dich bückst? Kannst du darauf achten, dich so zu bewegen, dass es für deinen Körper förderlich ist?
Versuche achtsam zu essen und zu würdigen, dass du jeden Tag frische Speisen bekommen kannst. Stell dir vor, wie die Mineralien und Vitamine deinen Körper beleben und ihn kräftigen.
Wenn du dir gönnst, einzelne Momente im Leben achtsam und wertfrei wahrzunehmen und anzuerkennen, wirst du erkennen, dass Zweifel wesentlich dazu beitragen können, veraltete Strukturen und Glaubenssätze liebevoll zu hinterfragen.

Was ist der Sinn des Lebens?

Oft ist es nur ein einziger Augenblick, der unser Leben verändert. Ob wir diesem Moment einen übergeordneten Sinn zusprechen können, liegt an dem Weg, den wir für uns wählen und zugleich in unserer eigenen Verantwortung. Auch nach zahlreichen Wagnissen und Schritten durch die Wüste unseres Lebens werden wir am Ende nicht nur logische Erklärungen erhalten.

Gedanken schöpfen 

Wenn etwas Schlimmes eingetroffen ist, werden wir nach der Ursache forschen. Wir fragen nach dem »Warum« und wollen verstehen, weshalb dies geschehen ist. Wir möchten die Möglichkeit, es gäbe doch einen Sinn im Leben, nicht ganz aus dem Blick verlieren. Wir wollen hoffen, dass nicht alles umsonst ist, was wir erleiden, denn am Ende ist es doch die Suche nach einer Sinnhaftigkeit, die uns schwere Krisen und Geschehnisse besser aushalten und durchleben lässt. Wenn wir aber nur grübeln oder nachdenken, werden wir nichts finden. Wir müssen weitergehen, weiterleben, handeln und Neues aufnehmen. Erst dann können wir andere, sinnerfüllte Momente erfahren, die wir mit einem gewissen Abstand mit dem Geschehenen verbinden mögen.

Wir werden erkennen, dass unsere Aufgaben und Fragen im Leben nur dann erfüllt und beantwortet werden, wenn wir unsere Einstellung zum Tod und zum Leben verändern. Unsere jeweilige Aufgabe, unser Leid, kann uns dabei helfen und wird ein notwendiger Baustein werden, unser weiteres Leben mitzugestalten und mit neuem Sinn zu füllen. Wenn wir hingegen in unseren alten Überzeugungen verharren, werden uns die Zweifel an uns selbst und an eine übergeordnete Sinnhaftigkeit erdrücken und können uns schlimmstenfalls sogar am Weiterleben hindern.

Es mag viele verschiedene Wege geben, dem Sinnhaften in Verbindung mit unserem Schicksal näher zu kommen. Letzten Endes können wir alle immer nur selbst für uns herausfinden, auf welchem Pfad wir am besten weitergehen wollen, was uns überfordert – und was uns stärkt und hilft. Manches mögen wir vielleicht über unsere Sinne erfahren, wenn wir beobachten, hinhören und uns herantasten. Doch wenn wir das Sinnhafte einzig nach dem bemessen, was wir mit unseren Sinnen erfassen können, – wie schmecken, riechen, tasten, hören und sehen –, werden wir scheitern. Zu ungerecht, zu ungleich, zu brutal erscheint uns diese Welt. Doch impliziert unser Leben nicht von Anfang an schon das Leid? Haben wir vielleicht nur weggeschaut, solange es uns nicht betraf? Wir sollten es doch wissen: Es gibt kein Leben ohne Schmerz, das hat nichts mit Sinnlosigkeit zu tun. Das Übel als sinnlos zu bezeichnen, hieße, das Leben selbst zu hinterfragen. Um das zu beurteilen, müssten wir über den Tellerrand schauen, aber können wir das, wo wir doch selbst nur ein Teil des großen Ganzen sind?

Manche Menschen mögen eine unsichtbare Instanz erahnen oder ihr bereits begegnet sein, sei es durch eine außerkörperliche Erfahrung, sei es durch Meditation oder anderes. Manchmal bleibt diese Erfahrung leider aus und es liegt dann natürlich nahe, an dem Sinnhaften und an etwas, das größer ist als wir selbst, zu zweifeln. Doch bringt uns das weiter, in unserem Leid und unserem Schmerz? Was also könnten wir tun? Mag vielleicht eine alternative Haltung wegweisend sein? Könnten wir allein durch unsere Betrachtungsweise oder durch Visionen die Welt verändern? Wir müssen zugeben, dass wenn wir in allem das Negative sehen, wir die Welt zu einem Ort transformieren, der uns das Fürchten lehrt. Haben wir die Wahl, sie anders wahrzunehmen? Können wir entscheiden? Sind wir in der Lage, unseren Fokus zu verändern, indem wir unsere Wahrnehmung auf die Dankbarkeit und auf das Schöne in der Welt richten?

Wir könnten uns für den Rest unseres Lebens in unserem Leid verfangen, aber es würde nichts an unserer Situation verändern, denn es bliebe bestehen. Wollen wir Sinnvolles erschließen, müssen wir unsere Perspektive erweitern. Vielleicht ist der Tod ja gar nicht das Ende, sondern nur ein Übergang in die nächste Dimension oder das Leben eine kurze Unterbrechung vom Tod, der in Wahrheit sogar unser Ursprung ist? Selbst viele Glaubensrichtungen sind sich noch immer nicht schlüssig, ob sie an ein unendliches Leben im Jenseits oder an Wiedergeburt glauben. Woher also sollten wir es wissen? Müssen wir uns festlegen? Es gibt genügend Berichte und Erfahrungen, die für Menschen so real sind, dass es ein Leben nach dem Tod, in welcher Form auch immer, geben wird. Für manche Menschen mag das zu wenig sein, weil sie es nicht selbst erfahren haben. Was wir aber alle wissen, ist, dass wir sterben werden. Wenn wir diese Tatsache nicht als absoluten Endpunkt fixieren (da wir auch das nicht beweisen können), sondern nur als eine Möglichkeit unter vielen, wenn wir also andere Sichtweisen hinzunehmen, dann könnten wir flexibler und mutiger werden auf unserem Weg durch die Wüste unseres Lebens.

Die Tatsache, dass der Tod zum Leben gehört, impliziert die Dualität der Welt, die sich im Glück und in der Trauer, in Freude und im Schmerz zeigen kann. Allein dies zu akzeptieren, ist ein mächtiger Schritt in der Wüste des Lebens.

Weiter werden wir feststellen, dass es immer zwei Kammern in unserer Brust geben wird: die Kammer der Sehnsucht und des Schmerzes – und die Kammer des Glücks. Beide können nebeneinander existieren. Sobald sie sich gleichzeitig öffnen, vermischt sich die Trauer mit der Freude am Leben. Es mag absurd erscheinen, aber gerade dann, im Bewusstsein dieser Dualität, werden wir in der Lage sein, Dankbarkeit und tiefen Frieden zu empfinden. Dieser Zustand fordert uns zum Handeln auf, uns selbst gegenüber und auch gegenüber allen Geschöpfen dieser Welt. Das macht unser Leben nicht unbedingt einfacher, aber es wird beseelter und von Sinn erfüllt sein.

Lisa kam zu einer Beratung. Sie erzählte mir folgendes Erlebnis beim Abschied ihres Vaters: »In der Nacht, als mein Vater im Sterben lag, hat man mich angerufen und ich fuhr sogleich los, 200 Kilometer Richtung Norden und direkt ins Krankenhaus. Als ich um zwei Uhr bei ihm ankam, hielt er schon seit längerer Zeit die Augen geschlossen. Mein Vater hatte sich bereits auf den Weg gemacht. Er musste nur noch die Schwelle übertreten.

Ich setzte mich an sein Bett und besann mich auf all das, was ich selbst schon in meinem Leben erfahren hatte. Ich erzählte ihm, woran ich glaubte, woran ich festhielt und was mir lieb und wert war. Ich war mir sicher, dass alles, was ich in dieser Nacht erwähnte, noch zu ihm drang. Dann begann ich ihn mit all meiner Liebe bis an die Schwelle zu begleiten, an der ich umkehren musste. Als es bereits zu dämmern begann, öffnete er plötzlich noch ein letztes Mal die Augen. Wir begegneten uns. Wir konnten beide nicht nur die äußere Hülle und Form, unser Handeln und Agieren in der Beziehung miteinander in dieser Welt wahrnehmen, sondern auch unsere Seelen sehen. Ich sah seine und er die meine.

Wie oft hatte ich mir zu Lebzeiten noch etwas Milde erhofft, Verständnis oder ein klärendes Gespräch. Aber dieser ergreifende Moment hat uns noch einmal zusammengeschweißt, bevor er ging. All die Mühsal, die wir miteinander hatten, die Schwierigkeiten unserer Vater-Tochter-Beziehung wurden klein in diesem einen Augenblick. Selbst in dem hässlichen, kalten Krankenhauszimmer war plötzlich eine andere Energie zu spüren. Es fühlte sich an wie ein sanftes Bitzeln auf der Haut, als würde ich von leichten Stromschlägen durchflutet, immer und immer wieder. Mein Vater, der Zeit seines Lebens überzeugter Naturwissenschaftler war, nichts wissen wollte von Engeln, Energie und Spiritualität, hatte zu Lebzeiten stets Frauen ausgesucht, die ihm davon zu berichten wussten. Aber erst jetzt, als er bereit zum Abflug in eine andere Dimension war, sah es so aus, als würde er sich dafür öffnen.«

Vielleicht geschieht all das in besonderen, existenziellen Situationen, bei Krankheit, Folter, seelischen und körperlichen Schmerzen, einer Nahtod- oder Nachtoderfahrung – oder eben beim Abschied von dieser Welt. Offenbar wirken diese Zustände gleich einer Initiation: Um uns entweder bereit zu machen für die Rückkehr zum Ursprung, zur Quelle, aus der wir gekommen sind, oder für den nächsten Schritt im Leben: ohne ein Wollen oder ein Streben bloß zu sein.
Lisa nahm ihren Auftrag an, den sie durch ihre Ahnen vermittelt bekam. Sie fühlte diese Bestimmung in sich und versuchte nun, das was ihr das Leben vor die Füße geschmissen hatte, so gut als möglich zu erfüllen, denn das war fortan der Sinn ihres Lebens.
Wir sind nicht allein, alle sind da, in der kältesten Zelle, im größten Schmerz und am Ende der Welt. Wir gehen diesen Weg für unsere Ahnen, für uns, für die Menschen an unserer Seite, unsere Söhne und Töchter, ihre Kinder und Enkel und für alle, die da noch folgen mögen. Das kann uns genügend Kraft geben, um mindestens einmal am Tag unseren göttlichen Funken in unserer Menschlichkeit zum Leuchten zu bringen, vielleicht indem wir eine Biene vor dem Ertrinken retten, indem wir einer alten Frau beim Einkauf helfen – oder mit einem Lächeln für uns selbst. Dazwischen dürfen wir schimpfen, klagen oder wütend sein, wegen des Schmerzes und all dem, was auch zum Leben gehört. Durch den kleinen Funken aber sind wir verbunden und er ist es, der uns stützt

und trägt. So können wir versuchen, mit all unserem Mut und unserer Liebe weiterzugehen, bis zu unserem letzten Schritt und Atemzug.

Die Wüstenseele

Wir sitzen am Abend gemeinsam mit unseren Begleitern um ein Feuer, das hell und groß scheint, denn außer den fernen Himmelslichtern ist es die einzige Lichtquelle in der Dunkelheit der Nacht. Ich sitze hier, lausche und beobachte diese lodernden Flammen, die sich schmatzend und schlürfend über die großen Äste hermachen, die die beiden Berber unermüdlich in der Umgebung sammeln, um sie dann dem Feuer zu übergeben. Obgleich ich schon an etlichen Lagerfeuern gesessen bin, zieht mich auch dieses wieder magisch an. Ich blicke fasziniert auf dieses schöne und zugleich zerstörerische Werk, das sich immer wiederholt: Allmählich umschließt die glühende Umarmung der Flammen das trockene Holz. Ihre verräterische Liebkosung umarmt die Äste jetzt ganz und verwandelt ihre Farbe und Substanz. Die Flammen züngeln, durch die hölzerne Nahrung energiegeladen, fast zornig himmelwärts, als würden sie es darauf anlegen, die aufziehenden Sterne zu verschlingen. Doch bald fallen sie wieder in sich zusammen, ihre Erregung scheint verflogen, die Energie verdampft. Was bleibt, ist ein leises Glühen am Boden. Einer der Männer löscht vor dem Schlafengehen mit einer Kelle Wasser noch den Rest der Glut. Sie bäumt sich mit einem heftigen Zischen kurz auf, bis ihr Gegeifer verebbt und sie für immer schweigt. Der aufsteigende Rauch vermischt sich mit der uns umgebenden Luft, bis er schließlich verschwindet in der Schwärze der Nacht. Ein kleines Häufchen Asche bleibt am Boden zurück. Es wird ein paar Tage bestehen bleiben und unsere Zusammenkunft noch anzeigen, wenn wir unser Lager längst abgebaut haben und weitergezogen sind, bis es schließlich irgendwann, vom Winde verweht, ein unsichtbarer Teil der Wüste wird.

Aus Fragen wird man klug

- Glaubst du an einen Sinn im Leben?
- Gibt es für dich eine übergeordnete Instanz?
- Hast du einen Zugang zur geistigen Welt?
- Kannst du dich als einen Teil davon wahrnehmen?
- Kannst du dir vorstellen, einzig durch innere Bilder und Visionen etwas Sinnvolles zu kreieren?

Wie du dir selbst helfen kannst: Innere Bilder und Imagination

Eine Freundin erzählt uns von ihrem neuen Kochrezept. Sofort läuft uns das Wasser im Mund zusammen und wir bekommen Hunger. Wir können es uns nicht nur bildlich vorstellen, auch unser Körper reagiert unmittelbar darauf.

Wir alle besitzen eine Gabe, die uns besonders in schmerzlichen Situationen unterstützen kann: Wir haben die Fähigkeit, uns etwas vorzustellen, etwas zu imaginieren, innere Bilder aufsteigen zu lassen. Wenn wir diese Gabe positiv einsetzen, kann sie uns helfen, die Sinnhaftigkeit der Welt zu verstärken.

In uns werden neurobiologische Phänomene ausgelöst. Das heißt, dass verschiedene Verknüpfungen in unserem Gehirn stattfinden. Es gibt einen Reiz, der eine bestimmte Assoziation in unserem Gehirn auslöst, die eine Reaktion zur Folge hat. Das kann unbewusst geschehen, aber auch bewusst eingesetzt werden. Bereits in meiner Ausbildung zur Phytopraktikerin wurde ich von der Möglichkeit, innere Bilder bei verschiedenen gesundheitlichen Themen einzusetzen, inspiriert.

Einige Beispiele: In einem marokkanischen Gefängnis (Tazmamart), das sich unter der Erde befand und in dem den Inhaftierten (meist politischen Gefangenen) selbst das Sonnenlicht verwehrt wurde, überlebten nur diejenigen, die sich täglich eine lichtvolle und erfolgreiche Zukunft visualisierten. Sie erschufen sich ein sinnvolles Tun in der Zukunft.

Victor Frankl überlebte mit der Kraft der Imagination vier Konzentrationslager, indem er sich vorstellte, nach seiner Entlassung in einem Hörsaal darüber zu berichten, damit solche Gräueltaten nie wieder geschehen würden.

Visualisierungstechniken werden auch von vielen Sportlern in Form eines mentalen Trainings benutzt, um Verletzungen vorzubeugen und die Leistung zu verbessern.

Es ist sehr wichtig, welche inneren Bilder du wählst, denn sie haben eine große Wirkung. Je realistischer du dir etwas vorstellst, desto wirkungsvoller wird es sein, und wenn die Imagination zudem auch noch sinnorientiert ist, wird sie sich heilsam und licht auf deinen Körper und deine Seele auswirken.

Anleitung fürs Alltägliche

- Wenn wir regelmäßig visualisieren, können wir mit der Zeit leichter zu inneren Bildern finden und die Wirkung verstärken.
- Gelingt es dir bereits, zu inneren Bildern zu finden?
- Welches innere Bild gibt dir Sicherheit?
- Versuche, ein inneres Bild zu visualisieren, das für dich sinngebend ist.
- Welches innere Bild schwächt dich? Durch welche positive, sinngebende Vorstellung kannst du es ersetzen?
- Gibt es eine Affirmation (eine bejahende, zustimmende, sinnhafte Haltung), die dich stärkt?

Epilog

An dieser Stelle möchte ich gern meinen Großvater Gustel, August Vogel, erwähnen und ihm danken, denn mit ihm verbinde ich meine Liebe zum Schreiben. Er hat viele kleine Werke verfasst, die ich erst jetzt, da ich dieses Buch geschrieben habe, entdeckte und zu lesen begann. Auch er vermochte mit Hilfe der Worte seine Seele sprechen zu lassen, einfach auszuschütten, was gesagt werden musste, um sich und andere zu heilen, Stück für Stück. Auch er durfte erfahren, dass die Seele niemals leer wurde, sondern sich immer wieder füllte, wie von selbst, so wie es die Liebe tut, wenn man sie gibt.

Nimm dein Herz fest in die Hände,
halte stand, verzage nicht.
Durch das allertiefste Dunkel
bricht am Ende doch das Licht.

(Auszug aus der persönlichen Gedichtsammlung meines Großvaters Gustel an seine Frau, meine Großmutter Frida)

Ich bin am Ende des Buches angelangt, bald werde ich das letzte Wort geschrieben haben. Das fällt mir nicht leicht, denn im Schreiben verbinde ich mich immer mit einem Ort in mir, in dem ich mit allem verbunden bin, aus dem ich Teile durch mich hindurchfließen lassen kann. Ich nenne es die Verbindung mit Nicolai, meinem verstorbenen Sohn. Aber wenn ich ehrlich bin, ist es weit mehr als das. Nico ist die Pforte, durch die es mir möglich ist, Zutritt zu diesem Ort zu gewinnen, der alles enthält. In ihm ist gespeichert, was bereits geschah, was ist und sein wird. Es ist die Quelle, aus der alles entspringt. Aus diesem Ursprung durfte ich meine Ideen schöpfen, die also gar nicht von mir, sondern durch mich in die Welt zu kommen scheinen. Mein Zutun ist das Formulieren danach, das Formen und Kneten, das Arbeiten mit Sprache, mit Ausdruck und Form. So habe ich stets den Eindruck, dass die geistige Welt mit mir zusammenarbeitet, ich ein Teil des Ganzen sein darf. Dafür bin ich unendlich dankbar und froh. Ich spüre, dass es wesentlich ist, nicht immer nur dem Ego zu folgen, sondern ebenso auf diese innere Stimme zu lauschen. Diese Stimme höre ich immer dann, wenn ich in die Stille gehe, denn wenn ich die Verbindung zu ihr verliere, verliere ich den

Kontakt zu mir selbst und somit den Zugang zu dem Portal, der Quelle, die alles enthält. Genau genommen müsste dann alles, unsere ganze Welt, alles, was existiert, das gesamte Universum, dieser Quelle entsprungen sein.

Als meine Mutter vor vielen Jahren starb und ich noch eine sehr junge Frau war, dachte ich, sie hätte den Kampf gegen ihre Krankheit verloren. Damals konnte ich das Prinzip, das hinter der Blume des Lebens steht, noch nicht begreifen. Erst viele Jahre später verstand ich, was dahinterstand, weil ich plötzlich spürte, dass ich selbst ein Teil davon bin: ein kleines Bindeglied dieser wundervollen Blume, die uns alle zusammenhält, denn sie sind alle da, meine Ahnen. Da sind meine Geschwister, die vor oder gleich nach der Geburt wieder gehen mussten und über die leider so gut wie nie gesprochen wurde. Ich habe ihnen endlich ihre Namen gegeben, **Alexis** (der*die Beschützer*in), **Malu** (der Frieden oder die Ruhe) und **Quinn** (der*die Willensstarke). Sie begleiten mich schon mein ganzes Leben, geben mir Stärke und Halt, indem sie mir all ihre Attribute verleihen. Fast als würden wir gemeinsam den Auftrag zu erfüllen versuchen, den ich für dieses Leben übernommen habe. Da ist mein Sternenkind, dem ich den Namen **Lynn** gegeben habe. Er bedeutet der*die Sanfte, der*die Freundliche und auch kleiner Wasserfall, etwas, das es in der Wüste nicht gibt. Da sind meine Eltern, meine Großeltern – und die Reihe geht weit darüber hinaus. Auch wenn meine Kernfamilie auf dieser Welt sehr klein geworden ist und mir als einzig blutsverwandt nur mein jüngerer Sohn geblieben ist und ich mir doch Zeit meines Lebens eine große Familie gewünscht habe, so weiß ich, dass das keine Bedeutung hat. Weil eine ganze Gemeinschaft hinter mir steht! Ich bin mit ihnen allen verknüpft und verwoben, kann mit ihnen wirken und leben, egal auf welcher Seite sie sich gerade befinden. Denn ich gehöre zu dieser Blume, die nur mit all ihren einzelnen Bestandteilen zu dienen und zu blühen versteht, sowohl hier als auch im Jenseits.

Da sich immer mehr Menschen miteinander verbinden, dehnt sich die Blume des Lebens, ähnlich wie bei einer irdischen oder kosmischen Bestäubung, immer weiter aus. Bestimmt wird irgendwann alles miteinander verbunden sein. Dann wird die Erde leuchten, mit all ihrer Kraft und Liebe. Heute würde ich nicht mehr sagen, dass meine Mutter den Kampf gegen ihre Krankheit verloren hat. Vielleicht musste sie gehen, um sich

neu zu orientieren und sich aus ihrer irdischen Verstrickung zu lösen, um danach gestärkt ihre Bestimmung weiterzuverfolgen.
Wenn es keinen wirklichen Tod gibt, dann ist es nur ein Kreislauf, wie der der Natur, die sich immer wieder von neuem verändert. Ich werde den Aufgaben, die mir das Leben stellt, nicht entkommen. Wenn ich sie nicht jetzt, in diesem Leben erfüllen kann, dann wird es vielleicht im nächsten oder übernächsten Durchlauf gelingen. Ich werde so lange daran arbeiten müssen, bis ich diese Aufgabe lösen kann, um zur nächsten zu gelangen. Es ist wie in der Mathematik: Wenn ich die einfacheren Aufgaben zu verstehen lerne, kann ich mich auch an weitaus schwierigeren versuchen, um vielleicht irgendwann einmal – wer weiß? – in der bedingungslosen Liebe zu verweilen, nach der wir uns alle sehnen.
Wenn das so ist, dann ist unser aller Aufgabe vermutlich, die Verbindung zu unserer Quelle wieder herzustellen und uns nicht getrennt davon zu empfinden. Das klingt einfach und fühlt sich manchmal unerfüllbar für uns an. Das Schwierige daran ist vermutlich, erst einmal die Pforte zu finden, die sich für jeden von uns anders darstellen mag. Manchmal sind es Orte, Verstorbene, Natur, Musik oder die Künste aller Art. Ich denke, es ist einerlei, welchen Beruf du wählst: Erst wenn du das Tor gefunden hast, das dich mit der Quelle verbindet, wirst du die besten Brötchen backen, die ergreifendsten Geschichten schreiben und den liebevollsten Umgang mit Menschen finden.
Wir alle haben unseren individuellen Weg, den wir gehen müssen. Wir haben Aufgaben im Leben, denen wir nicht ausweichen können. Aber so unterschiedlich unsere Wege auch beschaffen sein mögen und so unterschiedlich die Aufgaben, die uns gestellt sind, eines ist uns allen gleich: Wir alle wollen glücklich sein, und das in einer Welt, in der das Unglück an jeder Straßenkreuzung lauert, in einer Welt, in der überall Steine auf den Wegen liegen, an denen wir uns stoßen können, in einer Welt, die gespickt ist mit Ungerechtigkeit, Elend, Leid und Not. Aber auch dann, wenn der Weg aussichtslos erscheint oder wir uns gerade in einer Sackgasse befinden, glaube ich fest daran, dass es etwas in uns gibt, eine Energiequelle, eine Seele, die uns den Willen gibt zu leben. Seid mutig! Denn egal, woran wir glauben und welche Prägungen wir mitbringen: Wir alle halten an diesem kleinen Gran fest, spüren diese Seele, mal feiner, mal deutlicher, als könnte sie uns halten, wenn der Wüstensturm uns fortzublasen droht, indem sie vom Leben mitten in der Lebensfeind-

lichkeit der Wüste kündet. Vielleicht ist sie nicht immer greifbar für uns und doch ist sie mächtig genug, dass sie immer währt und von Generation zu Generation niemals untergeht. Seid mutig und geht dort weiter, wo die Welt vermeintlich aufhört. Denn sie ist viel größer und weiter, als wir sie uns vorstellen können.
Ich bin durch die stete Auseinandersetzung mit dem Tod fürs Leben mutiger und kompetenter geworden. Aber erst bei näherer Betrachtung war es mir möglich, den Mechanismus dahinter zu erkennen. Es waren der Tod und die daraus entstandene Not, die mich mit meinem wesentlichen Potenzial und mit meinen inneren Stärken und Fähigkeiten in Kontakt bringen konnten. Denn erst in der größten Krise meines Lebens und im tiefsten Schmerz vermochte ich, um des Überlebens willen, Kompetenzen zu entdecken, mit denen ich fürs Leben ausgestattet worden war. Auf der Suche nach dem Sinn des Lebens fand ich so immer mehr zu mir selbst.
Deshalb werde ich, wenn es sein muss, immer wieder durch den Wüstenregen gehen, ihn versuchen anzunehmen mit all dem, was er mir bringen mag. Weil ich weiß, dass ich erst durch ihn irgendwann wieder lebendig werden kann. Immer dann, wenn das Leben ruft, werde ich lachen, tanzen und das Glück einladen, in dem vollen Bewusstsein, dass es sich gerade durch den Schrei, durch die vielen geweinten Tränen und in der Gewissheit, dass der Tod zum Leben gehört, zu zeigen vermag. Manchmal ist es nur ein flüchtiger Augenblick, in dem ich glücklich bin. Aber es ist ein Moment, der mich trägt und stärkt, gerade genug, um für den nächsten entscheidenden Atemzug in Frieden zu sein.
Ich würde mich freuen, wenn ich mit diesem Buch etwas Mut machen und aufzeigen konnte, dass die Welt, in der wir leben, kein gefährlicher Ort ist, vor dem man sich fürchten und schützen muss, sondern dass sie schillernd ist und bunt, einem Marktplatz gleich, auf dem alles zu finden ist. Manchmal erwirbt man dort vermeintlichen Schrott, Dinge, die eigentlich keiner haben will, und doch können gerade daraus die besten und am tiefsten berührenden Geschichten entstehen. Denn alles existiert unter dem einen Himmel und ist durchdrungen von derselben göttlichen Information. Diese Botschaft möchte ich mit meinen Büchern, Lesungen und Kursen – sozusagen auf den unterschiedlichsten Marktplätzen dieser Welt – zu den Menschen tragen.

Dank

Mein Dank gilt an dieser Stelle hauptsächlich dir, lieber Kasimir, und dir widme ich dieses Buch. Ohne dich wäre dies alles nicht möglich gewesen. Du hast mir nach dem Tod deines Bruders immer wieder gezeigt, wie Leben geht, und dass es sich lohnt, nicht nur auszuhalten, sondern auch wieder lebendig zu sein. Danke, GlücksLicht, dass es dich gibt.
Ich danke dir, lieber Nicolai, dass du aus der geistigen Welt stets Inspiration und Liebe fließen lässt. Im Schreiben spüre ich am deutlichsten, dass wir über die irdischen Grenzen hinaus auf ewig verbunden sind. So hoffe und bete ich, dass mir die Worte niemals ausgehen werden. Ich danke dir, SeelenLicht, dass ich in diesem Leben deine Mami sein durfte.
Ich danke dir, lieber Hubertus, für deinen Rückhalt, deine Partnerschaft und für die Geduld, wenn ich wieder einmal mehr in der Welt der Bücher als im Alltag zu finden war.
Ich danke dem Patmos-Verlag und insbesondere Ihnen, Claudia Lueg, für Ihre charmanten Worte, fachkundige Unterstützung und Ihren Scharfsinn.
Ich danke dir, liebe Ina Raki, Lektorin dieses Buchs, für deinen Einsatz weit über das Notwendige hinaus und für deine liebevolle Unterstützung.
Ich danke dir, liebe Victoria Marini, für den letzten Schliff und deine herzliche Verbundenheit.
Ich danke dir, liebe Laura Huber-Eustachi, für die wundervollen Grafiken, die mein Buch um eine exzellente Note bereichern.
Ich danke dir, liebe Ursula Hänni-Grina, die du mich all die Jahre in vielen Supervisionen für meine JugendLichter-Gruppen ausgebildet und kompetent, professionell und liebevoll begleitet hast.
Ich danke dir, liebe Barbara Pachl-Eberhart, für dein Mitdenken und Einfühlen und freue mich, dass wir uns immer wieder zwischen Worten, Papier und Federstift wiederfinden.
Ich danke dir, liebe Sabine Mehne, für den regen Austausch zu weltlichen und spirituellen Themen und für deine freundschaftliche Begleitung. Ich bin sicher, das alles besteht fort, über die weltlichen Grenzen hinaus.
Ich danke euch allen, ihr lieben JugendLichter-Eltern, für die Gemeinschaft, eure Offenheit und vor allem für euer Vertrauen.
Ich danke dir, mein Leben, für die Lektionen, die schmerzlichen und die schönen, denn ich weiß, nur so bist du wahrhaftig, authentisch und wunderschön.

Literaturverzeichnis

Berndt, Christina: Resilienz. Das Geheimnis der Psychischen Widerstandskraft. München: DTV 2015

Christiansen, Andrea: Mudras. Yoga für die Hände. München: Irisiana 2018

Duwe, Claudia: Der Zukunft wieder trauen. Verluste meistern mit der Kraft des Löwen. Ostfildern: Patmos 2022

Dyer, Wayne: The Shift (Film). Allegria 2010

Firus, Christian; Firus, Hans-Hermann: Verabredung mit dem Glück. So stärken Sie Ihre seelische Widerstandskraft. Ostfildern: Patmos 2018

Frankl, Viktor E.: Trotzdem Ja zum Leben sagen. Ein Psychologe erlebt das Konzentrationslager. München: Kösel 2009

Gawdat, Mo: Die Formel für Glück. München: Redline 2017

Mehne, Sabine: Der große Abflug. Wie ich durch meine Nahtoderfahrung die Angst vor dem Tod verlor. Ostfildern: Patmos 2016

Pachl-Eberhart, Barbara: Federleicht. Die kreative Schreibwerkstatt. München: Integral 2017

Pásztor, Susann; Gens, Klaus-Dieter: Ich höre, was du nicht sagst. Gewaltfreie Kommunikation in der Beziehung. Paderborn: Junfermann 2004

Pollak, Kay: Durch Begegnungen wachsen. Wege zur achtsamen Kommunikation. München: Bassermann 2020

Rogers, Carl R.: Therapeut und Klient. Grundlagen der Gesprächspsychotherapie. Frankfurt: Fischer 2021

Rosenberg, Marshall B.: Gewaltfreie Kommunikation. Eine Sprache des Lebens. Paderborn: Junfermann 2016

Schmidt, Flor: Mit Heilpflanzen durch die Trauer. Ihre Wirkung auf Körper und Seele. Ostfildern: Patmos 2022

Schroeter-Rupieper Mechthild: Praxisbuch Trauergruppen. Grundlagen und kreative Methoden für Erwachsene, Jugendliche und Kinder. Ostfildern: Patmos 2015

Seiler, Laura Malina: Mögest du glücklich sein. Entdecke dein Höheres Selbst und verbinde dich mit deiner inneren Kraft. München / Grünwald: Komplettmedia 2017

Sommer-Dickson, Pamela: Das Fenster zum Himmel öffnen. Entdecke die Essenz von Seele, Liebe und Leben. München: Ansata 2011

Strelecky, John: Das Café am Rande der Welt. Eine Erzählung über den Sinn des Lebens. München: dtv 2007

Nachweise

* **Rainer Maria Rilke**: Aus dem Brief an die Prinzessin von Schönaich-Carolath, Paris, 7. Mai 1908, in: Rainer Maria Rilke; Ruth Sieber-Rilke, Briefe aus den Jahren 1907 bis 1914, Leipzig: Insel 1933, S. 33

** **Viktor E. Frankl**, Neurologe und Entwickler der Logotherapie, hat diese Einsicht offenbar nicht nur auf der Basis eigener Erfahrungen, sondern womöglich auch in Weiterführung eines Textes formuliert, der dem persischen Dichter Rumi zugeschrieben wird:

»Zwischen Reiz und Reaktion gibt es einen Raum: Nur dort kann Begegnung stattfinden.
Zwischen Reiz und Reaktion gibt es einen Raum: Nur dort findet Heilung und Entwicklung statt.
Zwischen Richtig und Falsch gibt es einen Ort: Dort werden wir uns begegnen.«